汽车业的
保险经营创新

杨志勇　唐俊◎编著

机械工业出版社
CHINA MACHINE PRESS

几年前，汽车和保险两个行业不会预想到汽车的迭代如此之快，也不会预想到汽车业对于保险的关注和涉足程度如此之深。本书聚焦汽车行业的角色、场景、动机和资源，分为保险认知篇（第1、第2章），重点从汽车业视角理解保险和保险产品、业务；保险业务篇（第3、第4章），重点介绍汽车行业背景下的保险业务以及如何经营管理保险业务；保险创新篇（第5~7章），重点阐述保险业务创新的思维逻辑、路径体系和行业规则，为汽车业的保险业务经营管理者介绍完整的认知体系和经营框架。有别于保险视角从产品条款、承保理赔、风控合规、统计核算介绍保险经营管理，本书突出汽车产品、销售、服务场景和流程，描绘通过保险服务实体经济的汽车业答卷。

本书适合汽车行业品牌厂商、经销商（集团）、后市场服务商中涉及保险业务的管理者、初涉保险的业务人员，也适合从事涉车保险业务的保险公司、保险中介和保险科技公司管理人员参考阅读。

图书在版编目（CIP）数据

汽车业的保险经营创新 / 杨志勇，唐俊编著.
北京 ： 机械工业出版社，2024. 10. -- ISBN 978-7-111-
76762-6

Ⅰ. F842.63

中国国家版本馆CIP数据核字第2024837DF6号

机械工业出版社（北京市百万庄大街22号　邮政编码100037）
策划编辑：母云红　　　　　　责任编辑：母云红　巩高铄
责任校对：王 延 张 征　　　责任印制：单爱军
北京虎彩文化传播有限公司印刷
2024年11月第1版第1次印刷
169mm×239mm・16印张・1插页・229千字
标准书号：ISBN 978-7-111-76762-6
定价：100.00元

电话服务　　　　　　　　　网络服务
客服电话：010-88361066　　机 工 官 网：www.cmpbook.com
　　　　　010-88379833　　机 工 官 博：weibo.com/cmp1952
　　　　　010-68326294　　金 书 网：www.golden-book.com
封底无防伪标均为盗版　　机工教育服务网：www.cmpedu.com

序 一

汽车保险高质量发展的关键是车险融合

"屁股决定脑袋"这句话人们经常挂在嘴边，说的是本位主义。"站在对方的角度考虑问题"，强调的是全局视野。"不谋全局者不足谋一域"，其实就是告诉我们成功的关键是要有全局观，要跨界、要融合。

在中国的财产保险市场向来有"得车险者得天下"的说法，如果哪家公司决定不做汽车保险（简称车险），这家公司注定做不大。对于保险这种规模效应非常明显的行业，做大基本就是本能冲动，再加上中国改革开放四十余年经济突飞猛进，汽车工业高速发展，汽车保险也是乘风破浪、一骑绝尘。在这种增量很大的市场中，无论是汽车产、供、销，还是保险业汽车保险的承保、理赔，都可以大有作为。两方的合作基本是双赢的，就是偶尔有矛盾，也是属于分配不均的小问题。现在进入存量时代，"卷"就成为常态，汽车人和保险人经常在玩"零和游戏"，矛盾突出，原先的调解方式大多失效，上告，甚至找对方"家长"解决问题的事都时常发生，给广大车主造成了不少困扰。这种时候就是和则双赢，斗则两败。《汽车业的保险经营创新》一书的出版正当其时。

杨志勇是一位难得的汽车和保险业跨界人才，他在保险和汽车两个行业的经历为他写这本书奠定了实践基础，优秀的写作能力又奠定了动手条件。因此，这本书通俗易懂，针对性强，既对汽车保险涉及的保险原理进行了系统的阐述，又对汽车保险的现实状况进行了如实的描述，还对汽车保险的创新和发展进行了深度思考和探讨，是一本专门写给汽车人读的保险书籍，会让汽车产业链的从业人员感到亲切、不教条，立场观点都不生疏，是"自己人"写的书，"好看"，不令人排斥。

这本书的作用不仅仅是让汽车人了解保险，更为重要的是让汽车人站在保险的角度考虑问题，以谋汽车保险生态全局的眼光来谋车险一域，对于汽车业、保险业双方长远合作有积极的推动作用，是在做一件"功德无量"的好事。

现在新能源汽车的发展天平倾向中国，新能源汽车是强国战略，但目前新能源汽车的生产基本不赚钱，新能源车险的经营基本都在亏损，新能源汽车的用户在投保车险和享受车险服务时感到不公。要解决这些问题，单靠一方的努力是没有出路的，双方、三方，甚至多方的合作需求更为紧迫。我曾经向保险业的人说过：新能源车险是车险的最后一场大战，战后再无车险。这句话的意思就是，当新能源汽车完全实现全智能化的自动驾驶后，车险就是汽车产品的责任险了，当下意义的车险就消亡了，因此，汽车企业主导的保险公司、保险公司控制的汽车企业成为那时车险的主要业态，彼此融合成一家。早学习，早了解，早合作，早主动。

我更希望这本书出版后作者能再写一本给保险人看的《保险业的汽车保险经营创新》，然后继续写一本给车主看的《汽车用户的汽车保险消费创新》，形成一个"汽车保险生态创新"系列，这样就"功德圆满"了。

茶道燕梳创始人兼 CEO

谢 跃

序 二

车主的保险需求，是汽车品牌的价值所向

受邀给两位作者的新书《汽车业的保险经营创新》作序，很是欣慰。

本书的作者，在整车企业具有多年的工作经历，对于汽车行业的保险业务有着深厚的积累。如同他们在书中提及的那样，在汽车企业的视角，主营业务无疑是整车的销售和为车主提供售后服务。这一过程中，保险业务一直与汽车企业紧密连接，备受重视。

在中国乘用车市场蓬勃发展的辉煌历程中，保险不仅为汽车经销商带来了新车的衍生盈利贡献，更重要的是，无论对于整车企业还是经销商来说，事故车产值的最大买单方也是保险的理赔。基于此，整车企业视角的保险业务，一直以来都备受关注。东风日产早在 2005 年就率先在国内成立了保险业务部门负责保险业务，并在行业内第一个推出了汽车品牌保险——东风日产保险管家。

近年来，汽车市场无论是市场规模、产品结构，还是营销模式，都经历着新的变革。在线上化、数字化和直面用户的整车销售和售后服务场景中，保险除了具有原有的财产保障属性，还体现为车主生态和全生命周期价值的黏性连接。可以预见的是，随着智能网联和自动驾驶时代的到来，车辆风险的责任和保障诉求，会从以往的意外和责任事故向车辆的产品责任、软件责任转移。在未来，具备自动（辅助）驾驶功能的车辆，出厂自带保险保障方案，既是产品需要，也是国家的上路试点准入要求。

《汽车业的保险经营创新》的两位作者从自身汽车人的视角讲保险。如他们所说，本书为"保险行业的门外汉"走进保险、深入保险提供帮助。更难能可贵的是，作者提到汽车业保险的目的是服务整车销售和售后服务的主营业务，这一点尤为重要。

看到本书的书名时，我也有疑问：汽车业为什么要亲自下场，从事保险业务？书中的一个观点给予了解答：车主需要风险转嫁和低成本的用车解决方案。近一两年来，保险行业经历着改革，也逐步感受到了汽车行业"内卷"传递过去的压力。事故车资源的争夺、定损理赔端的摩擦，在经销商端屡屡出现。针对新能源车辆的保费贵、续保难，甚至拒保的现象引发了舆论和媒体的聚焦。

整车品牌企业在"卷"产品、"卷"价格的市场竞争中，也需要清晰地看到，为客户解决购车、用车、养车、修车、换车的焦虑和需求，特别是在客户刚需的保险方面遇到的问题时，作为一个汽车品牌企业，责无旁贷。正因如此，整车企业和经销商，也需要走进保险、深入保险，学会跟保险公司打交道，学会用保险的逻辑创新自身的产品和服务模式。比如，在零（零部件）整（整车）比日益推高、保险公司也面临经营压力的情况下，如何持续降低汽车产品的保费成本和客户的车辆维修成本，需要汽车和保险两个行业持续互动共同探索。

软件定义汽车、品牌直连客户，是已经落地的趋势。未来的汽车不再简单地是耐用的机械制造产品，在场景、数据、内容和用车方式上，都给汽车人提出了新的课题和挑战。如何在新的趋势中，更加紧密地拥抱消费者，为客户提供更多的"确定性依赖"，是每个汽车人需要持续思考的。保险，作为专业经营"不确定和风险"的行业，也有很多启发和思考值得汽车同仁们借鉴。作者在书中提及的"服务保险化"的理念和面向车主的预付费模式的思考，正是此义。

书中提到的 AppleCare+ 的案例引发了我的思考，什么时候汽车行业也有针对车主的、更经济的原厂维修服务？相信在不远的将来，一定会有！

汽车企业不再仅仅是保险公司和客户之间的中介或者撮合交易方。我们已经看到，比亚迪、宝马等汽车企业以及其他"新势力"汽车企业们纷纷不约而同地布局了保险业务。这本书的出版，可以说恰逢其时。

东风日产汽车销售有限公司总经理

刘新宇

序 三

车商们的经营之路，如何才能更"保险"

拿到杨志勇、唐俊的书稿《汽车业的保险经营创新》，关于汽车业的保险，感到熟悉又陌生。无论是汽车经销商还是修理厂，一直以来可以说是天天和保险公司打交道。不夸张地说，无论是新车销售的毛利贡献，还是更关键的售后事故车资源，保险公司都在某种程度上扮演着"财神爷"的角色。

提到汽车业的保险，首先联想到的还是近几年来涉足保险中介甚至保险牌照的宝马、比亚迪等整车企业。当整车企业开始做保险时，作为汽车经销商，势必也会被引导着做整车企业的"保险业务"，例如过去整车企业一直在做的买车送保险、续保，甚至品牌保险服务。未来，经销商做的保险产品会不会也像金融产品一样，由整车企业提供？这很有想象空间。

了解了这本书的内容之后，你会看到作者们尝试站在汽车人的视角讲保险。无论是保险的原理、保险的产品分类、保险业务和保险思维，这都是天天和保险公司打交道的汽车人很少主动了解或者思考的。

这些年，随着车险行业改革、汽车行业发展等变化，汽车经销商与保险公司间的合作可谓五味杂陈。车商与保险公司在保险佣金和事故车理赔方面的矛盾激化现象屡有发生，新能源汽车车主的比例越来越高，同时也存在着保费贵、续保难、理赔难的问题。2023年年底，36家维修行业协会共同向国家金融监管管理总局致信，反映关于保险公司在事故车辆保险理赔方面存在的问题及解决建议。要解决这一问题，需要汽车和保险两个行业的智慧和互动。汽车经销商的"保险业务课"，不仅需要一线人员的付出，也需要经营管理层走近保险、了解保险公司的经营逻辑和实际现状。

随着汽车行业新能源和智能网联趋势的到来，汽车渠道商也面临着转型发展的机遇和挑战。无论是在销售服务端、车辆交付端，还是售后服务端，造车"新势力"们带给汽车行业的还有很多前所未有的商业模式、产品策略和服务体验。汽车市场进入存量时代的趋势和愈发激烈的竞争态势也需要全体汽车流通行业同仁立足客户价值，着眼竞争优势，重新思考在未来如何更好地服务车主，更好地经营发展。对于这一点，书中提到的保险思维、保险创新观点和案例，都值得参考。

对于汽车经销商同仁来说，做保险当然是做好新保、续保和事故车维修业务，但这本书告诉大家，"汽车人的保险业务"远不止于此。引用书中的一句话作为结尾：

车主需要保险服务和低成本的维修方案，是汽车人做保险的唯一理由。

全国工商联汽车经销商商会会长、申湘汽车董事兼执行总裁

刘英姿

前　言

汽车企业纷纷"涉险"，拥有保险中介牌照甚至是保险牌照，保险行业喊"狼来了！"

巴菲特说，汽车公司从事保险业务成功的可能性和保险公司从事汽车业务成功的可能性一样。隔行如隔山，知易行难。

深入保险，看到的是保费、费用、赔付成本和盈亏指标。旁观保险，看到的都是手续费、保费送修比、定损折扣、事故车利润等资源博弈。跳出保险，看到的是伴随着保险公司和汽车经销商"相爱相杀"的竞合故事。同时，汽车行业、汽车产业、汽车企业、销售渠道和汽车后市场的变化每天都在发生。车主在变、车在变、车企在变、车商在变、汽车的销售和服务在变，汽车的保险无论积极主动求变还是被动跟随应变，都正在变化并且将持续变化。

汽车行业，看到了保险的营收贡献、资源杠杆和黏性连接，也看到了在汽车"新四化"趋势中保险对于车主、车生态的角色和价值。保险行业，需要适应汽车行业的迭代而进化，更应思考汽车智能网联趋势下数据资源用于保险的可能性。

市面上的汽车保险业务书籍，大致分为两类：一类内容是纯保险视角的承保与理赔（实务），适合保险业务人员阅读；另一类内容是汽车保险经营管理，受众是保险行业的经营管理者。

与保险业务打交道的汽车人，是非保险专业的保险人士之一。在我们看来，从汽车人视角看保险、做保险和创新保险，应遵循保险原理，但注定与保险行业不同。车主所需要的风险转嫁和车辆使用成本的降低，是汽车人做保险的真正出发点。

本书关注汽车行业视角和场景的保险业务，以保险如何助力和服务汽车行业实体经济为出发点，力图帮助汽车人了解保险、经营保险和创新保险，主要包含以下部分。

保险认知篇（第1、第2章）：重点从汽车业视角理解保险和保险产品、保险业务。

保险业务篇（第3、第4章）：重点介绍汽车行业背景下的保险业务以及如何经营管理。

保险创新篇（第5~7章）：重点阐述保险业务创新的思维逻辑、路径体系和行业规则。

对于涉车的保险产品，本书按照场景和价值点进行了梳理。对于新车保险、续保、事故车、涉车非车险、保险业务的管理等涉及汽车销售和服务业务应用的内容，本书进行了体系化梳理。而对于保险行业基本的承保和理赔实务、保险公司车险业务经营管理等内容，本书不做过多叙述，如有需求，建议参阅其他书籍或资料。

汽车人在销售服务领域与保险打交道由来已久。由于比亚迪等汽车企业拥有了财险保险公司牌照、宝马等汽车企业获批了保险经纪牌照，汽车人做保险被推到台前，备受关注。牌照、数据、人才、技术的进步给了汽车人做保险的想象空间，但汽车人做什么样的保险，以及如何做好保险的挑战也刚刚开始。

这是一个全新的交叉领域。在创作本书的过程中，我们也得到了来自汽车行业和保险行业很多同仁的鼎力支持，他们受邀进入我们的"新书共创"。从选题立意，到初稿探讨；从案例素材，到细节勘误，这本书凝结了来自汽车和保险圈"横看成岭侧成峰"的碰撞。再次特别致谢，他们是（按姓氏笔画排序）：

丁时凯、王盼、史强、成敏、朱鑫、向宇玉、刘文哲、孙海军、李广、李达、李召宽、李思捷、杨宏卓、张东、张小宇、张月旺、张兴宇、周舟、钱守元、黄智、崔锋。

希望此书能给做保险的汽车人和搞汽车的保险人带来点滴启发。汽车人做保险的实践之书，需要站在中国汽车行业发展的时代画卷上，挥毫泼墨。

作　者

目　录

汽车业的保险经营创新

保险认知篇

第1章 汽车业视角看保险

1.1 保险基础：汽车人的保险"ABC"

1.1.1 不确定性与风险

说起保险，人们往往会联想到风险、金融、精算、保单等词汇。这本书，名为《汽车业的保险经营创新》，目的是给汽车人讲保险，也供保险人了解汽车行业视角的保险。汽车人对于保险的认识，是从"门外汉"开始的。本书首先呈现的是一些关于保险知识的基础"ABC"，比如下面三个问题：

什么是保险？

为什么会有保险？

作为非专业人士的汽车人，需要如何理解保险？

这些问题可以从理解这三个关键词开始：不确定性、风险和保险。具体如下。

1. 不确定性是常态

人们常常把"不确定性"挂在嘴边："明天和意外，不知道哪一个会先来。"法国经济学家理查德·坎蒂隆（Richard Cantillon）将企业家精神定义为"**承担不确定性**"。关于不确定性，不同知识学科有各自的解读。

物理学中，有关于不可能同时精确确定一个基本粒子的位置和动量的"不确定性原理"（Werner Heisenberg，1927）。

信息论的核心概念中，用于衡量随机变量中的不确定性或信息量的是"信息熵"（Claude Shannon，1948）。

经济学中，不确定性往往指的是经济主体对于未来的经济状况，尤其是收益与损失的分布范围以及状态不能确知。

GB/T 23694—2013《风险管理术语》对于不确定性的定义是，对事件及其后果或可能性的信息缺失或了解片面的状态。

直白地解释不确定性，可以理解为两个"不可"：

不可知，不确定性是未知的

不可算，不确定性是已知，但无法计算和预测的

2. 风险源于不确定性

根据 GB/T 23694—2013《风险管理术语》的定义，风险通常指的是不确定性对目标的影响。它既包含事件的后果或情形的变化，也包含事件发生的可能性大小的组合。直白地理解风险，它涉及两个关键变量：一个是发生可能性的大小，另一个是影响程度的高低。

"风险"并不等同于"不确定性"，尽管两者间有千丝万缕的关联。富兰克·奈特（Frank H. Knight）在其《风险、不确定性和利润》一书中指出了风险与不确定性之间的区别：风险是可测的（可算），不确定性却是不可测的（不可算）。这个观点给了我们一个认知上的启发，将不确定性聚焦为可测算的风险，才使得预测和应对成为可能。

3. 风险需要应对

风险应对是处理风险的过程，风险应对方式包括但不限于下列几种。

1）风险规避：不开始或者不继续导致风险的行动，比如因为恶劣天气取消出行计划。

2）风险保留：可以理解为风险承担，比如感觉下大雨的可能性低而不带伞

出门。

3）风险控制：采取措施降低风险概率或者减少风险影响，通常有三种控制思路，包括消除风险源、改变可能性和改变后果。

4）风险分担：又称为风险转嫁，简单理解就是与其他相关方就风险分配达成协议。

风险分担或转嫁，意味着需要借助他人的力量进行应对，这是产生保险的需求前提。同时也需要了解到，风险并不等同于危险。风险可能有不确定的损失，也可能有不确定的收益。因为分担风险有可能产生收益，所以才有了针对风险而提供产品的可能性。

1.1.2　保险作为风险转嫁的财务安排

为何涉及不确定性和风险的应对时必然谈到保险？下面的内容为你详解。

对于风险的分担或者转嫁，支付成本的商业交易手段是最为常见的落地方式，具体表现为购买一种商品的财务安排。从这个角度理解，保险的外延要广泛得多。例如，养老保险、医疗保险等社会保险是保险，某些行业或区域的互助基金和统筹计划也是广义的保险，但通常所称的保险，往往会聚焦到保险公司所提供的商业保险产品。权威例证来自《中华人民共和国保险法》（简称《保险法》）中的定义：保险，是指投保人根据合同约定，向保险人支付保险费，保险人对于合同约定的可能发生的事故因其发生所造成的财产损失承担赔偿保险金责任，或者当被保险人死亡、伤残、疾病或者达到合同约定的年龄、期限等条件时承担给付保险金责任的商业保险行为。

法律条文讲究规范严谨，建议从如下视角进行理解：

保险是分摊意外事故损失的一种财务安排，这是经济视角

保险是受保护和约束的合同行为（支付保费、给付保险金），这是法律视角

保险是通过互助和分摊主动应对风险的手段之一，这是风险管理视角

通过保险产品交易进行风险转嫁，在消费者视角是事先的财务安排、事中的风险管控和事后的损失补偿，在保险行业视角则是产品设计的风险捕捉、销售承保的风险汇聚和赔付保障的风险分摊。客户需要转嫁风险，保险公司愿意供给保障方案。供需的互动中，产生了通过保险产品交付确定性、应对风险的价值传递。保险产品，缓解客户面对不确定性时的恐慌和焦虑，化解发生意外风险事件之后的损失。以此为基础，保险机制时刻提醒客户注意防祸未萌、图患将来。保险，由此作为商业的产品，得以存在和延续。

保险是风险的转嫁和经营。对于从事汽车业销售和售后服务的经营者来讲，最大的风险是什么？与保险行业理解的财产损失和偿付能力不同，汽车行业作为实体行业，除了财产损失的风险以外，最重要、最关键的风险是商品的库存风险和售后服务的客户流失风险。

造出的车没有新客户买，已有的新客户无法留下来，这类经营风险也是风险。汽车业从事保险不仅仅是简单的财务风险转嫁和损失保障，更重要的是如何借助保险，为实体经济的经营风险服务。

这是汽车业保险经营创新的终极课题。

扩展 01　保险是应对风险的手段和思维，以保险杠、保险丝、保险柜为例

"保险"的英文是 Insurance，本意是稳妥可靠保障。在与大自然抗争的过程中，古代人们就萌生了应对灾害事故的保险思想和原始形态的保险方法。

公元前 1792 年左右，也就是古巴比伦第六代国王汉谟拉比时代，贸易发展、商业繁荣，为了援助商业及保护商队的骡马和货物，汉谟拉比法典中规定了共同分摊补偿损失之条款。公元前 260 年—前 146 年间，古罗马人为解决战争期间军事运输问题，收取商人一定比例的费用作为后备基金，以补

偿船货损失，被认为是海上保险的起源。中世纪的意大利出现了冒险借贷，冒险借贷的利息类似于今天的保险费。1384 年，比萨出现了世界上第一张保险单，现代保险制度从此诞生。

在我国，起源于汉代、发展成熟于北齐、兴盛于隋唐的义仓（或称社仓）中暗含了朴素的保险思想。《隋书·长孙平传》有载：奏令民间每秋家出粟麦一石以下，贫富差等，储之里巷，以备凶年。作为较为完备的仓储制度，义仓对社会的赈灾救灾起到过积极的历史作用。

保险思想早已有之，但保险一词是个"舶来品"。Insurance，在 1805 年的广州口岸被译作"保安"。后来，由林则徐负责收集资料并组织翻译、交由魏源编辑出版的《海图国志》中，称 Insurance 为"担保"。在 1866—1869 年间，传教士罗存德（W. Lobscheid）在其《英华字典》中将其译作"保险"。

"保险"一词，会被直觉地关联到保险公司和保险产品，但由于汉语的博大精深，"保险"一词却并没有被局限于保险一个行业或一个产品业态。

稳妥可靠保障的意涵，都可以说是"保险"。

在国内某头部购物网站的搜索栏输入"保险"两字，搜索结果中有不少保险公司的保险产品，更令人出乎意料的是，一幅幅汽车保险杠、电路保险丝，甚至是财产保险柜的图片出现在屏幕上，对于"保险"一词的理解和认知，豁然开朗。

保险杠、保险丝、保险柜，和通常理解的保险风马牛不相及，但名字中恰恰都带有了"保险"二字。保险杠为了缓冲车辆碰撞冲击、保险丝为了防止电路电流过载、保险柜为了避免财产遭不法掠夺。仔细品味，这些物品的命名都有某些共通之处，跟保险一样，它们都为了帮助应对不确定的风险，都带有稳妥可靠保障的意涵。保险，是转嫁风险的手段和工具，也是应对风险的一种思维。

保险产品，受到国家法律法规的保护和约束。《保险法》第六条规定：保险业务由依照本法设立的保险公司以及法律、行政法规规定的其他保险组织经营，其他单位和个人不得经营保险业务。不具备监管部门的许可证（俗称"牌照"），的确是不得经营保险业务的。上面的扩展探讨，说明了带有"保险"二字的产品和业务，并不是保险行业和保险公司的"专利"。

虽然无牌照不得经营"保险"业务，但是汽车业人士仍然可以丰富保险认知、洞悉保险逻辑，借助保险资源，在自身的生产、经营中主动应对风险，积极拥抱不确定性。

1.2　保险认知：汽车业如何理解保险

1.2.1　保险的底层逻辑：大量同质风险的共同分担

保险，是风险转嫁的机制，也是带有商品属性的产品。为什么会有人卖保险？更重要的是为什么会有人买保险？问题背后，需要回到保险产品的底层逻辑进行讨论。

刘润在其《底层逻辑》一书中，将底层逻辑定义为"事物间的共同点"，说的是不同之中的相同之处、变化背后不变的东西。也有观点认为，逻辑是人的主观认知视角，底层逻辑从而被理解为从事物的底层、本质出发，寻找解决问题路径的思维方法。

保险的共同点或思维方法是什么？找相同需要从不同开始。保险产品复杂多样，常见的分类就有如下几种。

1）**按实施方式**：保险分为法定保险（又称强制保险，比如机动车交通事故责任强制保险）和自愿保险。

2）**按实施目的**：保险分为社会保险和商业保险。

3）**按实施标的**：保险分为财产保险、人身保险、责任保险、信用保险和保证保险。

看完分类，再来了解一下保险交易各方主体的差异。对于保障主体来说，保险可以帮助转嫁风险。转嫁并没有消除风险，而是由多人共同分担，是所有参与者的互助。对于风险经营主体来说，将风险捕捉、汇聚起来，然后补偿给受损主体，自身非但不投入成本，反而可以从承保收入中分摊，甚至通过资产管理获益。能够汇聚起来再分摊的前提是风险是同质的。

对于交易双方来说，能否实现转嫁风险，能否确保损失得到补偿，并且在经营中通过管理风险获利，这是一个财务上的重要课题。这一过程在保险行业，被称为"精算"。精算有一个前提，也是保险存在的四个基本法则之一：大数法则或大数定律。通俗地说，就是需要汇聚足够大量的同质风险。如何找到更多、更大量的同质风险？可以通过两种方式实现，一是通过企业、品牌或产品的吸引力让顾客主动上门；二是通过渠道中介商（代理人、经纪人、科技服务商、流量平台等）来帮助实现客户引流和交易撮合。

同样是刘润，在《特斯拉 UBI 车险，未来已来》一文中，将保险的本质解读为"同质风险分担"。站在保险行业之外的视角，这已经是一个足够通俗、足够有洞见的解读了。

对于风险汇聚承接方，拥有足够多的保单，才有可能使得风险的承接和经营实现商业化闭环和规模化经营。

保险的本质和底层逻辑，从保险业务经营创新视角，可以理解为：**大量同质风险分担**。"大量"是通过概率对抗风险的基础，"同质"是可以预测和汇聚的前提，"分担"是转嫁风险的作用机制。

作为非保险专业的人士或者初入汽车保险圈的"小白"，可以这样理解和把握保险：将大量的同质风险汇聚起来，通过产品设计和服务闭环，使得用户之间形成分担和互助机制，从而获取收益。

1.2.2 深入保险看保险：保险产品的商业模式拆解

回归到产品和商业视角，如何理解保险的商业逻辑？这就需要聚焦保险产品的商业模式问题。商业模式是什么？北京大学汇丰商学院的魏炜在其合著的《商业模式的经济解释》中，将其归纳为"利益相关者的交易结构"，也是"其相互之间资源能力的重新配置"。保险产品的利益相关者之间有什么样的交易结构？下面的三个关键词尝试给出拆解。

交易要有标的：保险产品。保险作为产品，带给客户什么样的价值从而使得客户愿意购买？客户支付保费，保险公司承诺提供确定性保障并给予偿付。一纸保单对于客户意味着什么？与其他产品一样但更为直接的是，保险产品带给客户的是应对风险的"确定性"。

交易要有主体：投保人、保险人和其他中间商。买卖双方达成交易，中间商为交易一方或者双方提供服务，协助交易达成及实现服务闭环。

交易要有价值：对于投保人来说，为了转嫁风险而支付保费，让渡了现金及其时间价值。对于保险人来说，收取保费可以博弈承保盈利，更重要的是，保险具有低成本融资属性，使保险公司可以通过资本运作和管理获取收益。保险公司交付的价值是什么呢？是保费和保额之间的"杠杆"。如果要用最简单的一句话说清楚保险产品的商业模式，或许可以这样表述：保险公司以其专业能力设计具有金融杠杆属性的服务产品，承接客户转嫁的风险，预收取保费向客户提供"射幸合同"，并通过分摊逻辑向客户交付"确定性"。

再简单点：客户为转嫁不确定风险，得到确定性而"买单"。

1.2.3 跳出保险看保险：为"确定性"买单的预付费产品

从汽车业视角看保险，立足产业链条，面向车主经营，不必拘泥于保险产品和保险行业。跳出保险看，"保险丝""保险杠""保险柜"也在通过产品为客户提供确定性，降低"风险"。

汽车行业不乏为客户提供"确定性"承诺的预付费服务权益产品。有保养和延保打包组合成的"双保无忧"，有原厂质保结束之后延续的"终身质量保证"，有将各类车主服务权益（或有保险包含在内）打包起来推出的"服务无忧"或"保险无忧"，还有针对车主养车的各种"付费会员"或者"PLUS 会员"……

它们是保险吗？不是！但它们是否符合大量同质风险共担、为付费客户提供确定性权益的特征呢？本书认为答案是肯定的（第 6 章对此会有专题论述）。

再进一步跳出来看，其他提供给客户的产品是否也在向用户交付"确定性"呢？比如可以准点到达的航班、可以取出足额真实钞票的自动取款机、可以结出口感和酸甜度都适宜的果子的苹果树。关于产品，《梁宁·产品思维 30 讲》里说："通过观察判断，建立系统能力，向用户交付一种确定性。同时建立交互能力，在不断连接与迭代中，深化和用户的关系。"

与其他产品相比，保险在向用户交付确定性的时候，有其特殊性：**与用户博弈概率**。卖一件衣服，一手交钱一手交货，衣服合意则交易确认支付货款，不满意则退换货。交易双方的交易是各自完成责任的"践行合同"，衣服作为产品的确定性是质量可靠、符合需求。保险公司提供保单、收取保费，给客户一纸"保险权益"，客户出险理赔与否、赔付多少是具有随机性的概率事件。保险的确定性是低保费、高保额。保险产品是基于精算的赔付概率和费用成本，在保费和保额之间给客户提供了"杠杆"。通过杠杆增加了客户购买保险产品的吸引力，也使得保险通过损失补偿，将少数人的重负担"分摊"为多数人的轻负担。

再次跳出来看，保险产品的"概率""杠杆"和"分摊"提供了针对车主的预付费产品商业模式的逻辑框架。在手机行业，苹果、华为、小米等厂商纷纷推出了针对客户的名为"care"的保障权益。它们不是保险公司的保单产品，但它们按照预付费销售，产品价格和保障额度间存在杠杆，全体付费客户对于享权客户成本形成了分摊……这与保险产品存在着异曲同工之妙。

对于汽车业的同仁来讲，从事保险业务的另外一种可能，除了直接经营保险，还可以学习、借鉴保险产品的底层逻辑和商业模式，基于自身的场景和资源，面向车主推出各类"care"产品。

如果上面的"脑洞"开得还不够大，那么还可以继续开：为确定性买单支付的溢价，都可以叫"保费"。刘润老师在《做品牌，赚的不是"溢价"，是"保费"》一文中，将商业品牌"溢价"，解读为消费者为购买确定性而支付的"保费"。在消费者的账单上，一笔让其愿意支付额外价格的款项，为了"放心"而愿意额外支付的费用，就是"保费"。保证质量一定过关，保证可以放心使用。

对于汽车行业的经营管理者来说，最大的期望是什么？当然是卖更多的车、修更多的车、有更高的关联业务收益。车卖不动，就有库存风险；客户不回来修车，就是流失风险。

保险行业的同仁或许无法理解，商品库存风险和客户流失风险，永远都是作为实体制造行业的汽车业最大的经营风险。

这个风险，有"保险"吗？

扩展 02　保险产品三种常见的商业逻辑
（人寿保险、汽车保险和齿科保险）

保险产品的商业逻辑是让客户为转嫁风险、寻求"确定性"买单。在保险公司看来，最理想的风险汇聚类型可概括为四个字：高保（额）低赔（付额）。而这对于客户来说，意味着花钱买保险的"价值"感非常虚无缥缈，比如航空意外险、燃油汽车的核心零部件延长保修。

都是大量同质风险的共担，但不同的保险产品，其背后的商业逻辑并不相同。我们找到人寿保险、汽车保险（简称"车险"）和齿（牙）科保险三个案例，加以比较。

高保额、稳定赔付：人寿保险产品思维

人寿保险，是保险公司以人的寿命为标的，以被保险人的生存或死亡为保险事故，开展的人身保险业务。与财产保险遵循损失补偿的原则不同，人寿保险是定额给付保险，按照保险合同规定的保险金额支付保险金，不能有所增减。其主要风险是死亡率，而人的生命又很难用货币衡量其价值，因此，保险金额由双方依据需要程度和缴费能力协商确定。

人寿保险性质的保险保障，更多的是生存状态。生存状态的改变往往是不可逆的，若身故、罹患重疾，甚至失能，保障便终止。人寿保险中被保险人的状态通常只改变一次，并且这种状态受外界影响很小。

人寿保险的保险费计算依据，主要受到预定的死亡率（死差）、利息率（利差）和费用率（费差）的影响，关键就是控制"死差"的发生率。在人寿保险的世界里，精算准确评估定价，核保筛选健康体，高费用驱动销售并控制脱落率是核心。

人寿保险产品保额较高、赔付相对稳定、时间周期非常长。经营人寿保险产品，无论是承保盈利还是资金规模收益都是非常可观的。

总结一下，人寿保险产品思维的核心就是"大数法则、高保低赔"，承保利润可观。

承保盈利难而保费规模大：汽车保险产品思维

得益于机动车交通事故责任强制保险（简称"交强险"），机动车辆保险在财产保险领域一直以来都是保费规模贡献最大的险种。汽车保险作为财产保险，最具代表性的特征就是损失补偿的原则。某个车主遭遇保险事故，保险公司给予经济损失补偿或者提供车辆损伤修复。有车必有保险，汽车保险消费对大多数客户来说早已不存在判断问题。

一辆十几万的车，一年保险便宜的话也要三五千。一年交一次保费，如果一年不发生理赔，这个钱意味着"白花"，次年期满续保。年复一年，汽车保险的保费规模，对于财产保险公司来讲，相当可观和诱人。

与人寿保险产品相比，汽车保险产品的出险概率和赔付成本就显得非常高了。究其根源，人寿保险产品是基于全社会统一的"死差"和"利差"做文章，而汽车保险产品的风险和产品供给很大程度上是标准化和趋于同质的，市场竞争力的影响因素最终回归到规模、资源和费用的比拼。汽车保险的承保盈利更难、竞争更激烈。

汽车保险产品无法像人寿保险一样追求稳定的"出险率"，而是更多地在前端通过无赔款优待系数和违章系数对客户进行差异化定价，然后通过不同车型的基准风险保费和不同渠道的理赔成本控制，再加上附加费用率的时放时收，以实现综合成本率的管控。汽车保险产品难以追求大的承保利润率，但作为渗透率最高、金额较大的保险产品，保险公司是很难找到如此规模可观的替代险种的。

可以说，汽车保险产品思维的核心是"有损补损，无损拼费"，汽车保险业务的保费规模尤为可观。规模对保险公司来说是资本汇聚，类比汽车行业来说，就是现金流贡献。

高概率引流、优惠套餐收益：齿（牙）科保险产品思维

齿科保险，是以在齿科诊所进行的牙齿相关医疗服务为保险标的。市面上常见的齿科保险产品套餐内容基本一致：投保次日就能用，一年只能买一份，不能重复购买，洗牙、涂氟、窝沟封闭全覆盖；拔牙、补牙、根管治疗等项目在额度内抵扣，超出额度的部分享受专属的折扣优惠……

齿科保险，还有个"潜规则"，就是与定点的私立牙科医院合作。私立牙科医院需要客户，每家诊所都要投入数量可观的营销费用预算。花钱搞活动、打广告，进行线上线下的广告投放。钱花出去了，能吸引多少客户是个未知数，几十万砸下去可能水花都没有。广告费需要付给广告公司，无论有没有客户过来，这个钱都被广告公司赚走了。

保险公司推出的，面向特定医院的牙科诊疗项目的"保险"契合了双方的诉求。保险公司需要保费，基于庞大保险客户资源的议价能力强大，相当于能以"批发价"拿到私立牙科医院的套餐，以比较实惠的价格卖给保单购买客户。齿科保险，相当于私立牙科医院的优惠券，买了第二天就能用。通过商业模式的创新，齿科保险大大降低了优质诊所的营销费用和获客成本。原本给广告公司的钱，省下来一部分用于补贴保险客户，进而降低了保险客户的治疗费用。客户用齿科保险"薅的羊毛"，来源竟然是诊所营销费用的一部分，商业逻辑就是这么简单！

齿科保险，作为一种健康管理组织（HMO）模式的保险产品，本质上是一份指定医疗机构的优惠券或优惠套餐。与其他保险相比，它希望的不是更低，而是更高的"出险率"，并且它也丝毫不在意客户是不是"带病投保"。

总结一下，齿科保险产品思维的核心是"转移支付、优惠套餐"，它的本质是引流工具和转移支付。

人寿保险、汽车保险、齿科保险三个案例，反映了不同的保险逻辑，但都是建立在大量同质风险共同分担基础上的。对于汽车业服务产品和权益设计的从业人士来说，保险思维带来的启发和认知，足够丰富多彩。

如果寄希望于通过预付费产品权益设计，分别实现利润、现金流和客户引流的诉求，相信上述三个案例可以提供很多启发。

第 2 章　涉车场景中的保险连接

2.1　狭义和扩展的汽车保险

2.1.1　汽车保险产品

保险产品在狭义上是指由保险公司创造、可供客户选择、在保险市场进行交易的金融工具。在广义上，保险产品是指保险公司向市场提供并可由客户取得、利用或消费的一切产品和服务。**保险产品**可以看成保险公司为市场提供的有形产品和无形服务的综合体。这个综合体包含以下 4 层意思：

能引发人们注意和购买

能转移风险

能提供一定的经济补偿

是一种承诺性服务组合

保险产品保障被保险人在发生不幸事故时仍能拥有生活下去的基本条件，并能使人们以最小的代价获得最大的经济补偿。保险产品的真正含义是满足消费者保障与补偿的需要。

保险产品，在法律上可抽象为保险合同。根据《保险法》，保险合同是投保人与保险人约定保险权利义务关系的协议。保险利益是指投保人或者被保险人对保险标的具有的法律上承认的利益。人身保险的投保人在保险合同订立时，对被保险人应当具有保险利益。财产保险的被保险人在保险事故发生时，对保险标的应当具有保险利益。人身保险是以人的寿命和身体为保险标的的保险。财产保险是以财产及其有关利益为保险标的的保险。根据《保险法》，保险合同应当包括下列事项：

保险人的名称和住所

投保人、被保险人的姓名或者名称、住所，以及人身保险的受益人的姓名或者名称、住所

保险标的

保险责任和责任免除

保险期间和保险责任开始时间

保险金额

保险费以及支付办法

保险金赔偿或者给付办法

违约责任和争议处理

订立合同的年、月、日

投保人和保险人可以约定与保险有关的其他事项

具体到汽车保险产品，市面上的某些汽车保险类的书籍，往往"复制粘贴"大段的保险条款内容。对于保险专业人士来说，这或许无可厚非。而对于来自汽车行业的"保险小白"来说，很少有人能做到完整地读一遍，更不用谈会有多深的理解。

作为面向汽车业从事保险业务经营管理和业务创新的人员的参考书，本书试图呈现汽车场景中可能涉及的保险连接、嵌入风险保障需求和保险产品的可能性。

本书首先讨论的是汽车保险产品覆盖哪些范围、包含哪些构成要素的话题，书面上称为"外延"和"内涵"。

1. 汽车保险的外延

外延指覆盖的范围，据其可以将汽车保险分为狭义的汽车保险、扩展的汽车保险和广义的与车有关的保险产品。

1）狭义的"车险"，是关于"险"的构成。核心聚焦于机动车交通事故责任强制保险（简称"交强险"）和机动车商业保险（简称"商业险"）两部分。

交强险，是指由保险公司对被保险机动车发生道路交通事故造成本车人员、被保险人以外的受害人的人身伤亡、财产损失，在责任限额内予以赔偿的强制性责任保险。其概念晦涩难懂，可以简单地理解三个关键词：强制购买、责任限额、第三方损失。商业险，是指由保险公司对被保险机动车提供的商业保险产品，是通过订立保险合同运营，以营利为目的的保险形式。商业车险分为主险、附加险。投保人可以选择投保全部险种，也可以选择投保其中部分险种，附加险不能独立投保。

汽车保险产品，不是一成不变的。与其他汽车保险的有关书籍将各个条款、险种罗列不同，本书尝试梳理出一个宏观的汽车场景保险产品理解框架。更多交强险、商业险解读和条款梳理，可参看"扩展 3：'商业车险'主险及附加险条款构成"。

2）广义的"车险"，是关于"车"的定义，也就是保障车辆范围，除了机动车辆，还有特种车辆、摩托车及拖拉机，保险也因此有所区分。

在保险合同中，机动车是指在我国境内（不含港、澳、台地区）行驶以动力装置驱动或者牵引，上道路行驶的供人员乘用或者用于运送物品以及进行专项作业的轮式车辆（含挂车）、履带式车辆和其他运载工具，但不包括摩托车、拖拉机、特种车。摩托车大家相对熟悉。特种车是指在我国境内（不含港、澳、台地区）行驶，用于清障、清扫、起重、装卸、升降、搅拌、挖掘、推土、压路等的各种轮式或履带式专用车辆，或车内装有固定专用仪器设备，从事专业工作的监测、消防、清洁、医疗、电视转播、雷达、X 光检查等机动车，或油罐车、汽罐车、液罐车、冷藏车、集装箱拖头以及约定的其他机动车。

车辆保险有两个容易混淆的概念："营运车保险"和"商用车保险"。与特种车强调车辆功能不同，"营运车"是指进行经营性道路运输（为社会提供服务，发生费用结算或者获取报酬）的车辆，"商用车"是指设计和技术特征上是用于运送人员和货物的汽车，包含所有的载货汽车和 9 座以上的客车。

营运车概念对应的是非营运车，商用车对应的则是乘用车。保险公司经营的车险业务，会依据投保人或车主的相关信息判定车辆的"使用性质"是否为营运，并以此区分核保条件和费率差异，并不会有专门的"营运车保险产品"。对于商用车来说，其风险性质（多营运、高风险）、投保人群（车队投保、理赔集中）、业务规模（整体小、分布分散）往往与乘用车有很大差异。保险公司有的会成立单独的"商用车业务部"，有的则干脆严格限制承接商用车的保险业务。从保险产品角度来看，不存在单独的"营运车保险产品"和"商用车保险产品"，但这并不影响在实践中对于营运车保险和商用车保险的探讨及其实施。

"车险"，被分为狭义的**机动车商业保险、特种车商业保险、摩托车及拖拉机商业保险**。这些"车险"再加上**单程提车保险**（汽车制造商、销售商或购买人将机动车从保险单载明的产地、销售地或关税缴讫地行驶到购买人指定地点）和**驾乘人员意外伤害保险**，构成了保险行业定义的"商业车险"。对于汽车业人士来说，这也可以理解为扩展的汽车保险。

汽车保险，也是围绕车辆的发展迭代和使用场景的风险需求衍生的保险。比如，随着新能源汽车的崛起和迅猛发展，针对新能源汽车［包括插电式混合动力（含增程式）电动汽车、纯电动汽车和燃料电池电动汽车等］的商业保险（《中国保险行业协会新能源汽车商业保险专属条款（试行）》）应运而生。再比如，为做好我国境内注册机动车在境外约定区域内行驶的风险保障制度安排，机动车出境期间的综合商业保险（《中国保险行业协会机动车出境综合商业保险示范条款》）推向市场。上述都属于广义上的汽车商业保险的构成部分。商业车险的产品条款构成见表 2-1。

表 2-1　商业车险的产品条款构成

交强险	商业险	新能源汽车商业险
机动车交通事故责任强制保险条款	中国保险行业协会机动车商业保险示范条款（2020 版）	中国保险行业协会新能源汽车商业保险专属条款（试行） 中国保险行业协会新能源汽车驾乘人员意外伤害保险示范条款(试行）
	中国保险行业协会特种车商业保险示范条款（2020 版）	
	中国保险行业协会摩托车、拖拉机综合商业保险示范条款（2020 版）	
	中国保险行业协会机动车单程提车保险示范条款（2020 版）	
	中国保险行业协会驾乘人员意外伤害保险示范条款（2020 版）	

2. 车险产品的内涵

车险产品已经较为成熟和完善，对于非专业的汽车人来说，可以从产品合同形式、产品构成要素、产品定价和费率三个视角进行框架性理解。

汽车保险产品的合同，体现为标准、制式的保险单（俗称"保单"）。交强险和商业险的产品载体为《机动车交通事故责任强制保险单》和《机动车商业保险保险单》。

汽车保险产品的构成要素，也体现在了保单中。标准制式的保险单，包含了基本信息（车主、投保人、保险人、保险产品条款）、被保险人信息、被保险机动车信息、承保信息（险种、保险金额 / 责任限额、绝对免赔率、保险费小计）、保险费与保险期间、特别约定、合同争议解决方式和重要提示信息八大部分。

保险产品条款的内容作为保险单的附件信息。一份保险产品条款包含以下框架要素：总则、保险责任、责任免除、保险金额 / 责任限额与免赔额（率）、保险期间、保险人义务、投保人 / 被保险人义务、赔偿处理、争议处理和法律适用、其他事项、释义等。

汽车保险产品的定价和费率，是风险精算和定价的"高精尖"领域。保险费率通常由基准费率（包括纯风险损失率和附加费率）和费率调整系数组成。以商业车险为例，其保费计算公式为

商业车险保费 = 基准保费 × 费率调整系数

式中，基准保费 = 基准纯风险保费 /（1－附加费用率）；费率调整系数 = 无赔款优待系数（简称 NCD，追溯 3 年）× 交通违章系数（部分地区适用）× 自主定价系数。

关于汽车保险给出以下小结：汽车保险通常聚焦于交强险和商业险。汽车保险还涵盖了特种车商业保险，摩托车、拖拉机商业保险，单程提车商业保险和驾乘人员意外伤害保险。保险产品随着汽车和用车场景不断进化，前者如新能源汽车商业保险，后者如机动车出境商业保险。这是车险产品的外延。车险产品的内涵涉及专业的保险产品知识，可以从车险产品载体（保单）、车险产品要素（保单和条款构成）和车险产品费率构成（纯风险损失率、附加费率、费率调整系数）三个视角建立认知框架并理解。

2.1.2 车险相关业务

有了产品及交易，进而衍生出了保险业务，汽车保险也是如此。

1. "车险" 产品背后的 "2+4" 职能

作为汽车人，对保险的直观认知，不外乎一家家保险公司、一张张保单、一辆辆事故车辆等。保险业务，相对应地分为两大核心职能模块：承保和理赔，如图 2-1 所示。

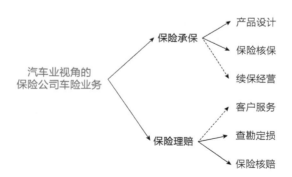

图 2-1　汽车业视角的保险公司车险业务的核心职能

保险承保，指保险人在投保人提出请求后，审核是否符合承保条件（险种、保额、保费等），并接受投保申请，在保单合同生效后承担约定的保险责任的行为。保险公司为完成保险交易从事的产品精算开发和条款报备、宣传推广和销售促进、核保和交易出单等，都视为承保全流程。在其中，最关键的是"核保"。核保的目的是保险公司"挑选"客户、做出承揽风险决定的关键。具体体现为是否保、以什么条件保、以什么价格保的问题。

保险理赔，指被保险人遭受灾害事故后，对保险人提出索赔申请，保险人根据保险单的规定审核材料单证、查明损失原因、确认保险范围、估算损失程度、确定赔偿金额、赔偿给付结案的全过程。理赔是保险公司执行保险合同，履行保险义务，承担保险责任的具体体现。在其中，最关键的是确定损失金额（简称"核赔"）。核赔的目的是准确界定损失，防止恶意骗保的行为，具体体现为确定赔案是否应该赔偿、应该怎样赔偿或应该怎样拒赔的过程。

承保的基础职能分解为产品设计和核保。理赔的基础职能分解为查勘和核赔。在此基础上，辅之以续保运营和客户服务，构成了保险公司视角车险业务的基本职能。

2. 车险业务的三大基本流程

了解了基本职能之后，保险业务的基本流程就相对容易理解了。站在汽车车主与保险公司互动的视角，车险业务可以分为以下三大流程。

车主保险的投保流程大体如下：

选择保险产品和投保方案→提供或录入投保信息→获得报价信息（投保单）→确认投保→获得保险公司核保确认→支付保费→获得保险单→保单生效

车主保险的理赔流程大体如下：

发生保险事故，向保险公司报案→保险公司接报案、工单派发→确认案件查勘任务→损失核定→车辆修复及人员医疗（如有）→收集理赔单证、材料→赔付结案车主保险的客户服务流程大体如下：

致电或在线联系保险公司→保险公司接需求、工单派发→确认客户服务任务→服务实施（自身或第三方）→客户回访→工单关闭

保险公司与客户的业务互动远不止于此，其他还有面向客户推出的各种类似"好车主"的在线移动客户端、面向客户的电话营销中心、面向客户的"客户节"等。

3. 保险公司的分工与组织架构

保险业务，在保险行业和保险公司中是如何分工和衔接的？本书为方便理解，将其归纳为"一横、一纵、两交叉"的视角。

与汽车的生产分为车身冲压、喷漆、动力总成装配和总装等工序类似，保险业务也被按照职能划分成了"流水线"。"一横"是统管产品开发的车险（精算）部、销售推进的渠道业务部及直销业务部、客户运营的客户服务部，以及贯穿整个理赔流程的理赔业务部。保险公司是一个复杂的分工体系。与保险公司合作，汽车人有必要先搞清楚要合作的对方各个业务部门的职责。

与汽车企业的"中央集权"体制不同，保险公司通常实施的是以分公司作为主体的组织架构，总部"说话"机构未必都听，这往往也是汽车人很难理解的。"一纵"是指包括总部、分公司、中心支公司、子公司等至少四级的垂直业务指导条线。与总部的谈判及形成的"总对总"协议，可以为双方各层面合作拉近关系、提供指引，却不能简单理解为"有了总对总，分公司遵照执行"。

"两交叉"是车险业务领域比较独特的现象。其中之一是保费业务和事故车理赔的交叉，给予保费"产能"贡献更高的汽车经销商（简称"车商"）更多的事故车资源推荐和更好的定损政策，反之则减少和控制。其中之二是面向车险客户，即车商渠道与非车险产品部门的交叉，以交叉销售更多的非车险产品甚至是非保险金融产品（车主信用卡、车贷分期等）。

扩展 **03**　　　　　**"商业车险"主险及附加险条款构成**

中国保险行业协会于 2020 年 9 月 4 日发布《关于发布〈中国保险行业协会机动车商业保险示范条款（2020 版）〉等五个商业车险示范条款的通知》，又于 2021 年 12 月 14 日发布《关于发布〈中国保险行业协会新能源汽车商业保险专属条款（试行）〉的通知》。由此，商业车险的主险包含以下三个部分。

机动车损失保险（简称"车损险"），指被保险车辆遭受保险责任范围内的自然灾害、意外事故或被盗窃、抢劫、抢夺，造成保险车辆本身的直接损失及产生相关施救费用时进行的补偿。这里给出三个便于理解的关键词：保险车辆、约定损失、修复原状或费用补偿。

机动车第三者责任保险（简称"三者险"或"三责险"），是指被保险车辆因意外事故，致使第三者（不包括被保险机动车本车车上人员、被保险人）遭受人身伤亡或财产直接损毁，对超过交强险各分项赔偿限额的部分进行的补偿。同样给出三个关键词：第三者、责任事故、交强险额度。

机动车车上人员责任保险（简称"座位险"），是指被保险车辆因意外事故，致使车上人员遭受人身伤亡，对车上人员承担的损害赔偿。它的三个关键词分别是车上人员、责任事故、驾驶员乘客分座赔偿。

附加险具体明细内容见表 2-2。

表 2-2　商业车险附加险种明细

类别	机动车商业保险	新能源汽车商业保险	特种车商业保险	摩托车、拖拉机商业保险	机动车单程提车保险
主险	损失保险	损失保险	损失保险	损失保险	损失保险
	第三者责任保险	第三者责任保险	第三者责任保险	第三者责任保险	第三者责任保险
	车上人员责任保险	车上人员责任保险	车上人员责任保险		车上人员责任保险
			全车盗抢保险	全车盗抢保险	

（续）

类别	机动车商业保险	新能源汽车商业保险	特种车商业保险	摩托车、拖拉机商业保险	机动车单程提车保险
附加险	附加绝对免赔率特约条款	附加绝对免赔率特约条款	附加绝对免赔率特约条款	附加绝对免赔率特约条款	附加绝对免赔率特约条款
	附加车轮单独损失险	附加车轮单独损失险	附加车轮单独损失险		附加车轮单独损失险
	附加新增加设备损失险	附加新增加设备损失险	附加新增加设备损失险		
	附加车身划痕损失险	附加车身划痕损失险			
	附加修理期间费用补偿险	附加修理期间费用补偿险	附加修理期间费用补偿险		
	附加车上货物责任险	附加车上货物责任险	附加车上货物责任险		
	附加精神损害抚慰金责任险	附加精神损害抚慰金责任险	附加精神损害抚慰金责任险	附加精神损害抚慰金责任险	附加精神损害抚慰金责任险
	附加法定节假日限额翻倍险	附加法定节假日限额翻倍险			
	附加医保外医疗费用责任险	附加医保外医疗费用责任险	附加医保外医疗费用责任险	附加医保外医疗费用责任险	附加医保外医疗费用责任险
	附加机动车增值服务特约条款（道路救援、安全检测、代为驾驶、代为送检）	附加新能源汽车增值服务特约条款（道路救援、安全检测、代为驾驶、代为送检）			
	附加发动机进水损坏除外特约条款	附加外部电网故障损失险	附加起重、装卸、挖掘车辆损失扩展条款		
		附加自用充电桩损失保险	附加特种车辆固定设备、仪器损坏扩展条款		
		附加自用充电桩责任保险			

此外，由《中国保险行业协会驾乘人员意外伤害保险示范条款（2020版）》和《中国保险行业协会新能源汽车驾乘人员意外伤害保险示范条款（试行）》构成的"驾乘人员意外伤害保险"也是广义车险的一部分。与车险一样，驾乘人员意外伤害保险保障的也是"保险单载明车牌号码的机动车辆"。驾乘人员意外伤害保险主要包含"身故保险责任""伤残保险责任""医疗保险责任"三个主险条款和"附加住院津贴保险""附加医保外医疗费用补偿险"两个附加险条款。

涉车保险产品条款和费率的更多信息，可通过中国保险行业协会官方网站"财产保险公司自主注册产品查询"获取。

2.2　涉车场景的广义保险

涉车的各个场景，包括购车场景、用车场景、修车养车场景、卖车及置换场景、汽车金融场景等。"商业车险"之外也有各种衍生保险产品的可能，本书姑且将其称为"涉车场景的非车险"。

涉车场景的非车险，在存在方式上也多种多样。有的是由卖方提供的服务权益产品（合同），在车主付费购买后，卖方再将权益通过保险公司产品的形式进行风险转嫁。有的则是由卖方"无偿"提供给车主的"保障承诺"，然后卖方自己找保险公司进行"投保"。简单理解，涉车场景的非车险有三种可能的落地形式：

客户直接购买的保单（例如各种驾乘意外伤害保险）

客户购买服务协议背后的"兜底"保单（例如汽车延保合同背后的延长保修责任保险）

客户交易过程中免费享有的保险保障权益（例如电子商务交易中最常见的"退货运费险"）

2.2.1 购车购景

客户购车场景，对应的是客户在车辆购买的事前、事中、事后的风险敞口和其中可能的保险保障需求。保险产品在客户购车场景的作用包括但不限于以下几种。

1）**挖掘车辆购买的潜在可能。** 比如与驾校合作，从驾驶学习场景入手，为潜在客户提供"培训考试费用补偿"等权益，再比如为客户提供试乘试驾（含深度试驾）的保障责任等。

2）**作为车辆销售策略和权益之一，助力车辆销售。** 比如为购车客户赠送相关保险保障权益（比如驾乘意外保障、"自动泊车责任险"等），再比如借助保险产品打造预付费的"服务包"产品销售给新车车主。

3）**通过保险保障权益，消减购车客户的后顾之忧。** 比如为客户提供延迟交付保障、延长保修保障、"三包责任"保障、保值回购保障等。

2.2.2 用车场景

用车场景的涉及面非常广。既有客户自驾出行的用车场景，也有租赁他人车辆出行的可能；既有找人代为驾驶（代驾）、代客泊车（代泊）、代为送检（代检）的责任划分，也有预定用车场景的各种不便情形……车主用车场景中的保险可能，包括但不限于以下类型。

1）**车主自驾用车的潜在风险。** 比如各种类型（高速公路行车、出入境行车、充电换电等）人身意外伤害、机动车号牌损失、随车行李物品损失等，还可能存在由于交通事故导致的法律费用、救援费用、旅行不便费用等成本。

2）**客户车辆由第三方服务相关的风险。** 比如代驾、代泊、代检期间的潜在责任风险，再比如车上的电子不停车收费（Electronic Toll Collection, ETC）、（智能辅助驾驶）软件等产品、平台责任导致的风险损失。

3）客户驾乘其他车辆出行的潜在风险。比如驾乘租赁车辆的风险，乘坐网约车的风险，以及驾驶非自有机动车期间的责任风险等。

2.2.3　修车养车场景

用车之外车主最主要的费用和成本，都发生在养车修车场景。车辆养护、维修的成本可能来自车辆及零部件本身的故障，可能来自交通事故导致的扩展风险（比如维修减值），还可能来自车辆附属物品的意外丢失或损失……养车修车场景的保险可能，包括但不限于以下几种。

1）延长保修，为车主提供更长的保修承诺。延长保修的全称是延长质量担保维修，按照保修范围可以分为整车保修、核心零部件保修和三电系统保修等，按照保险类型可以分为针对维修商端的延长保修责任保险和针对车主端的延长保修费用补偿保险。

2）维修补偿，吸引客户长尾黏性。对于回到约定维修商进行车辆维修的客户，给予特定的费用补偿，或者是其他形式的服务权益。比如提供维修代步车（备用品、代用品）服务或者给予代步车补贴，为大额维修客户提供车辆维修导致的减值损失补偿等。

3）车辆附属物品重置补偿。除了整车损失外，车辆的附属品、易损件等特定项目的维修、更换，也是创新保险保障权益的载体。比如车辆的轮胎、钥匙、玻璃贴膜、隐形车衣等。这些项目的维修也构成了维修商售后服务客户长尾黏性的重要扩展来源。

2.2.4　卖车换车场景

卖车换车，涉及二手车的交易买卖，是汽车行业一个非常庞大，并且复杂的业务场景。客户的卖车涉及车辆价值评估，二手车的交易价格波动涉及减值损失，二手车本身的品质和性能会影响到买家的购入决策，客户购置新车的选择范围又是新车购买的优质线索来源……卖车换车场景，牵一车而动多方，其涵盖的保险可能，包括但不限于以下内容。

1）车主的全损置换。车辆遇到重大意外交通事故，或者遇到台风、洪水灾害，往往会触发车损险的全损或者推定全损的条件。这时，保险公司会用一纸协议与客户约定只赔款不修车。没有伴随重大人身伤害的客户大概率都要选择重新购置一辆车。对于汽车销售方来说，这是非常好的"危中有机"的销售契机。给客户置换新车提供差额补偿或者优惠政策，就成为一种选择项。

2）客户的条件触发置换（车龄、车况、召回、新选择等）。非"报废"场景下的车辆买卖和置换，有可能是车龄较长车况老旧，有可能是触发了厂商的"三包"或召回，还有可能单纯是车主有了新的购车选择……这些场景下，如何预设、销售或者赠与客户特定的车辆置换损失补偿或者定向的置换优惠权益，就成为一种保险产品的开发方向。

3）二手车的交易。有换新就有退旧。二手车辆的评估、买卖、整备销售过程中，可能存在鉴定评估的责任、评估与交易价差的损失、二手车潜在的各种质量隐患、二手车交易的退货相关费用等，其中都有风险的敞口和二手车评估鉴定职业责任、卖方利益残值保障、二手机动车交易退货费用补偿等保险产品的机会。

2.2.5 汽车金融场景

广义的汽车金融包含汽车相关信贷、融资租赁、保险以及车主信用卡等为车主提供金融服务的产品。在实践中所说的汽车金融往往聚焦于汽车的消费信贷和融资租赁业务。

车主通过消费信贷或者融资方式购置车辆，其本身可能面临意外伤害、重大疾病、失业失能，作为借款人/承租人，会存在一定的还款风险。在汽车金融场景，对于个人车主可提供对应的意外险、重大疾病保险、失能保险等；对于一些公户业务，可要求对方购买履约保证保险或者信用保险；对于汽车销售商可提供覆盖商品车在途、在库风险的财产综合险／一切险保障项目……这些都是汽车金融场景中的保险连接和可能的机会。

2.2.6　其他场景

上述的五种场景，涵盖了从购车到卖车的全生命周期流程。对于涉车业务场景中的风险机会来说，还有很多细分的场景和可能。本书列举下面几种，作为抛砖引玉的参考，更多涉车的非车险创新可能，伴随着造车和用车的不断迭代，一定会层出不穷。

比如在新能源汽车换电场景下，动力电池租赁方所面临的电池损伤风险、电池安全责任、电池延保责任、电池性能衰减损失等。

比如客户以自有车辆从事网约车业务的场景，涉及的相关承运人责任、网约车驾驶人员收入损失补偿、人身意外伤害等。

比如智能驾驶场景，在车辆智能（辅助）驾驶功能启用期间，发生的交通意外事故的损失和责任，所应划分出的产品责任、软件责任、承运平台责任等。

……

新能源、智能网联、软件定义汽车的时代，车的进化和迭代不断创造和衍生出新的场景。新的场景孕育商机也伴随风险。对于风险敞口的需求，随之带来新的保险需求和机会。

没有场景、没有风险，就没有保险。

对于涉车场景的非车险产品，我们整理汇总了 80 款目前各大财产险保险公司在中国保险行业协会注册的产品名称，并基于 19 种更为细分的场景进行了汇总，详见扩展 4。

扩展 **04**　　　　　　　　　　涉车场景的非车险产品

　　本部分内容的保险产品名称来源于中国保险行业协会"财产保险公司自主注册产品查询"网站。所列内容仅供读者参考，不作为任何产品推荐，不代表该产品为可销售状态或者有效可售卖状态。具体以产品所属保险公司反馈为准，见表2-3。

表2-3　涉车场景非车险产品

序号	保险产品	场景
1	机动车驾驶培训（考试）费用补偿保险	学车考试
2	机动车驾驶人考试责任保险	
3	机动车驾驶人意外伤害保险	
4	机动车驾驶员学员意外伤害保险	
5	汽车经销商综合保险附加试乘试驾责任保险	试乘试驾
6	车辆交付延误保险	交易交付
7	二手机动车交易退货费用补偿保险	
8	家用汽车产品三包责任保险	三包责任
9	机动车辆维修、更换、退货责任保险	
10	平行进口家用汽车产品三包责任保险	
11	产品责任险附加机动车产品供应商产品召回条款	车辆召回
12	机动车产品零部件供应商产品召回责任保险	
13	汽车零部件产品召回第三方费用责任保险	
14	机动车辆延长保修责任保险	延长保修
15	动力电池总成系统延长保修责任保险	
16	机动车辆延长保修费用（补偿）保险	
17	二手机动车辆质量保证保险	
18	车用动力电池产品责任保险	充电换电
19	动力电池安全责任险	
20	充电桩（站）充电安全责任保险	
21	动力电池性能保障责任保险	

（续）

序号	保险产品	场景
22	充电桩财产（损失）保险	充电换电
23	动力电池租赁责任保险	
24	动力电池承租人责任保险	
25	电子不停车收费（ETC）账户使用不便保险	高速出行
26	高速公路（机动车驾乘人员）意外伤害保险	
27	高速公路清障延误损失补偿保险	
28	高速公路通行费用履约保证保险	
29	出入境车辆关税损失补偿保险	跨境行驶
30	出入境车辆关税责任保险	
31	机动车代驾服务责任保险	第三方服务
32	代驾代检服务职业责任保险	
33	代泊责任保险	
34	非营运小微型客车检验不合格损失补偿保险	
35	机动车辆道路救援服务保险	出行不便
36	自驾 / 出行紧急救援（费用补偿）保险	
37	个人出行不便损失费用补偿保险	
38	互联网平台预约服务方随身财产损失保险	共享出行
39	预定用车取消费用损失保险	
40	租赁机动车驾驶人（第三者）责任保险	
41	网约车出行服务保险	
42	机动车辆驾（乘）人员意外伤害保险	驾乘意外
43	机动车辆指定驾乘人员意外伤害保险	
44	驾乘人员团体意外伤害保险	
45	指定机动车辆驾乘人员意外伤害保险	
46	售后服务代用品 / 备用品费用赔偿责任保险	养车修车
47	代步车费用补偿保险	
48	动力电池损失 / 保修费用补偿保险	
49	机动车维修企业返修责任保险	
50	机动车辆综合服务责任保险	

（续）

序号	保险产品	场景
51	（车）玻璃贴膜保险	附属保障
52	贴膜损坏置换费用损失保险	
53	机动车辆钥匙重置合同责任保险	
54	钥匙重新配置费用损失补偿保险	
55	个人车钥匙意外丢失损失保险	
56	轮胎意外损坏责任保险	
57	机动车防盗定位系统责任保险	附属保障
58	机动车号牌损失综合保险／牌证损失保险	
59	机动车随车行李（财产）损失保险	
60	新车换新责任保险	车辆置换
61	产品（维修）置换（损失）费用补偿保险	
62	车辆置换服务合同责任保险	
63	机动车置换费用补偿保险	
64	车辆维修减值损失补偿保险	保值保价
65	二手车（鉴定）评估责任保险	
66	卖方利益残值保障保险条款	
67	借款人（人身）意外伤害保险	汽车金融
68	借款人失能保障保险	
69	借款人重大疾病保险	
70	汽车贷款履约信用（保证）保险	
71	汽车贷款损失保险	
72	汽车融资租赁信用保险	
73	融资租赁履约保证保险	
74	融资租赁业务个人意外伤害保险条款	
75	汽车经销商财产综合险／一切险保障项目	
76	道路客运／货运承运人责任保险	其他
77	机动车承租人责任保险	
78	机动车辆停车场责任保险	
79	网约车驾驶人员收入损失补偿保险	
80	道路交通事故法律服务费用保险	

汽 车 业 的 保 险 经 营 创 新

保险业务篇

第 3 章　汽车业的保险业务

3.1　汽车销售服务业务中的保险价值

汽车业为什么要关注和涉足保险，甚至要申请或收购保险（中介）牌照？回答这些问题之前，首先要讨论保险业务可以带给汽车销售和服务的产业链什么价值贡献？其次对于汽车行业的不同角色，比如汽车企业、汽车经销商（集团）、汽车后市场服务商、汽车金融机构以及其他汽车保险相关从业者来说，各自不同角色主体的保险业务定位。

3.1.1　新车销售场景的汽车保险价值

新车销售离不开保险，与强制性法律的要求相关。我国《机动车登记规定》第十二条规定：申请注册登记的，机动车所有人应当提交机动车交通事故责任强制保险凭证。由此，车险属于新车销售环节中的强制要求。对客户来说，必须有车险才能上路。

交强险不存在是否买的问题，问题只有买谁的和在哪里买。从保险公司角度，新车开完发票后，才能购买车险保单，然后交车、上牌……只有在开具车辆销售发票后，才能开启报价 – 投保 – 缴费 – 出单的车险投保签单流程。而在新车销售视角，汽车与保险的关联则并非如此简单。新车保险业务，还得从更往前的流程说起。虽然没有规定客户必须在哪里买保险，但新车销售为车险业务提供了得天独厚的场景：车主购车同步购买车险，离不开汽车销售角色或流程的推动和撮合。

新车销售的流程，通常包含意向客户接洽 – 留资建档 – 试乘试驾（可选）– 签约订单 – 车辆交付等核心环节和流程。在汽车 4S 店展厅销售场景下，销售顾问在签约订单环节，与客户沟通新车的保险方案，在车辆交付环节协助完成车险的报价投保和缴费出单。进化到在线订单场景后，购车变为了客户先注册留资，然后由专属顾问（时髦的说法叫"Fellow"或者"产品专家"）进行接洽沟通，线上订单、线下交付。一位具有购车意向的客户，需要面对和考虑的是购车的综合成本问题。俗称"落地价"或"包牌价"（车辆本身价格加上其他相关服务项目，以及购置税、上牌费等使车辆能够正常上路行驶的流程所需要的综合成本）。其中，保费成本由于具有刚需属性，在客户的"购车计算器"里不可或缺。有的汽车企业甚至会为信贷客户提供车款之外的包含保险、购置税、保养套餐等在内的组合分期方案，被称为"all in one"。

保险作为新车权益不仅仅出现在车辆发票开出后的交车环节，还会前置到新车营销方案的包装和沟通全过程中。在为客户进行购车的首次报价时，与客户沟通，可以自然而然地给出投保的车险险种和保额建议。很多情况下，这一环节尚没有订单车辆的具体车辆识别码（Vehicle Identification Number，VIN），通常需要基于同型号的车辆保费价格给出预估，以供参考。准确的车险保费，则需要在 VIN 码确认后再通过保险公司给出报价确定。

保险之于新车销售场景，是刚需。在购车的环节中谈保险，客户决策注意力偏弱，保费价格在新车综合购置成本中占比相对较低，对保险的敏感度在购买新车的喜悦中容易被冲淡。选哪一家保险公司？三责险保额到底是 100 万元还是 200 万元？要不要买座位险和驾乘意外险？这些问题往往会被复杂的购车手续和激动的购车心情所掩盖。新车销售场景中，保险的消费决策往往被融入到整体的购车决策中。买哪一家保险公司，买什么险种组合，销售人员的引导效果非常明显。在实操中，新车保险话术可以这样包装：

该品牌与某保险公司有总对总合作关系

参与品牌某保险公司的联合营销活动可获得 × × 权益

这家保险公司与我店合作更深入，车辆出险维修定损赔付方面更便捷，客户体验更好

说回保险对于新车销售具有的营销价值和贡献，建议从以下三点理解。

1）保险是新车销售渗透率最高的负载项目。相比信贷、延保或二手车置换、精品美容等增值服务项目，保险因为具有刚需属性成为渗透率最高的一种负载项目。无论是传统经销商模式还是直销订车的模式，车险投保方案里不仅会推荐包含高保额的第三者责任险、车上人员责任险在内的"推荐套餐"，同时，驾乘人员意外险、延长保修等"效益险种"和"划痕险""出险补偿"等售后黏性保障方案也经常被组合到其中。实践中，新车商业保险的险种、保额构成的投保方案，对于车主后续的续保，往往成为惯性的消费选择依据。新车保险组合直接决定了很多车主未来连续几年的续保方案，所以保险公司对于新车销售保险的场景、流量和投保组合也愿意投入更多的资源支持。新车保险是增量、是入口、更是刚需。

2）保险是新车销售权益里"实实虚虚"的包装项目。五花八门的新车促销"套路"中，不少汽车企业会选择推出类似"买车送保险"的促销权益。比如，3000元的保险补贴，感知上等同于3000元的购车成本优惠，而真实的促销成本只会更低（考虑保险公司给予的保险"佣金手续费"）。保险的"硬通货"属性使得其余部分的权益就可以用部分低成本的"虚"的权益进行搭配。比如毛利率较高的精品、装潢美容、各种代金券等，起到了"虚实结合"的作用。除了赠送保费外，保险还可以选择用保额来包装，比如赠送100万元三责险权益、赠送每座10万元驾乘意外险权益等，其真实成本可能只有几百元甚至更低。

从客户视角来看，商家提供的坐垫、导航，甚至贴膜等权益有个弱点——很容易在网站上搜到同品牌、同型号产品的售价。透明的价格容易使得客户心理上

觉得礼包"水分太大"。保险权益，很难直接找到可以比较的价格，通过保额来包装，将保单和服务合同组合起来，用较低的成本投入让客户感受到切切实实的权益内容。

3）保险是新车销售场景里可以预置长尾黏性的权益项目。保险权益与其他新车权益相比，还有一个特殊的属性——长尾黏性。保险类权益可以通过刺激客户，在用车遇到问题和有需求时再次回店享权，从而增加客户与汽车企业或经销商持续性互动的频次和潜在关联消费的可能。比如车险、维修补贴类权益关系到客户车辆的售后维修渠道选择，增强了售后客户基盘的黏性。这是赠送加油卡、导航、精品装潢等一次性权益所做不到的。

一定程度上说，如果客户在售后维修方面进行了享权，保险保障类权益就从单纯的促销费用变成了客户运营和维系成本。

3.1.2　事故返厂与维修理赔

保险销售不是汽车行业独有的，销售端代理卖保险、服务端服务于保险客户，是常见的场景。单纯的卖保单、拿佣金的纯销售案例是有的。比如银行渠道卖保险，对于理赔，除了提供售前咨询和流程介绍之外，并不介入到被保险人和保险公司之间对于定损、核赔的双方利益连接中。这种只卖保险，没有后端理赔服务。单纯为保险公司客户提供服务的案例也是有的。比如医院，有的客户自费就医后凭借单据找保险公司理赔，有的保险公司与合作医院建立不需要客户自费支付的"垫付"结算机制。虽然医院自己并不直接卖保险，但是保险公司的赔款可为客户在医院就医住院的费用进行"买单"。这种模式，只有后端，不卖保险。

汽车保险的销售渠道众多，汽车销售服务商在其中是一个独特的存在。与银行渠道、互联网渠道一样，它为客户购买保险进行交易撮合（尽管未必是监管层面的代理人或经纪人），同时，又与医院的角色一样，是保险公司赔款"买单"车辆维修的服务商。前后两端两者兼而有之的业态，使汽车和保险两个行业产生了不同的、更紧密的交集和衔接。

汽车销售服务商，既要销售保险，同时也开展事故车维修的生意。在汽车售后业务领域，有一个专有名词叫"零服吸收率"。它是由丰田汽车最早提出，用以评价汽车经销商售后服务运营能力的指标。这个指标的计算公式如下：

售后毛利（营收 – 配件成本）/ 公司运营成本（固定成本 + 变动成本）× 100%

请注意，公式的分母是整个公司的运营成本，而不仅仅是售后业务本身。"零服吸收率"越高表明售后服务产生的利润占运营成本的比率越高。例如，一家 4S 店的"零服吸收率"为 80%，表明该店的售后利润可以支持企业八成的运营成本。简单来说，就是 4S 店在一辆新车都没有卖出的情况下，光靠售后服务产值收益能否支撑整个门店的运营。这个指标有时也被称为 4S 店的生存性指标。

售后业务的产值一般由四个来源构成：质保索赔维修（索赔维修须获得品牌厂商授权）、一般维修、保养和事故车维修。事故车维修是售后业务中收入和毛利占比最高的业务板块。事故车的最大源头是何处？就是本书讲的保险业务的属主——保险公司！

很难准确查证，具体是何年何月汽车和保险两个行业开启保费与事故车资源互换的。本书将这则线索作为侧面论证：2006 年我国开始推行交强险制度，车险成为汽车上路的"标配"。次年 7 月 31 日，中国平安财产保险公司开发的国内首个专用于电话销售（简称"电销"）的车险产品，正式在全国范围内上市销售。

电销的横空出世使这一车险产品获得了 15% 的价格优势，成为市场竞争的"大杀器"。此后几年里，车险的竞争越来越激烈。一方面，头部玩家的基盘越来越大，另一方面，电话车险的兴起，不仅给保险公司带来了可观的保费，而且使富裕的事故车线索成为"社会资源"。在与保险公司博弈保费份额分配的车商们眼里，谁给事故车，谁就是"香饽饽"。事故车维修资源是稀缺的，本店出单客户的事故车资源往往无法满足保险公司同汽车维修服务商们换取保费，原因有二：

其一是车主群体有相对稳定的出险率，社会总事故车资源有上限；

其二是保险公司每个月都需要保费，而在某些月份可能没有足够的本店客户出险，投保群体的事故车出险资源存在月度分布差异。在这种情况下，保险公司需要在当月出险的所有客户资源中，按照一定规则进行维修渠道配置和推荐。

按照事故车线索对应的投保渠道来源差异，有了返厂维修（简称"返修"）和推荐送修（简称"推修"）的区分。假定有保险公司 A 和汽车经销商 B 两个角色，A 希望 B 能给他更多的保费，特别是新车保费。于是开出条件："你给我保费，除了给你结算'手续费'，每 10 万元保费，给你店里推送 7 万元事故车的产值。"B 看到 A 的雪中送炭，于是双方一拍即合。

A 保险公司在他们的内部系统中，给 B 店配置了一个叫"推荐送修码"的标签。每当有客户出险，就会通过系统设置触发短信发送给 B 店，提醒他们联系客户，同时也给客户发送信息，推荐他去 B 店维修。对于不同类型客户，A 保险公司还定义了两个名字：如果是 B 店出单的客户，叫"返修"，返回的返；不是在 B 店买保险的客户，叫"推修"，推荐的推。

返修和推修合起来，被称为"事故车推送修资源"，也简称"推送修"。这就是汽车行业和保险行业"相爱相杀"的"保费换送修"模式。为了方便理解，本书引入保险行业的"简单赔付率"概念，以做类比：

简单赔付率 =（已决赔款 + 未决赔款）/ 保费收入 ×100%

简单赔付率就是最简单逻辑上的赔款与保费比例。对于保费换送修的双方来说，就是汽车维修方获得的事故车辆定损维修赔款，和保险公司获得的保费收入。从汽车行业看，车险车损的赔款支出 / 保费收入，一定程度上代表了某家保险公司事故车资源的充足程度，也可以作为衡量双方合作的收益空间的参考。保险公司并不是将所有赔款都用于车辆修复，还会有一定比例用于车辆的困境救援、人伤的赔付支出和防灾减损等。

保险和事故车维修的双方，在资源互换中获取稳定的商业收益，是游戏规则持续进行的唯一商业逻辑。一方对于另外一方的资源贡献减少或者相对其他合作方偏低，合作的稳定性平衡就会被打破。

对于保险公司来说，如果对方的保费与产能贡献不匹配，就会减少事故车资源的"推送"或者寻求低成本的事故车赔付方案（比如其他维修渠道，低成本维修定损标准等）。在商言商，无可厚非。

在汽车行业呈增长趋势的年代里，保费规模也是随之增长的。大保险公司有足够的事故车资源，双方"蛋糕"的划分倒也称得上和谐共赢。

近几年，车险行业的不断改革，出险率、平均保费以及新车销售呈增速趋缓的下行趋势，加之车险平均赔付成本的不断增加，使得保险公司在理赔成本上不断加强管控。受制于汽车企业波动的新车销量和结构，保险行业改革的车均保费下滑，再加上"卷"到不能再"卷"的续保竞争（保险公司电销、网销及其他自续，以及其他同城4S店、社会修理厂、第三方电销等），车商们给不出足够多的保费时，保险公司必然会从数据上判断，某家店"产能贡献"低了！那怎么办？要么减少事故车线索资源的推送，要么定损配件打折，要么就是干脆"拗断"不合作了……

有修理厂与保险公司的"对峙"，有保险公司发短信给客户通知"暂停与××集团合作，单方面拆检、定损结果不予认可"，有汽车行业协会叫停与保险公司合作以及汽车维修行业协会致函保险监管部门要求纠正保险公司"违法"行为……汽车维修和保险行业"友谊小船破裂"，甚至"相爱相杀"的戏码屡有上演。

保险赔付作为事故车维修买单费用的最大来源，理赔成本的支出必然受到内部的经营和盈利压力的制约。对于汽车行业来说，要么扩大自己的保险业务经营能力，确保有足够的保费规模与保险公司进行"友好合作"，要么需要在自身的客户服务能力、体验价值和维系运营上下功夫，使保险公司"推送修"，变为更多客户信任、选择的"留修"。

保费换送修的商业本质是资源互换。保费与送修的比例可以理解成为彼此的资源杠杆。事故返厂与维修理赔的最大影响变量是合作的保险公司，但背后的第一性原理是如何持续赢得客户的信任和依赖。

3.1.3 客户续保与黏性连接

传统汽车经销商的业务场景中，最为常见的续保业务开展场景大致如下。

续保人员： 少则一二人，多则三五人。养不起专职续保人员和多达 9 人的极端案例也存在，销售顾问兼职参与续保，甚至 "全员" 续保的店也有之。业务规模实在无法养活专职的续保人员，于是将续保电话转拨甚至出单直接 "外包" 给保险公司驻店出单员的情况也存在。

工作方式： 一台计算机、一部电话（有的配置专业的座席呼出系统和耳麦设备，也有的会配置续保客户管理的系统或续保报价的功能模块）。依据当地保险到期客户的名单，打电话、加微信、要资料、发报价、做邀约、出保单。这些员工也会被要求出现在新车交车和售后车间交车的现场，目的自然是跟客户 "接上头"，加个微信或企业微信。

续保场景： 电话营销，再加上不时地推荐一些 "续保活动"。目的简单纯粹：将续保期内的客户电话邀请到现场，进行 "集中团购"。核心的营销点大同小异，往往就是八个字：续保有礼，理赔无忧。礼是什么礼？返现、现金等值卡（比如购物卡、加油卡）、实物礼品，当然也少不了一堆维修保养代金券。理赔无忧则是不断强调在本店续保和在其他渠道续保的差异，特别是在车辆维修方面所谓的原厂件、原厂服务的 "无忧"。

管理方式： 在多于一人的情况下，往往会配置一个续保主管。组织架构上，有的设有专门的保险部，有的附属于客服部门或售后部门，更有在所谓集团层面设有 "续保中心" 的案例。续保考核和人员激励方式五花八门，有的关注续保率、有的关注续保单数和保费。管理较为精细化的，会不同程度地具体到客户基盘类型（比如次新车客户、上年续保客户、新拓客户），然后给客户打上客户标签（是否为贷款车客户、是否有保养套餐或延保、是否为售后进厂、是否有出险经历等）。

上述是对汽车经销商续保业务的一个框架性复盘。具体到每家店，会有具体情况的差异。续保赚钱的有之，续保养不住专职人员的也有之。从整体上说，整车厂或集团要做什么就做什么；基本的思路上，保险公司电销做什么就学什么；同城其他店什么报价和优惠就跟什么。车险续保，无论对汽车企业、经销商还是保险公司，同质化的"卷"已成常态。

对于续保，经销商视角和保险公司视角到底有什么不一样？ 上面的复盘中有这样几个关键词：到期客户续保、电话拨打、卖点同质化（续保有礼、理赔无忧）、续保业务投入产出比相比新保更低。

切换到保险公司视角，上述关键词是不是总体上也适用呢？相比汽车经销商，保险公司的专职续保营销队伍规模更大、人员能力更专业、营销费用更充足，以及拥有着与经销商完全不在一个层次上的专业IT系统能力支持……不过，保险公司的续保业务仍然处于上述四个关键的业务框架之中。

下面的问题，本书将其称为续保业务的"灵魂拷问"，即汽车经销商和保险公司不同视角下的续保到底有什么不一样？

具体可拆解为四个子问题：

从事续保业务的角色一样吗？

续保的目的一样吗？什么才是各自有效的续保？

续保的场景一样吗？

续保最优质的目标客户群体一样吗？续保业务各自可以凭借的优势资源一样吗？

问题看似简单，被问到的每一个人第一反应却都不一样！哪里不一样？表述的内容往往因人而异、五花八门。本书对于上述子问题给出如下梳理，以供参考。

1. 关于角色

保险公司，续保续的就是保单的保有客户，而对汽车行业主体也是如此吗？这引出了续保的定义问题。GB/T 36687—2018《保险术语》这样定义续保：在保单期满前，投保人和保险人双方约定以原合同承保条件或者以一定附加条件继续承保的行为。"保单期满""原合同""继续承保"三个词总结一句话，保险公司续保是"续保单"。

一个客户今年在 A 公司，明年转到 B 公司，那对 B 公司来讲，他就不属于保险公司视角严格意义上的"续保"，而是被归类为"转保"。而转换到汽车行业的续保业务，无论客户上年是否投保车险，无论客户上一年是哪家保险公司投保，无论客户上一年是否在本店买车或修车，甚至无论客户是不是本品牌的车主，只要愿意来本店进行车险"出单"，那就属于自身的续保业务。汽车行业做续保，关心的是拉客户。

一方的续保是车险保单关系的延续，而另一方则是在用车车险投保黏性的连接。

2. 关于目的

续保对保险公司来讲，目的是续签保单、收取保费。汽车人做续保，保费自己没有收，保单也不是自己的责任，那么续保的目的是什么呢？保险公司从它们的视角会说：车商，作为业务渠道的中介赚取了收益！这句话说准确了一半。准确的是，车商确实是渠道，并且也是在客户和保险公司之间起到撮合交易的作用。不准确的是，从保险业务的标准定义来讲，有七八成的汽车经销商并没有代理或经纪资质，并不能简单定义为保险"中介"。

他们续保的目的是收入吗？保费不进自己账户，且手续费也留不住，都需要留给客户。是利润吗？新保还有可能，在激烈的竞争下指望续保盈利非常不现实。如果说保险公司续保的目的是"续保险保单"，那么汽车经销商续保的目的是"延续保有客户"。

进一步探讨，什么才是有效的续保？对于保险公司来说，保单收费并签单生效就是有效续保。而对于汽车业来说，有效续保需要加一个必要条件：续保客户有车损险。原因有二：一是没有车损险，客户就不存在事故返修（留修）回店的黏性连接；二是没有车损险，金额很低的车均保费也不足以带来多少佣金和事故车送修。

如果保险公司的有效续保是渠道自续、交（交强险）商（商业险）同保的话，那么汽车人更看重的是有续保了车损险的客户。

3. 关于场景

关于场景，曾鸣教授在《智能商业 20 讲》中拆文解字：场是时间和空间；景是情景和互动。用户停留在某个空间的时间里，用情景和互动让用户的情绪被触发，依次影响用户的意见，这就是场景，时髦的说法是给客户提供情绪价值。

有过出险经历的续保车主，会联想到自己买保险和理赔的经历和体验；没有经历过意外事故的，关注更多的自然是谁的续保"政策"更优惠！在跟客户互动续保的周期里，有电销，有互联网销售，有经销商店头"续保团购"活动，有手机甚至车机端的投保，甚至也有车险被纳入服务包"续费"的场景……很多人会问一个问题，哪种方式续保效果最好？

保险公司把控最容易、最高效的是电销中心的作业模式。由于团队、流程和管理的自主可控性，电销模式具备效率和管理的科学性，但对客户来说，电话轰炸的强推销模式，未必是最友好的。如果做不到价格优惠，生硬、强势的推销话术反而容易让人逆反。

要说客户续保互动最好的场景是什么？本书认为是与客户有面对面的互动。原因很简单：百闻不如一见！对于汽车销售服务商来说，与客户面对面的场景不仅天然就存在，更重要的是其得天独厚的资源优势。无论互联网、大数据怎么发达，买车的交付、修车的交接都需要有人与客户面对面。关于面对面的好处，不妨想想一对恋人或夫妻吵架，在电话里往往要么越吵越凶，适得其反；要么打持久战，"电话粥"煲到发烫。而切换成面对面的吵架呢，抛开感情破裂、鱼死网破者不谈，对绝大多数情绪吵架的双方来说，男方没啥可说的，大不了当面一跪，然后说好明天买包嘛！能见面的互动场景至少有两大好处：

一是距离感和亲近感被拉近了。花了十几万甚至几十万元买辆车，遇到问题时是想起某个经销商在朋友圈的点赞更容易，还是想起保险公司的电话更容易呢？同样，续保也是。续保是刚需，但是也存在长周期、低频、弱黏性的特征。对于客户来说，极难形成对保险公司的忠诚度，同样也不容易形成对续保渠道的持续依赖性。

二是"无场景、无保险"再次得到体现。考取驾驶证时，科目三安全文明驾驶常识考试前后，交通事故的录像看得真是触目惊心，感觉事故就在身边，与此类似的画面还有汽车经销商的售后车间。接触到出险事故维修的客户们，他们最在乎的是什么？不完全是单纯的续保优惠。在组织客户车友会或者续保营销活动时，窗帘拉上，光线调暗，播放一段段自己店里活生生的事故场景和录像，再找几位"险到用时方恨少"的车主现身说法。此情此景，使客户受到"安全教育"的触动，然后再友善地给出保障建议方案，这就是所谓续保营销场景了！有的汽车企业，已经引导其经销商将单纯的续保扩展成为"续保及钣喷⊖体验日"的活动了，涵盖安全教育、事故防范、车间参观、钣喷体验、配件差异、续保政策……

单纯的续保促销，演变成了一个车主的活动场景。电销、网销当然有其效率优势，但汽车业能和客户面对面，这是保险公司心心念念，但又无法获得的独特比较优势。与其更好，不如不同。

4. 关于资源

资源分两个类型：客户资源和营销资源。站在保险视角的同仁们会反驳：我们是非常注重客户的，并且我们还非常注重优质客户群体的差异化细分。是的，保险公司对于优质客户的偏爱，往往毫不掩饰，直接将个人优质客户简称为"个

⊖　钣喷指钣金和喷漆。

优"客户。何谓个优，多交保费少出险呗！为此，他们一方面简单地给了一个划分标准：0+1次出险。为了更精准地区分，保险公司现在往往基于其数据系统支持，给每个客户一个保险评分，分越高，自主定价系数会越优惠，赠送的礼品服务也会越多。

保险公司喜欢的是不出险的客户，他们不需要跟客户讲更多出险的话题，而是多跟客户电话沟通有哪些报价优惠、有哪些服务支持和礼品赠送就可以了。对于汽车企业呢？也是客户出险越少越好吗？

同样客户的基盘群体，一个偏好的是少出险甚至不出险的客户，而另一个则喜欢多出险的客户。那么问题来了，保险公司对于客户群体有了差异化的营销政策，汽车同仁们有吗？还真有。保险公司对哪些客户愿意投放的费用更多，汽车厂商就跟进。而对于其最青睐的那些出险客户，特别是过去一年，回店修过车，带来过事故车产值的"衣食父母"们，有什么"特别优待"吗？对不起，好像真的没有！这就是一个值得反思的问题了，给你带来更多产值，价值更多的客户反而没有更多的预算支持，这合理吗？

对于续保业务，优质客户和营销资源的"二八原则"是否存在？是否应该存在？是否在实际操作中得以执行？保险公司做得非常好，汽车同仁们似乎大多走偏了。

汽车厂商视角与保险公司视角的续保差异性对比见表 3-1。

表 3-1　汽车厂商视角与保险公司视角的续保差异性对比

维度	保险公司视角	汽车厂商视角
续保定义	保单期满、继续承保	与客户达成续保出单约定并落地
续保目的	收取保费、经营风险责任、留存客户	保费资源杠杆、客户黏性连接
续保角色	保险人	中介或撮合交易服务
续保场景	电销、网销、驻店人员	在线 + 店内现场互动
续保资源	保足保全出险少客户、费用投放	事故维修多、售后返厂多客户
相对优势	效率、专业度	面对面场景、多资源互动

3.1.4　车辆置换与保险衔接

车辆置换，涉及原有车辆的评估、交易和新车辆的购置。

车辆置换按照触发条件可以分为全损（含推定）置换、特定事故置换、车况车龄置换、自然置换等；按照置换车辆范围可以分为同车型置换、同品牌原店置换、同店跨店置换、跨品牌同渠道（比如同一经销商集团）置换、跨品牌跨渠道置换等。

客户在什么条件下置换、置换的类型是什么，一方面影响了二手车交易、新车销售的客户资源再分配，同时也影响了车险客户的再分配；另一方面，车辆买卖交易过程中也会涉及风险保障需求，比如：

原有车辆的折旧、维修减值损失

车辆评估价格与售价的差额损失、车辆评估责任的后续风险（二手车质保责任）

"老车"处置价格与"新车"购置成本的差额成本

购置新车商家的"获客成本"或原品牌原渠道原店的"流失成本"

车辆的评估过程中，涉及保险的有车辆的自然折旧、维修减值和车辆的评估责任问题。车主一方面关心车辆的处置售价高低，另一方面也关注车辆顺利交易与否和交易进度快慢。车辆的交易过程会涉及原有保单的处置：交强险不可因车辆买卖退保，可批改车主信息；商业险可选择批改或退保。

置换存在风险、成本的同时也意味着存在可能的机会。比如给予车主预置各类置换权益（全损重置成本补偿、大额维修减值补偿、保值回购换新承诺等），可以在触发客户置换条件时，通过给予补偿，锁定客户资源的分配范围。再比如通过上述权益与质保权益、延保权益及其他售后保值保价权益一起，提高客户车辆的保值率及延伸的车价，叠加换购的新车营销权益，影响客户新车购置的车型、品牌、渠道及延伸的汽车金融、保险供应商的选择。

客户置换的风险场景，有交易买卖损失的风险，也有交易线索流出和流入的不确定性。保险在其中的价值，可以是损失补偿，也可以是背书增信，还可以是资源线索。

3.1.5 保险之于汽车销售服务的价值：收益贡献、风险转嫁与生产资料

1. 收益贡献

前面的四点都是业务场景中保险的助力或关联之处，回过头来，保险在汽车业主体经营视角的贡献，也是不得不谈的。作为一个"为保险公司作嫁衣裳"的业务类型，资源互换的杠杆决定了收益效率，保费规模决定了收益的水平。下面的公式或许有助于理解：

$$保险综合收益率 = 保险业务收益 / 保费规模$$

保险业务收益，除了佣金手续费、事故车产值之外，还有保险业务对于客户的黏性。车险的行业整体出险率已经在 20% 左右水平（八成投保客户不出险），但车险的刚需属性，使得每年的续保，成为车主与汽车企业、经销商间再一次见面、互动和促成交易的良好纽带。客户在汽车品牌 App 或者销售服务商展厅完成车险的续保，或许是由于优惠、熟悉、信任或者惯性。无形中，汽车厂商又与车主开启了新一年的"黏性连接"。

让车辆进过车间维修的客户次年的续保更多渗透、让基盘保险客户因遇到事故或其他维修更多返厂，是汽车保险事故车业务的实现路径和诉求。汽车经销商从事保险业务的收益也包含了保费收益、事故收益和维护保养（简称"维保"）收益三大部分，如图 3-1 所示。

客户签单则是开启客户对某汽车品牌或某销售服务商黏性留存周期的手段之一（其他还有保养套餐、付费会员等，相对而言，车险业务渗透率最高）。因此，笔者认为，汽车人的保险业务目标也要建立有别于保险公司的框架，具体而言，

建议从保费规模质量、有效客户运营、保险业务收益来考虑。

保费规模质量：车均保费、效益险种渗透、续保车损险渗透率。

有效客户运营：在保客户是否在修比例、在修客户是否在保比例、客户新增流失比。

保险业务收益：在保客户保险佣金毛利、事故车产值毛利、非事故产值毛利。

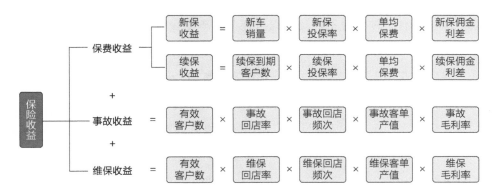

图 3-1 保险事故车综合收益示意图

从财务角度来看，有效客户 / 保费规模构成了车险密度，保险业务收益 / 保费规模构成了车险杠杆系数，而车险密度与杠杆系数相乘就得到了经销商保险业务的收益率，这也构成了汽车保险业务的杜邦分析框架体系。汽车经销商的保险业务目标之一是为客户提供可依赖的保险服务，从而获取价值收益。

2. 风险转嫁

保险本身还有一个重要的作用，就是事先的风险转嫁和事后的损失补偿。

经营和运营过程中的有些行为、事件虽然不直接产生收益，但有可能存在风险，从而增加成本费用。比如针对商品在售车辆的意外损失、客户试乘试驾中的风险、售后维修车间的意外或责任风险、员工雇主责任风险等，通过特定的保险方案、保险产品进行投保转嫁和责任保障，也是保险对于汽车销售和服务经营的价值贡献。

转嫁的风险，如果跟产品和服务交易相关，并且是来自客户交易的责任，那保险就有可能演化成"生产资料"的角色。

3. 生产资料

转嫁来自客户交易的责任，或者将保险产品作为权益设计新产品，以及通过保险公司和保险产品为自身的产品"背书增信"，都可以是"生产资料"的具体表现形式。还有一种不得不提及的保险作为汽车销售服务"生产资料"的形式，就是保险数据。汽车和保险两个行业一直都在试图通过数据挖掘彼此的"金矿"。比如，保险行业对于汽车行驶数据一直都渴望有加，从后装设备、汽车自诊断系统（OBD）设备数据，到前装车联网数据，再到自动驾驶数据，在车险的基础风险保费设定、客户评分与标签设置、新产品开发方面都是越来越有价值的。保险数据之于汽车行业的帮助作用也逐渐受到重视，汽车企业公开采购乘用车保险数据的需求逐渐出现。保险公司及汽车企业数据采购需求如图 3-2 所示。

××财险新能源乘用车和小货车车联网数据采购项目招标公告

××保险整车基础数据及数据预填服务项目采购公告

××××汽车乘用车保险数据采购公告

××汽车保险数据合作项目询价询比采购公告

中国××乘用车交强险月度数据采购

图 3-2　保险公司及汽车企业数据采购需求

保险数据对于汽车行业的价值或贡献，体现在以下几个应用场景。

1）**车险出险与理赔数据**。车险数据和理赔记录是车辆档案数据的重要组成部分，特别是在二手车价值评估方面，可以说是必不可少的数据。当前，市面上也有专门提供车险出险理赔数据的第三方机构。

2）**车险承保数据**。汽车交强险数据已经被汽车行业用作"上牌数"的代名词。在商业险数据中，还有一个数据可以作为新车销售价格参考，那就是车损险保额。针对新车商业险的"协商车辆价值",保险公司不再简单地根据车辆的厂商零售指导价(MSRP),而是要求用新车发票的开票价格,毕竟发票价格才是客户买单的真实价值体现。以后,或许保险行业可以发布"新车价值稳定指数"或者"新车裸车优惠指数"了。

车险承保数据还有一个应用就是对车主用车周期的管理和挖掘。想要拿到比较精准的汽车潜在置换用户的画像数据,去问问保险公司吧!承保数据里不仅有客户的性别、年龄、地理区域等数据,还有车龄、车辆品牌等数据,甚至还可以分析出不同客户群换车的平均车龄、置换前后品牌的去向和分布等。由此,整车品牌或大的经销商集团便可以与保险公司合作,谈谈客户信息推送和活动邀约了。

3)车险续保与事故车维修数据。对于汽车经销商来讲,续保,在所有后市场服务项目里,是刚性最强的消费项目。续保数据一方面可以与维修保养记录一起,被用作定义"有效客户"的标签。客户有偿回店消费,续保客户当然也算有效客户。而事故车维修数据也有其价值,虽然保险公司赔付,不用客户自己买单,但毕竟是客户的事故车辆回来维修了,才有了保险公司的"赔款"。因此,客户在店内的续保数据、事故车维修数据,都可以成为汽车经销商进行客户细分、运营和精益营销的数据资源。

关于保险和保险公司之于汽车销售服务行业的价值,本书从新车销售、事故车维修、客户黏性、车辆置换交易、业务收益、风险转嫁、生产资料等方面进行了讨论。这还远远不够,比如保险行业的查勘车、公务车采购需求对任何一家汽车企业或经销商来讲,都是名副其实的大订单。从数量和规模上说,车险的理赔也是汽车行业事故车配件的最大"买单方"。还有,保险行业本身作为一个人力密集型行业,也充满着大量的员工购车需求。

保险如何服务好汽车这样一个实体行业,是保险人和汽车人共同的"话题作文"。

3.2 不同汽车行业主体视角的保险业务定位

3.2.1 汽车品牌企业

讨论汽车企业的保险业务定位，先要明确汽车企业的主营业务和核心业务是什么。为了回答这一问题，本书作者通过"国家企业信息信用公示系统"分别查阅了一家成立最早的传统汽车企业和一家"新势力"汽车企业。其经营范围信息分别如下。

传统汽车企业：开发、制造、销售汽车、零部件、配件、附件，并提供售后服务；出口汽车、零部件、配件、附件和冲压模具；进口汽车零部件、配件等；进出口业务（不含分销）。

"新势力"汽车企业：技术开发、技术转让、技术咨询、技术服务；软件开发；基础软件服务；应用软件服务；经济贸易咨询；会议服务；承办展览展示活动；市场调查；汽车租赁（不含九座以上客车）；销售汽车零配件；数据处理（数据处理中的银行卡中心、PUE 值在 1.5 以上的云计算数据中心除外）；计算机系统服务；企业管理咨询；技术进出口、货物进出口、代理进出口；制造新能源智能汽车整车；制造新能源智能汽车改装汽车、新能源汽车移动充电车；制造新能源智能汽车动力总成系统；制造新能源智能汽车关键零部件及配件；制造智能车载设备（高污染、高环境风险的生产制造环节除外）；工程和技术研究和试验发展；产品设计；互联网信息服务；测绘服务。

老新有别，差异很大，也有相同之处，如汽车的开发设计、汽车及零配件制造销售（含进出口）。不难发现，汽车企业的主营业务概括地说就是卖车和卖配件。保险作为"非主营业务"，汽车企业出于哪些动机关注保险业务，梳理起来有以下四种。

1）为风险转嫁而买保险。汽车企业和其他实体行业的企业一样，本身也离不开各种风险保障产品，比如保障生产厂房、设备的财产一切险，保障员工的福利险、雇主责任险，保障生产及经营的安全责任、产品责任、公众责任险……买保险，汽车企业关注的保险和其他制造业主体并无太大的差异。这些保险产品被关注和被选择投保，是出于企业自身经营发展的风险转嫁需要。决策投保涉及的部门往往更多是人事、财务、工会等职能部门。

2）为规范销售及售后服务而"管保险"。传统汽车品牌企业授权的汽车销售服务商（4S 店），基于新车销售及事故车维修的场景，为车主提供了新车保险、车辆续保、事故车维修等业务。保险和汽车金融、二手车等业务一起，被纳入汽车经销商销售运营服务的业务范畴。对于寻求对营销渠道服务体系进行品牌化、标准化建设的汽车品牌企业来说，保险业务模块成为汽车品牌企业"销售服务运营管理标准"的一部分。例如，东风日产在 2006 年就推出的"保险管家"以及后来各个汽车品牌企业陆续推出的"AAA 保险""龙信""诚狮"等被冠名的汽车"品牌车险"。关于"管"保险，汽车企业对于汽车保险业务的定位，是保险服务的运营标准化。

3）为经销商保险业务收益及背后的新车及配件盈利而"做保险"。"管"保险是给保险业务布置"规定动作"，晓之以理。"做保险"则是看到了保险业务对于自身的价值和产生的收益，逐之以利。车险业务，有新车销售毛利、有事故车产值、有保有客户的黏性连接。整车企业从开始的乐见其成，逐渐演化成将其作为提升渠道盈利能力的必选项。比如下面这些常见操作：

牵头与部分保险公司建立"保险总对总合作"，着重约定送修、配件及定损折扣

开展保险促销权益，如买车送保险，或是以购买车险作为享受其他权益的条件

督促、激励、辅导经销商提高续保能力，比如进行营销支持、人员竞训、活动组织等

在商务谈判、数据对接、线索跟进上辅助支持经销商的事故车维修业务

搭建系统、工具、跑通数据（报价出单、报案维修），建立"保险业务管理系统"

"做"保险，即汽车企业将汽车保险业务定位为自身销售及售后服务业务中的资源杠杆和黏性工具。

4）为客户权益、车主生态，将保险产品作为"生产资料"。将保险作为"生产资料"的表现形式之一，是将"服务类质量保证产品（详见第6章）"的风险转嫁。最为典型代表是汽车延保。

汽车企业推出的"原厂延保"，通过汽车经销商销售给车主，客户获得的只是一份服务协议或者延保凭证，并不是任何保险公司的保单。对于事实上的延保交易协议所承担的"延保"责任，可以自行全部承担，但更多的是选择将其部分或者全部转嫁：汽车企业作为投保人，向保险公司投保"机动车辆延长保修责任保险"。除了延保责任，常见的还有产品维修损失补偿、产品置换费用补偿责任、车辆评估责任等。

对于表现形式之二，本书用奶油与蛋糕的关系加以类比。如果将整车企业提供给客户的产品比作"蛋糕"的话，其中的保险和洗车、代驾等权益一样，成为蛋糕中的"奶油"。举个例子，客户购买的蔚来的"服务包"产品，其中包含了划痕补漆服务、基础保养、维保代步出行服务、上门补胎服务、增值服务（洗车、代驾、机场泊车）、爱车积分、年检代办、增强流量，也包含了通过蔚来选购的合作保险公司保险产品。

无论是新购还是每年的续费，无论是投保缴费还是事故车处理，不需要再联系保险公司，汽车品牌企业就可以完成服务的衔接和落地。保险公司是谁已经没有那么重要了。人们购买蛋糕，当然会关心奶油的品质，但很少有人关心奶油是哪家供应商生产的。

表现形式之三是保险产品被用来为主营产品"增信背书"。一项创新的"卖点"产品推出，难免会存在客户有疑惑或接受度低的问题。此时告诉客户，产品遇到什么风险、意外或者损失不用担心，有保险公司提供责任保障和赔付，如同家里的防盗门上贴的"××保险公司承保"一样，起到了背书增信的作用。例如，2019年长安汽车曾为搭载有自动泊车辅助（APA）的车型，推出过"自动泊车责任险"，消费者因自动泊车系统质量问题发生事故将可获得赔偿。消费者在严格按照说明书要求使用自动泊车系统的前提下发生事故，可拨打汽车企业的客服电话报案。若判定为系统原因导致事故产生，将由保险公司进行相应赔偿，最高赔付金额为 55 万元。

5）保险被汽车品牌企业纳入了汽车直营销售和服务体系。特斯拉创立了汽车直营的销售服务模式并引入国内之后，"新势力"汽车企业成立伊始便扛起了"直营大旗"。在线订车，交付中心交付的销售流程和在线下单，授权售后维修中心保养维修成为新"标配"。在线销售的场景下，客户在购车过程中，通过手机或者其他在线端，在汽车订单在车辆信息确认后，在线选择保险套餐，并获取报价和进行后续投保流程。车辆遇到意外交通事故时，通过车机或手机上汽车品牌 App 的"一键报险"，通过打通的数据流程传递至保险公司报案，并且车辆后续的查勘、定损、结案流程都能在线同步状态。或许汽车企业没有管保险、没有做保险，也没有投保保险，但车险的销售和理赔服务流程被嵌入到了直连用户（Direct to Customer，DTC）的数字化旅程。某汽车企业汽车保险在线报价投保及出险报案界面如图 3-3 所示。

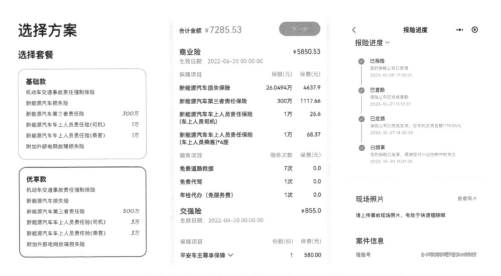

图 3-3　某汽车企业汽车保险在线报价投保及出险报案界面

为什么是保险？前文提及，车险是汽车销售服务的"刚需"和"标配"。买车可以不办贷款、不做二手车置换，但一定得买保险。对于将在线化、数字化视为汽车行业革命性颠覆的"新势力"汽车企业来说，保险数据不可或缺。保险作为车主消费的必需品，直达用户的营销模式，在车主生态里无法缺席。

传统汽车企业，依赖渠道经销商开展销售和售后业务。其保险业务的定位是更多地通过汽车保险业务帮助经销商，获得更多资源杠杆收益和客户售后的黏性连接，提高渠道盈利性和售后忠诚度的，从而帮助其实现更多新车和售后配件的批发出货量。"新势力"汽车企业直达客户的直营模式要求其保险业务成为其线上化、数字化业务闭环不可或缺的组成部分，其次，也引领了将保险作为"生产资料"，为客户提供一站式权益和服务生态的潮流。

保险业务对于汽车企业来讲有五个关键词：资源杠杆、黏性工具、数字化触点、生产资料和战略布局。不同的汽车企业对于汽车业务的选择和定位，决定了保险对其业务的布局和策略的影响（关于汽车企业做保险的详细梳理，参阅扩展5：车厂"做保险"的昨天、今天和明天）。

还有一种汽车企业是作为汽车行业"门外的野蛮人"和游戏规则重新定义者进入的，最典型代表当属特斯拉（关于马斯克和特斯拉的保险，详细内容可以参阅扩展6：汽车与保险门外的"野蛮人"——特斯拉）。

3.2.2 汽车经销商（集团）

汽车经销商的保险业务，往往受到汽车企业的标准指引、流程梳理、人员要求、政策引导等的帮助和规范，但经销商作为独立运营、自负盈亏的经营主体，并不100%听命于汽车企业。经销商作为渠道商，追求保险业务收益就是从事保险业务的最大定位。以广汇汽车为例，在其公开披露的上市公司年报中，有如下表述内容：

公司是中国领先的乘用车经销与服务集团、中国最具规模的豪华乘用车经销与

服务集团、乘用车经销商中最大的融资租赁提供商及最大的二手车经销及交易代理服务实体集团，主要从事乘用车经销、乘用车售后服务、乘用车衍生服务等覆盖乘用车服务全生命周期的业务。其中……乘用车衍生业务主要包括保险及融资代理、汽车延保代理、二手车经销及交易代理、乘用车融资租赁等服务。

保险代理业务：公司通过所属各区域平台公司或经销服务网点为客户提供汽车保险业务的咨询、出单等代理服务，并向保险公司收取相应的代理佣金。保险代理销售模式为在店面设立保险部门，销售顾问在新车销售时，向客户推荐车险产品，并在店面保险部门进行车险出单；在客户车险到期前，续保专员进行续保招揽，完成续保工作。

保险代理盈利模式：通过推荐车险产品获取保险代理佣金收入。

在 3.1 汽车销售服务业务中的保险价值中讲到，保费资源杠杆、黏性连接工具的保险业务带来了保险佣金收益、事故车资源和客户黏性连接三方面收益。获取保险收益，是其汽车经销商（集团）保险业务的最大价值。同时，经销商相比汽车品牌企业更落地、更直接、更现实（比如汽车品牌企业更多关注本品牌车辆的保险业务渗透，对于汽车经销商来说则不受此限制）。

不管是否具备和使用监管认定的中介资格，实质上经销商获取到了保险的"手续费"收益，因此，汽车经销商从业务实操角度，利用其车辆销售和服务场景为客户提供了车险咨询、交易促成的居间服务，同时，作为专业的事故车维修机构，承担了车辆因事故出险后的损坏维修服务。与其他代理人角色相比，汽车经销商作为保险公司的保险服务合作方是伴随着客户保单周期自始至终存在的。

汽车保险与经销商（集团）的保险事故车逻辑，也在不断发生变化。随着汽车渠道模式的多元化，有些汽车企业采取了"代理制"模式进行销售及售后服务。汽车经销商作为车辆交付的"代理商"，不再承担以往 4S 店模式的车辆批售任务，赚取固定的代理佣金，或者作为认证的"授权钣喷中心"，依照品牌企业运营标准，向车主提供车辆钣金及喷漆服务，获取服务佣金。代理模式下，汽车企业在线订单交易模式、在线服务订单模式，使得代理商、授权中心仅作为服务供应商存在。保险事故车业务往往也会被集中整合于厂商主导的线上闭环。销售和售后服务的分离，也打破了上述的"保险事故车"的逻辑架构。单纯赚取保险佣金，或者是单纯收取钣喷费用，成为代理制经销商模式的新特征。

3.2.3 汽车售后服务商

售后服务商，指的是互联网养车平台、售后连锁经营品牌，当然也包括通常意义上的"社会修理厂"。有一些"售后服务商"，从事着车主的续保和事故车维修业务，从"保险事故车""保费换送修"的视角上，可以理解为与汽车经销商集团是一致的。单纯的汽车售后服务商，与汽车经销商（集团）的品牌化运营不同，比如：

汽车售后服务商，很少从事新车销售和新车保险业务，续保业务规模相对较小

汽车售后服务商，对保险公司来说，是一种低成本的事故车维修替代渠道

汽车售后服务商，开展洗车、保养、钣喷业务，成为保险公司车险权益的潜在供应商

与汽车经销商通常与保险公司博弈"保费换送修"不同，汽车后市场服务商，往往很难有规模可观的保费贡献。汽车后市场服务商在开展保险业务、与保险公司合作的关系上，更多呈现车辆维修服务供应的"乙方"特征。汽车后市场服务商寄希望于保险公司理赔端的降本、控赔需求，成为保险公司事故车标准维修服务的低成本供应商。在商言商，保险公司在与汽车后市场服务商合作过程中，以成本最优作为导向，看重的是相对于汽车4S店更低的配件、工时价格和更低的定损标准。独立汽车后市场服务商在事故维修业务方面，盈利空间严重受制于保险公司。

汽车售后的维修服务商家们，维修产品离不开保险公司的事故车资源，在双方的合作过程中，也越来越承受着保险公司理赔成本控制的压力。资源限制、定损折扣、赔款拖欠等现象在保险公司面临赔付压力的情况下屡见不鲜。

汽车后市场服务商，往往还会开展洗车、补胎、保养、钣喷等业务。这些"增值服务"往往也是保险公司客户服务部门"赠送"给车险客户的服务权益。对于成规模、成体系的服务商来说，保险公司是采购其服务权益产品的"大客户"。对于汽车后市场商家，尤其是寄希望于从 4S 店体系"拉"到新客户的商家来说，上述增值服务权益也往往是引流品。如此情况下，是单纯寄希望于保险公司采购获取微薄利润，还是采取与保险公司合作，将其作为客户引流的渠道和产品载体，是需要在经营战略层面进行定位和考量的问题。

有的汽车后市场服务商，定向设计出几款引流的服务产品，"免费"提供给合作保险公司，赠送给后者的保险客户。目的很清楚，客户回到门店享权核销的过程，也完成了一次引流的过程。剩下的，就是通过产品矩阵、会员机制、成长体系进行客户的运营了。

汽车后市场维修服务商要么提供足够的保费贡献，要么接受成为保险公司低成本维修和服务权益的供应商。此种情况下，和保险公司合作寻求高流量、低毛利的业务贡献，需要从业务经营和客户运营角度，重新定位在保险业务上与保险公司合作的动机和资源适配。

单纯地做保险公司的维修服务商，吃"地主家的余粮"要看别人的心情和脸色。

3.2.4　其他汽车业态从业者

与汽车保险业务的交集领域，还有很多其他的相关从业者。比如汽车金融机构、汽车（第三方）零配件供应商，以及汽车保险（第三方）中介机构、汽车保险科技服务商等。

1. 汽车金融机构

汽车金融机构包括银行、汽车金融公司、汽车企业财务公司、融租租赁公司等。汽车金融机构对于保险业务的关注，大致包含以下情形。

保险作为金融风控的工具。比如针对库存融资商品车辆的风险、针对信贷 / 融租标的车辆的风险、对于借款人 / 承租人逾期还款甚至坏账的风险等，保险可以成为风险转嫁的选项之一。

保险作为金融创新盈利产品来源，有了上述风险场景，就有了针对客户设计的"保障产品"，向客户销售借款人意外险、贷款车辆全损置换的损失保障（GAP），以及（曾经）风靡一时的针对贷款车辆的"盗抢保障"产品方案，甚至是针对信贷 / 租赁客户的差异化产品方案（首付比例、免抵押条件、资质条件、还款方案等）附加特定的保障产品要求，成为汽车金融机构面向信贷车主的"增值业务"。

汽车附加品分期业务，是《汽车金融公司管理办法》将汽车附加品融资列入业务范围，允许客户在办理汽车贷款后单独申请附加品融资，带来的新机会。附加品，指依附于汽车的产品和服务，如导航设备、外观贴膜、充电桩、电池等物理附属设备，以及车辆延长质保、车辆保险、车辆软件等与汽车使用相关的服务。在这些附加品中，渗透比例最高的无疑是车辆保险，而在盈利空间最大的选项中，车辆延长质保名列前茅。由此，汽车保险、延保的附加品分期，成为汽车金融机构的"选项"。

2. 汽车零配件供应商

汽车零配件供应商主要指事故车维修所涉及的各种"副厂件"和"再制造件"供应商。以更低的价格，供应给保险公司及其指定的维修渠道，成为零配件供应商最大的销售渠道之一。对于某些核心零部件，提供质保承诺、延保产品也出现在了一些头部零配件供应商的业务视野中。事故维修方案中，成为保险公司的"平替"和"降本服务商"，是汽车零配件供应商的核心业务模式。

3. 其他汽车保险相关从业者

其他汽车保险相关从业者，如专业中介机构，是指监管机构许可的保险代理机构、保险经纪机构和保险公估机构。在车险保费签单端，蔚来、理想、小鹏、宝马等汽车企业先后通过收购或者申请方式获得了保险中介牌照。中升、广汇、庞大、利星行等经销商集团纷纷成立了自己旗下的保险专业中介机构，作为体系经销商与保险公司进行手续费结算的合规通道。山东润华、苏州华成、宁波轿辰等旗下的保险代理公司甚至单独在"新三板"上市。当然，市面上绝大多数保险中介机构，是作为保险公司的合作方出现的。对于从事保险中介业务的主体来说，更多是为保险公司或者车商提供合规解决方案，从而获取价值收益。

再比如保险科技服务商，有的提供保险出单、续保管理相关软件及服务（SaaS）平台、有的提供数据线索查询功能、有的实现了与保险公司的事故车线索对接、有的则提供了汽车保险业务的"一站式"解决方案。保险科技服务商为迎合 B 端（企业端）客户的需求和业务发展需要，提供解决方案，助力 B 端保险业务的落地和发展，成为其保险业务的定位价值所在。

车险市场的玩家，也不乏拥有大量流量的互联网平台。为此，保险监管部门专门开了"绿灯"，称之为"依法获得保险代理业务许可的互联网企业"。在支付宝、微信、京东等互联网平台的保险版块，也可以实现车险的报价、投保，以及报案和相关服务等。这类互联网企业的保险业务，与上述主体不同，已经是实打实地从事"保险销售业务"，直接以与客户达成车险交易为定位了。

扩展 **35**　　汽车企业"做保险"的昨天、今天和明天

一、昨天：汽车企业"做保险"18 年

1984 年，国家首次明确了私人购置汽车的合法性。之前，汽车企业对汽车的销售都不需要关心，更不需要谈保险。10 年后，《汽车工业产业政策》

提出"鼓励个人购买汽车"。2001年,"十五"计划纲要提出"鼓励轿车进入家庭"。同年,国家放开对于国产轿车价格的控制。该年,经常被称作**"中国家轿起步年"**。

汽车进入家庭,计划"联营"销售模式也同步向汽车企业授权的经销商模式过渡,"4S店"被引入中国。1999年3月26日,广州本田第一特约销售服务店开业,通常被认为是国内首家。

2000年,《保险兼业代理管理暂行办法》发布。赋予了同经营汽车销售服务主业直接相关、有一定规模的保险代理业务来源的汽车从业者,申请"保险兼业代理"的资格。2005年,《汽车品牌销售管理办法》颁布,对4S模式予以认可和规范。"车商"成为保险行业习惯使用的词汇。2012年,《关于暂停区域性保险代理机构和部分保险兼业代理机构市场准入许可工作的通知》发布。此后新成立的4S店,虽然也"做保险",但不再属于"兼业代理"。

4S是销售(Sale)、零配件(Sparepart)、售后服务(Service)和信息反馈(Survey)四个S打头的英文单词的缩写,它使整车销售及售后的业务实现了品牌化、标准化。车商到底在保险业务中处于什么角色,实难定性,姑且称之为"撮合交易"。简单理解就是在保险公司和车主之间,为双方保险交易的达成提供场景、人员、线索等帮助和支持,更为重要的是,为因意外事故受损的车辆提供维修服务。

汽车市场竞争日益激烈,新车销售盈利难度不断加大甚至"倒挂",车险、延保等"非主营"业务陆续被纳入视野,成为"增值业务、衍生业务"。车厂"做"保险大幕由此拉开。

品牌保险1阶段:经销商开展保险业务,车厂"管"起来

经销商做业务,整车厂就要管。保险业务和事故车强关联,成为不得不关注的业务线,品牌化、标准化同样需要。2005年,东风日产成立了水平事业部——保险业务科，车厂做保险 18 年的说辞，由此得出。次年，经销商保险业务管理体系——保险管家落地，品牌保险概念被东风日产首次提出，丰田、本田、标致、雪铁龙、大众、长城等企业纷纷效仿。

彼时更多的是建立"标准"，涉及产品、销售、售后服务还有人员配置……整车厂希望经销商按照品牌的统一标准开展保险服务，标志性产物是各品牌发布的《保险业务手册》。品牌化、标准化是车厂做保险的初衷，这一阶段车厂做保险的目的是为客户的保险服务打上汽车品牌烙印。

品牌保险 2 阶段：保险事故车进入汽车品牌企业销售、服务业务的视野

车厂介入保险业务，保险被纳入整车营销策略。例如特斯拉经常采取保险补贴策略，作为促销工具，通俗地叫：**卖车送保险**。这也是保险公司青睐的策略：以整车厂的资源和影响力，影响经销商保费份额。双方一拍即合，各类营销活动、产品、权益陆续出现，整车厂合作的保险公司有了营销活动"入场券"，保险公司则相应地提供"资源"，并称之为**"总对总"**。保险公司的各级车商渠道团队，也有了"总对总"合作项目，其中主要涉及内容不外乎营销活动、事故车资源、车辆采购、系统对接、数据交换等。

标准化解决客户体验，总对总获得资源互惠。业务落地执行，还需要**提升经销商保险业务能力**。如何提升？人员竞赛选拔、业务培训、营销活动组织……在彼此的培训材料中，常常见到这样一句话：**保险事故车业务是汽车经销商售后业务的生死存亡之地**。

品牌保险 3 阶段：汽车品牌企业如何为客户提供保险服务？

特斯拉带来了直连客户的汽车新零售，直面客户成为车厂必须面对的新课题。买保险需要报价、投保、出单，出险需要报案、查勘、定损……这些不再是手册里的标准和总对总协议里的条款，而是系统、产品甚至是客户投诉处理。保险从管理和提升，化身为汽车品牌企业躬身入局的一站式服务。

车厂搭建起保险平台，客户进行车险报价和报案。车险之外，延保、代

步车险等涉车非车险出现在整车厂供应商招募公告上。车的保险不再局限于车险，整车厂做保险也不只是保险事故车。保险无忧、终身质保等服务包，或多或少都与保险产生着关联。车主会员、付费订阅成为车厂做保险进入第三阶段的商业模式。

该阶段，保险公司的品牌开始趋向弱化，例如蔚来的保险无忧和服务无忧，客户不需要过多地关注保险权益来自哪家保险公司，服务包是从品牌App上买的，出了问题自然是找汽车企业解决。

二、今天：汽车企业"涉险"

如果车厂管保险、做保险或为客户提供保险服务，属于保险"门外汉"的话，那么汽车企业入局保险中介甚至是获得保险牌照，就是直接"涉险"。保险行业非常关注下面这些问题。

汽车企业真的要自己玩保险了吗？他们有足够的专业度、人才、经验，以及下成本铺设理赔资源吗？他们能做好保险吗？

这涉及汽车企业"涉险"的必要性和可行性两个视角。

必要性是动机问题。过去，提到汽车品质，想到的是百年品牌、动力总成、造车工艺。当新势力用代工完成生产，汽车竞争规则被软件重新定义时，回到汽车营销的视角，传统的4P策略正在被重新定义。

直营、商场展厅一时间成为新能源电动汽车的新零售代名词；从产品视角看，新能源的渗透率短短5年内已经翻了5倍。消费者对于纯电动车型越来越倾向于转向线上化的购车。比亚迪、特斯拉成为汽车市场的头部鲇鱼，一改合资品牌的霸榜态势。整车营销服务的外延，不再局限于车和配件，而是扩展到软件、服务。

直连客户、车主生态反映了服务中心从经销商向汽车企业转移。人、车、厂的关系在被重构。保险，对于整车厂来说，原本是车主和保险公司之间"撮合交易"的黏性工具和资源杠杆，摇身变成与代驾、洗车一样的服务生产资料。或者说，保险公司成为服务产品化的供应商。当汽车企业布局以品牌为中心的服务生态时，保险这一既是刚需又有黏性的业务线，势必会被优先纳入考虑视野。是否成为保险中介甚至是保险公司？拿不拿牌照？在同业纷纷出手的背景下，成为诱惑和对标的要点。

汽车企业"涉险"有了足够的动机后，如何具有可行性呢？有四个关键词：牌照、系统、数据、人才。

对于保险牌照的解读，坊间的大致有四类：

卖保险是汽车市场新蓝海；

汽车企业盯上新能源汽车保险话语权；

汽车企业构建服务生态闭环；

车联网数据重新定义车险。

拿下牌照，给汽车企业带来什么？以中介牌照为例，作用主要有二：一是成为保险经纪人，具备与保险公司合规结算费用的资质。二是合规开展互联网保险业务，比如在手机或车机端进行保险的报价和投保。

如果汽车企业没有牌照，这些问题有没有办法落地呢？有！很多保险业务做得不错的汽车企业，并不是都使用手里的"牌照"。

汽车企业的保险业务系统，对应的是中介保险信息化系统。例如，某汽车企业保险系统平台招标这样表述：合法合规的保险业务运营。汽车企业强调保险业务的开展和管理，而不是中介视角的信息留存、回溯和监管平台报送。虽然都有和保险公司系统对接、报价出单等相同的功能，但系统角色和定位差异非常明显。

汽车企业需要的保险系统是面向用户（B2C）的数字化闭环还是中介SaaS，无疑和是否持牌照有关。在直连用户、车主生态的视角下，让客户在自身的平台实现无缝、全流程的保险数字化闭环，或者提供在线一站式服务，才是汽车企业最需要的。

有了系统，就有数据。在保险公司视角下，基于数据，建模评分，筛选客户、降损控赔是保险的逻辑，风险低的客户保费更便宜理所应当。而在汽车企业的视角下，上述逻辑还成立吗？汽车企业也在购买保险数据，但不是为了数据，而是为了自身的主营业务：卖车修车，时髦说法叫"客户终身价值回报"。汽车企业为什么需要保险数据？可能的原因要么是凸显自身品牌优势，要么是为精准营销提供线索，要么是希望通过保险链条增加客户黏性。

最后是人才，人才背后是专业度。很多分析认为汽车企业做不好保险是因为缺乏专业人才，而这是个成本问题，舍得花钱自然有可能招来专业的人。另外，汽车企业是否真的需要专业的保险人？梳理汽车企业保险岗位的需求信息发现，带有保险相关字眼的岗位需求更多的是在讲一件事：落实公司经营目标。这不是说汽车企业不需要有保险行业经验的人，而是说保险公司的专业经验，不见得能直接适用于汽车企业的保险团队。

保险行业关心的精算核保、降损控赔以及承保利润是汽车企业最关心的吗？不能说一定不是，但站在汽车企业主营业务的视角，保险收益再高也是非主营业务。汽车企业老板们更希望看到的是，新车保费不能比竞品高和售后事故车返厂维修并且用原厂配件。

汽车企业各级领导们的 KPI（关键绩效指标）或者 OKR（目标和关键成果）里，保险占多大比例？"屁股决定脑袋"！

三、明天：不做猜想，做推问

汽车企业做保险的明天会怎样？着实不敢猜想。如同无法想到汽车市场会是今天的竞争格局一样，汽车企业做保险的明天充满了未知和不确定性。

1）保险产品和保险公司对于汽车企业的整车营销服务，可以交付哪些价值？对于汽车企业来讲，保险可以提供的价值是销售助力？是成本节约？还是效率工具？比如大家看到经销商的终身质保、终身救援、终身保养，都是新车营销噱头，保险公司能做什么？敢做什么？更重要的是，决策者要评估利润之外对于整车营销核心业务是否有价值贡献？有多大贡献？

2）不同视角下保险业务的差异。对于车主，买车险是风险转嫁的财务安排，是事故发生后的损失补偿和施救修复服务。对于保险公司，卖出的是风险保障产品，获得了资金汇聚，同时对全社会交往风险起到干预和补偿作用。对于汽车企业，车险意味着什么呢？三个关键词：资源杠杆（重点指保费换送修）、黏性工具（刚需的黏性工具）和生产资料（服务包权益）。

3）关于汽车企业做保险的可能。具体到新能源汽车企业保险业务落地问题，涉及新车销售交付场景、车险到期续保场景、出险理赔维修场景和增值服务四大板块。这里的可能，更重要的是全面线上化、数字化的流程。

基于上面三点可能性，下面四点推问，与关心汽车企业保险的同仁分享。

推问一：保险会不会成为汽车企业们的核心业务？整车厂内部不同的业务板块和业务条线对保险关注的差异性，使业务的落地方向和资源力度会大有差异。无论是燃油汽车还是新能源汽车，包含汽车保险的汽车金融价值虽然有大的增长空间，但比重还是相对偏低的。同时，汽车硬件和制造利润长期持续看降，软件利润和服务收入将成为新的核心业务机会。服务类预收费中的保险元素植入，是可能的潜在保险业务机会增长点。

推问二：汽车企业有了"牌照"必然做保险吗？无论是做业务，还是股权投资、给资本市场讲故事，还是看到同行都有自己也储备一个？冷暖自知。当前，两家整车集团旗下的保险公司，名字里都带有"汽车保险股份有限公司"字样，但经营得都不尽如人意，从公开披露数据都可见其艰难。

推问三：汽车新四化，哪些变了？哪些没有变？汽车，曾经是硬件财产和使用可靠的代步工具，软件数据让汽车有了多元的交付价值和体验。过去，汽车的生命周期可概括为"买、养、修、开、停、卖"，如今，空中升级（OTA）成为一个新的变量被加入。软件定义汽车成为趋势，车不再是耐用的折旧财产，存在着迭代增值的可能。随之，整车厂与客户间互动更多，风险场景也更多。同时也要看到，资本密集、库存定生死的逻辑没有变化。故事再好，车卖不出去都是0。

推问四：整车厂离保险更近还是更远？整车厂管保险、做保险和运营保险，离保险越来越近。整车厂会自己"玩"，远离保险公司吗？德勤调研发现：对于下次购车时直接从汽车制造商处购买保险，受访客户中表示有兴趣的高达76%。如此，客户对于从整车厂直接买保险是有预期的。供应商是谁？要不要露出？前面提到汽车品牌会更靠前。汽车企业自营保险，从精算能力、理赔资源、服务能力等角度当然存在缺陷——"不专业"。跳出来从整车经营视角来看，只要不考核具体保险主体的盈利性，舍得单独投入，客户在市场上不难找到解决方案和供应商。

四、最后关于汽车企业做保险的延展讨论

讨论汽车企业做保险，可以跳出保险产品的视角。在淘宝网上搜索"保险"，结果一堆保险杠、保险丝还有保险柜的结果被搜出来，带"保险"俩字的不一定是保险产品。保险是应对风险的专业选手，汽车行业也可以学习、借鉴，以应对风险、经营收益。汽车领域有各种预付费服务套餐产品。客户每年预付费购买，可以获得一堆服务承诺或者保证，履约也是商家提供的，用还是不用有概率。这些不是保险产品，也不带保险字眼，但底层分明都带着保险的影子。苹果的AppleCare里，延长保障期限、差额付费的意外损坏保修，保险公司不能承接运营吗？对于场景服务商来讲，自己做就够了，但是对客户来说，他感觉不到任何保险产品和保险公司的存在。这样的一个趋势我们称之为"服务保险化"。

汽车企业对于保险的期许是什么？特斯拉 CEO 埃隆·马斯克（Elon Musk，以下简称"马斯克"）的观点值得重视和参考："通过特斯拉具有竞争力的价格为汽车提供保险，这使得其他汽车保险公司为特斯拉提供更好的价格，所以，特斯拉保险的影响比想象的要大""我们希望在特斯拉发生碰撞时将维修成本降到最低，并降低特斯拉保险的成本。之前，我们实际上并没有很好地理解这一点，因为其他保险公司会承担费用。实际上，在某些情况下，成本高得不合理。"汽车企业视角的保险，可以不赚某张保单"高保低赔"的钱，而是提供维修经济性换取维修确定性。与保险相比，汽车企业的主营业务还是车和配件。

保险人心心念念"UBI"[⊖]，有戏吗？难说有无，但可以回到 UBI 的第一性原理：谁的用户？谁的数据？谁的保险？按照汽车企业逻辑地回答会是：**我的用户、我管理的车主的数据、你的保险。**

那好了，利益相关方的权 – 责 – 利怎么分配才合理？保险公司谈 UBI，绕不开监管。对于汽车企业，必须是车险吗？可否是延保或者其他非车险？进而必须是保险吗？可否基于里程及行驶数据建模评分，然后把利益相关方变成保险公司之外的受益方？照此逻辑，UBI 中的 Insurance 可以替换成 Interest，即基于使用行为的客户利益。扩展后的定义对汽车企业来说，有助于回答以下问题。

UBI 未必是车险，甚至未必是保险，而是基于车联网数据资源的价值变现；UBI 的核心是数据 – 建模 – 评分 – 奖惩。评分不好的车主，保险公司可以涨费甚至拒保，可对于这些售后车辆事故维修多的客户，汽车企业是该奖还是该惩？

⊖ UBI 指用户驾驶行为保险（User Behavior Insurance）。

3.3 汽车保险业务的发展趋势

1. 汽车市场与消费趋势在变化

中国乘用车市场被划分为萌芽（2000 年之前，复合增速 32%）、发育（2001—2009 年，复合增速 34%）、成长（2010—2017 年，复合增速 12%）和成熟期（2018 以后）。援引《麦肯锡汽车消费者洞察》的行业分析观点，当前及未来的汽车消费呈现以下趋势。

1）**增换购**：乘用车市场迅速由以首次购买为主的增量市场切换为以增换购为主的存量市场，同期受访者首次购车比例也由 90% 降为 59%；同样是麦肯锡在 2019 年的报告分析了人口学的原因，自 2017 年起，中国首次购车适龄人群（25~30 周岁人群）规模开始出现持续下降。两者结合起来看，增换购的趋势不言自明。

2）**升级 / 新蓝海**：近 60% 的消费者都计划在下一次购车时，升级至更高价的产品。以当前车价在 20 万元以下的车主为例，60% 以上的受访者都表明，下一次购车的预算有所增加。车主在考虑增换购时，消费升级成为关注焦点。升级之外，也有新品类不断涌现。比如 A00 级电动汽车市场，并不是一个油车换电车的置换需求，而是新的代步增购或者有证无车族的蓝海市场。再比如大六座 MPV 的市场，满足了"二孩"甚至"三孩"时代的家庭出行需求。

3）**头部集中**：随着市场增速放缓，"躺赢"的时代早已成为过去式，品牌之间的竞争也愈加激烈。虽然中国市场内的汽车品牌数量在不断增加，但头部玩家的市场份额却在持续提升，2020 年，市场前 13 名的销量占据了 69% 的市场（2017 年为 60%）。

4）**新四化**：具体包括电动化、网联化、智能化和共享化。电动化指新能源动力系统领域；智能化指的是无人驾驶或者驾驶辅助电子系统；网联化指的是车联网布局；共享化指汽车共享与移动出行。新四化重新定义了汽车产品和汽车的消费方式。汽车的研发、制造、购买、使用全产业链条都在被新四化重新定义。在购车的主要接触点上，偏好新型服务模式和偏好传统模式的消费者占比已然基本持平，新零售模式已不再是锦上添花的"秘密武器"。

2. 车险市场在进化，更需要适应汽车的迭代发展

车险市场的本身，一直在围绕着"市场化"和"规范化"进行"抓"和"放"的博弈，具体体现为以下三个关键词。

1）增长乏力：车险市场呈现保费收入、单均保费"双降"，导致车险保费在财产保险总保费中占比下滑。2010—2017 年，车险在财产保险中的占比始终在70% 以上；2018—2020 年，车险在财产保险中的占比回落到 60% 以上；2021年，车险在财产保险中的占比滑落到 56.84%，首次跌破了六成的保费份额。

2）盈利亏损：费用率、赔付的变化引领市场链条的变化。更低的费用率、更高的赔付率，无论在保险公司内部还是在汽车保险事故车链条中都改变了原有的游戏规则。

3）马太效应：市场份额更加集中，头部保险公司受益。马太效应是一种强者愈强、弱者愈弱的现象。汽车行业如此，保险行业也是。财产保险"三巨头[⊖]"的车险市场份额接近七成。相较汽车行业，保险行业的寡头竞争局面更加明显。

汽车作为耐用消费品，低频、长周期、无法完全线上化（试乘试驾、交车等）的消费特点没有变，汽车销售服务能与客户面对面的场景优势也没有变，车险需要汽车场景同时提供销售渠道和维修服务的连接也没有变。

如同打败方便面的不是其他品牌的竞品，而是外卖一样，真正对车险产品构成冲击甚至是颠覆的，往往不是同行，而是门外的"野蛮人"。比如汽车行业的"新四化"使得汽车本身和用车方式都会发生变化，车联网使得原有的风险场景

⊖ 三巨头包括中国人民财产保险股份有限公司（人保财险）、中国平安财产保险股份有限公司（平安产险）、中国太平洋财产保险股份有限公司（太保产险）。

（比如"盗抢"），已经由不确定变为了确定，自动辅助驾驶、无人驾驶等技术使得驾驶员的责任变成了车辆生产者的产品责任，代驾、租赁、订阅的模式导致了车辆的所有权与使用权分离的新风险模式出现……原有的单一、同质产品模式正在并将持续被挑战。

3. 涉及汽车保险市场几个"热词"

1）"车主生态圈"与保险公司的"好车主"探索。虽然车险各种趋势疲软，但其作为产险"老大哥"的地位仍然没有变。庞大的用户数据早就让保险公司为了把车主"圈住"而花费了大量的心思和资源。于是，"汽车生态""好车主"等概念被提出来，一个个围绕着保险公司的平台，不仅可以买保险、报案，甚至可以买车、卖车、修车，"汽车生态"被打造出来。只要是购买了车险的车主，可能需要的服务和产品，似乎就应该全都通过这个平台来实现。如果车主都能在保险公司自己的生态里，除了新车场景被汽车经销商控制外，其他的都是保险公司自己的私域用户了，岂不美哉？

保险当然可以与用户产生更广范围、更深层次的连接，但客户成为购买了车险的车主，注册了平台账户，并不代表其自然成为"私域用户"。我有一个实例经常拿来与人讨论：如果你有某家银行的信用卡，银行要求你下载 App 注册，并告诉你，他们提供了很多的权益，比如积分购物、洗车、贵宾厅等，但你一年平均登录信用卡 App 的次数有多少？如果你想购买一部手机，你有多大概率会想到去银行的信用卡商城里看看有没有手机的活动或者优惠呢？

同理，如果一个车主如果需要买车，什么逻辑会让他选择登录保险公司的平台去留意车型的优惠信息？你很难说因为他是我车险客户吧！背后逻辑很简单：缺乏场景。在我看来，保险的低频属性，决定了它不适合作为流量的入口，客户转换保险公司的壁垒极低，也很难存在所谓生态圈黏性。"车主生态圈"是一个好词，可保险公司并不是一个最理想的运营方，保险与车主的连接太少、太低频了。

2）中介"原罪"与保险公司的"去中介"呼声。保险市场的"乱象"被归结为中介的"原罪"，是对销售渠道和汽车销售服务商的误解。更有所谓的"专家"这样说：对于兼业中介机构的 4S 店，代理销售车险就是为了获得手续费，而车险作为必需品和刚性需求，4S 店并没有创造需求的能力，客户也完全能通过其他方式购买保险，特别是电销、网销的普及，更拉近了保险公司与客户的距离。

理想的状况当然是不需要任何中介环节，商家直接卖给客户，销售费用能省则省。这种简单的非此即彼，将原罪归咎于中介的想法，忽略了渠道的本质。最好的渠道，是能够低成本触达更多的客户。保险公司当然可以触达客户，但中介可以起到保险公司无法起到的作用，比如与客户面对面地沟通，提供客户车辆的维修服务。如果说中介造成了高费用，那也是由于保险公司端"依靠费用打市场"的业务模式导致的。

扩展 06　汽车与保险门外的"野蛮人"——特斯拉

特斯拉与保险的缘起：InsureMyTesla

特斯拉是汽车行业的颠覆者，也是汽车保险门外的"野蛮人"。特斯拉与保险的关联，从 2016 年试水的"InsureMyTesla"开始。车主购买特斯拉与合作保险公司（当时在澳大利亚是昆士兰保险［QBE Insurance Group Ltd.］，在香港是安盛保险［AXA］）联合推出的按车主行驶里程设计的保险产品。InsureMyTesla 为车主提供全面保障，以香港地区为例：

更经济、以行驶里程而制定的保费：新车主将被设定为低里程数用户，在首年均可获得更优惠的保费；现有车主可按年度行驶里程计算保险方案的保费。

1）全面保障因意外而损毁的 Tesla 车辆。

2）免费更换损坏或遗失的车钥匙。

3）以全新车辆更换被报废的 Tesla 车辆（由正式交付日起计算的 12 个月内）。

4）额外的自选项目：广东省跨境保障。

2017 年，该业务扩展至北美地区、欧洲和新西兰。分别与利宝保险（Liberty Mutual Insurance）和英杰华保险（AVIVA）、Vero 保险公司等合作，服务美国、加拿大、欧洲和新西兰用户。在阿联酋，特斯拉与 Sukoon Insurance（原 Oman Insurance）合作 InsureMyTesla 计划，在保障因交通事故而导致的人身伤害和财产损失的基础上，还保障 5 年的代理商维修服务、车辆遗失损坏赔偿、使用损失津贴、家用壁式充电器损坏赔偿、无漆凹痕修复、代客泊车盗窃赔偿等服务。

按照特斯拉 CEO 马斯克当时的看法："我们可以采用第三方保险公司，但如果他们不能够提供与特斯拉电动汽车风险评级相对应的服务时，我们会自己去做这件事。我认为特斯拉能够找到合适的合作伙伴来提供合理的服务。"

特斯拉当初是被"逼"着做保险的，起因是特斯拉与汽车保险提供商 AAA 发生过争执，后者基于美国公路损失数据研究所（Highway Loss Data Institute）和其他数据源的分析结果，决定把特斯拉的车险费用提高 30%。对特斯拉，这无疑是一份"特别待遇"：车辆使用成本大幅提高，拦住了特斯拉不少潜在客户，进而影响到其销量。

保险费上涨，自然有其原因。比如特斯拉作为电动汽车的领先者，无论是车辆硬件、软件，还是客户驾驶习惯都与传统燃油汽车不同，带来的风险必然有所差异。保险公司面对信息不对称和风险不确定，提高保费就是简单粗暴的直接反应。

2017 年第一季度，马斯克在投资者会议上说，"如果我们发现保险提供商提供的保险比例与汽车的风险并不匹配，在必要情况下我们自己会负责。

我认为，保险提供商最终会修正保险成本比例，使之与特斯拉汽车的风险相匹配"。这也是当时特斯拉保险敢声称，把保费降低 20%~30% 的主要原因。

2018 年，特斯拉聘请利宝保险前高管亚历克斯·塞特塞纳科斯（Alex Tsetsenekos）负责保险业务，推动产品开发。2019 年 4 月，特斯拉在美国拿下一块保险经纪牌照（Markel Corp.，一家总部位于美国弗吉尼亚州、承销和销售专业保险产品的金融控股公司）。5 月，特斯拉公布将推出特斯拉保险（Tesla Insurance）的计划：根据特斯拉所拥有的驾驶数据信息"合理"计算每位车主的保费。

2019 年 8 月 28 日，特斯拉保险（Tesla Insurance）面世，首先服务美国加利福尼亚州用户，逐渐拓展到全美乃至其他国家、地区。相比竞争对手，保费价格最多便宜 30%。车主只要登录特斯拉官网的保险服务板块即可购买。其他有意向购买特斯拉电动汽车的消费者，也可提前获得保险报价。保单由特斯拉保险服务公司（Tesla Insurance Services, Inc.）提供，承保因交通事故而导致的人身伤害、财产损失和引发的责任，还提供额外的经济保护，以防止汽车被盗或因交通事故以外的事件对汽车造成的损坏。此外，特斯拉还提供自动驾驶汽车保护包（Autonomous Vehicle Protection Package），包括自动驾驶汽车所有者责任保险、壁式充电器保障、电子钥匙更换，以及遭受网络身份欺诈而产生费用的保险。产品背后，财产保险公司 State National 与特斯拉合作并承担风险。就像其对待其他风险一样，State National 是在收取服务费和承销费的同时，将索赔风险转嫁给再保险商。

特斯拉在一份声明中写道："因为特斯拉最了解自己的汽车，所以 Tesla Insurance 能够利用我们汽车的先进技术、安全性和可服务性，以更低的成本提供保险服务。"消息公布不久，就被各种媒体和"华尔街分析师"指出此举的"阴谋"和"不可能性"。股神沃伦·巴菲特（Warren Buffett）也发表观点表示不看好，"汽车公司从事保险业务成功的可能性和保险公司成功从事汽车业务一样"。

在 2020 年第二财季电话会议上，马斯克针对特斯拉车险业务回应道：我们真正想通过 Tesla Insurance 达到的目标是能够使用在汽车中捕获的数据，从驾驶档案中获取数据，从而能够评估碰撞的相关性和可能性，并能每月为该客户进行评估。保险的核心是信息的准确性。如果你总是开车太快，那就意味着你想为保险支付更多的钱。如果您想少付一点保险费，请不要开车那么疯狂。人们可以自行做出选择。如果他们想要更激进地驾驶，就意味着更高的保险费。实际上，这对我们建立反馈循环以了解导致保险费用增长的方式非常有帮助。"在保险方面，我想明确一点，我们正在建立一个像大型保险公司一样的伟大公司""如果您对革命性保险感兴趣，请加入特斯拉。如果您的数学能力很强，请加入特斯拉。尤其是如果您想改变现状，并且对这个行业的发展速度感到恼火，特斯拉就是您要来的地方。我们需要革命性的精算师"。

2021 年 10 月 7 日，在美国得克萨斯州超级工厂举行的 2021 年股东大会上，马斯克回答了特斯拉保险有什么规划的问题："保险的监管'迷宫'简直疯狂，就像是设计的目的就是制造困难；我们需要等待很长时间的流程和审批，并且每个州的规定不同，必须根据不同要求调整不同的保险条约；就在本月，下周就将在得州推出。"

一波三折后，基于"实时驾驶行为（real-time driving behavior）"的特斯拉保险于 2021 年 10 月在美国得克萨斯州正式推出。

为何要 Tesla Insurance？

特斯拉保险没有按照保险行业的预期开始，发展也没有符合保险行业的期待。从被动地应对高保费的动机，到发现自身拥有的硬件、软件、数据资源，特斯拉的保险，因其车辆的智能网联能力，从开始便注定与保险行业此前开展的基于前装车联网设备的项目有所不同。特斯拉为什么亲自下场做保险？

　　其一是让特斯拉车险的保费更有竞争力。按照马斯克的想法，未来用户的购车费用就已经包含了保险，覆盖整个生命周期。特斯拉会不断降低保险成本，将其和电动汽车制造成本、Autopilot 系统挂钩。特斯拉为了推广"实时驾驶行为"车险，还做了很多的工作，包括从 2018 年开始每个季度发布《特斯拉季度安全报告》，在 2021 年第二季度，特斯拉报告显示，在使用 Autopilot 的情况下，大概 709 万 km 发生一起事故，而在没有使用 Autopilot 的情况下，大概 193 万 km 发生一起事故。而美国国家公路交通安全管理局（NHTSA）的最新数据显示，美国平均每 77.8 万 km 发生一起交通安全事故。

　　特斯拉需要把车销售和交付给更多用户。特斯拉的保险业务自然需要通过降低总体拥有成本来促进其汽车销售。

　　其二是监测驾驶员表现为汽车制造商服务成为另一个目的。马斯克表示，这使得汽车设计与制造过程之间有了一个"更好的反馈循环"，意味着该公司可以根据收集到的驾驶行为数据对其汽车设计进行改进。

　　客户为什么愿意接受监控并分享数据？保险成为一个很好的切入点。2019 年 4 月，特斯拉提出"匿名车队"计划，直接了解和评估客户和车辆的风险状况。在评估车辆风险时采用的是"匿名车队数据"，而不是特定驾驶员的数据。通过数据模型，为特斯拉车主提供高达 20%~30% 的车险优惠。同时，该计划与自动驾驶功能的宣传相辅相成，在"匿名车队"计划中，特斯拉特别强调了车险优惠源于"特斯拉的主动安全性和先进的驾驶员辅助功能"。2020 年 7 月底，特斯拉举行财报电话会议，马斯克表示公司将继续推进自动驾驶，新的汽车保险业务将随着自动驾驶技术的发展而落地。这个过程不仅仅是通过技术进行保障，更是全方位的商业模式闭环设计，包括直接由特斯拉保险公司提供保障，以及特斯拉开发的自动驾驶共享车队（Robotaxi）运营网络。

特斯拉为测试"完全自动驾驶"（Full-Self Driving，FSD）软件，在美国推出了安全评分，只有100分的驾驶员才能得到FSD的测试（Beta）版本的测试资格。这个安全评分将驾驶员在道路上的驾驶行为在0~100分范围内进行评分。在紧急制动、急转弯、前方碰撞警告、不安全跟车、自动驾驶强制退出等行为发生后都会被扣分，如图3-4所示。在得克萨斯州推出的"实时驾驶行为"车险的安全评分基准分数为90分，在向公众推送FSD Beta版本时，马斯克表示只有1000名驾驶员获得了100分评分。

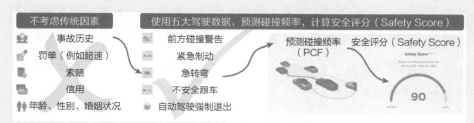

图3-4　Tesla采用五大维度驾驶数据计算安全评分

注：资料来源于Tesla，ValuePenguin，安信证券研究中心。

保险业务对于特斯拉来讲，也确实有着想象空间。苹果公司（Apple）基于硬件和软件生态打造了软件、空间、音乐、内容等订阅服务和为客户提供保障权益的AppleCare+所带来的巨额收益，很难不让特斯拉产生想象空间。马斯克曾在2020年第三季度财报电话会上表示，特斯拉保险业务未来可能占汽车业务总价值的30%~40%。"截至去年年底，我们年保费收入约为3亿美元，并且每季度增长20%，因此，保险业务增长速度快于汽车业务的增长速度。在我们经营特斯拉保险的州，平均有17%的特斯拉客户使用特斯拉保险产品"这是特斯拉公司首席财务官在2022年第四季度财报电话会议中的一个反馈。

特斯拉做保险：以奖励安全驾驶之名

不同于传统车险，特斯拉保险的定价因子选择似乎让众多传统保险公司感觉"大逆不道"：年龄、性别、婚姻、历史出险、交通违章等传统车险产品使用的重要风险因子均不采纳，甚至连在美国非常重要的信用评分也不屑一顾。最终，安全评分、行驶里程、区域、车型、险种、是否多车（美国车险保单以家庭为单位，多台车也是一张保单，一张保单下多台车可以给予最高 12% 的折扣优惠）被选进了特斯拉保险的定价因子中。

从得克萨斯州开始，特斯拉还推出了一项名为"安全评分"的附加服务，这就是特斯拉保险——奖励安全驾驶的开始。2021 年 10 月，特斯拉保险正式上线后，在特斯拉官网上的保险板块，对于特斯拉保险有了以下全方位的客户互动展示。

特斯拉保险价值观：奖励安全驾驶。特斯拉保险是一种价格具有竞争力的保险产品，提供全面的保障和理赔管理。传统车险的价格是保险公司根据车型的定价、车主的年龄等信息计算得来的，不能识别车主差异。特斯拉车险根据车辆的使用时间、里程、驾驶者的实时驾驶行为设计，可谓"千人千面"。该保险为不同用户"量身定做"，保险范围、价格也都大不相同。特斯拉保险公司对其车辆、技术、安全和维修成本有着独特的了解，消除了传统保险公司的额外费用。比如传统保险公司中占据较大比例的是市场推广和广告费用，特斯拉得益于直营业务的模式和线上化的数字流程，掌握了流量入口，通过车辆数字化系统，让客户能够成功进入车险生态从而直接触达，减少了渠道费用。以佛罗里达州为例，特斯拉附加费用率为 17.75%（佣金 5%+ 固定成本 9%+ 保费税 1.75%+ 风险边际 / 利润 2%），而美国同业是 23%，小公司甚至高达 28%。

特斯拉保险落地方式：Tesla App。客户通过 Tesla 应用程序购买和管理保单，分析安全评分并提交索赔。根据特斯拉官网的介绍，特斯拉保险业务可以为特斯拉车主提供高达 30% 的保费节省，同时提供全面的覆盖范围和便捷的理赔流程。

购买：注册、查看保费并获得保障。

管理：查看保单、访问文档并添加保单到 apple 钱包。

分析：使用行程视图监控和查看您的日常驾驶行为，了解如何提高您的安全评分。

资料：7×24h 提出索赔、预约维修或请求道路救援。

特斯拉保险实现方式：安全评分（Safety Score），目前仍标注为测试版本（beta）。许多保险公司将保费建立在与驾驶无关的信息上，而特斯拉根据驾驶方式提供优质服务，使用车辆中的现有技术来跟踪实时驾驶行为。行为数据将仅用于计算安全分数，不会被共享，也不会监控位置。数据会留在车主身边，在保障隐私的情况下计算保费信息。实时驾驶数据用于计算安全分数，月底的分数决定了下个月的保费。

在美国，特斯拉保险是按月缴费的，且一张保单期限一般为 6 个月。客户可以使用借记卡或信用卡进行在线支付。特斯拉保险将自动从此卡中扣除每个月的保费。通过特斯拉的评分指标，针对投保客户生成一个 0~100 分范围内的安全评分。Beta 的安全评分标准分数是 90 分，如果驾驶员达到了标准分数，则每月保费约为 145 美元，一年下来保费约为 1800 美元，但这只是理想状态。目前来看，在美国的大多数驾驶员达不到 90 分的标准，大部分人的平均分数处于 60 分到 70 分，换算下来，年平均保费大概处于 2300 美元到 2500 美元这个区间。安全评分模型从不同的侧面对驾驶员是否正在危险驾驶做出评价。最开始，模型由五个因子构成，后来经过两次迭代，增加到 8 个，见表 3-2。

首次投保时，特斯拉保险会让投保人预估未来的行驶里程，然后给一个初始的安全评分，通常是 90 分，再结合其他静态因子计算前 2 个月的保费。等到第 3 个月，特斯拉保险会将预估行驶里程替换为前 2 个月的实际行驶里程之和，在第 4 个月替换为前 3 个月的实际行驶里程之和，以此类推。直到下一张 6 个月保单开始时，行驶里程因子会滚动替换为前 6 个月的行驶里程之和，实现动态调整。在安全评分方面，首次投保的第 3 个月，安全评分会使用第 1 个月的实际评分替代初始评分，第 4 个月会使用第 2 个月的实际评分，以此类推。根据一位得克萨斯州车主提供的数据，自己的车在安全评分为 90 分（基础分）时，每月保费高达 93.15 美元，而在他的安全评分达到 99 分之后，每月保费就降到了 56.83 美元，下降了大约 40%。

表 3-2　特斯拉安全评分因子构成

因子	2021 年 10 月模型	2022 年 3 月模型	2023 年 1 月模型
前方碰撞预警次数（每 1000mile 上限是 101.9 次）	√	√	√
紧急制动（每秒减速超过 10.76km/h，次数占比上限 7.4%）	√	√	√
急转弯（每秒车身左 / 右加速超过 14.24km/h）	√	√	√
危险跟车（≥ 80km/h 前车紧急制动，反应 < 1s，时间占比 < 60%）	√	√	√
Autopilot 是否被动关闭（双手同时离开方向盘次数 < 3）	√	√	√
夜间行驶时长占比（22 点到次日 4 点之间行驶时长占比）		√	√
危险速度驾驶时长占比			√
未系安全带驾驶时长占比			√

对于传统保险来说，这简直不可想象。相关评分逻辑和相关指标公开发布，经计算得到的每日安全评分，会显示在特斯拉车主的 App 上。客户完全可以根据自己的日常驾驶行为，监控自己的安全评分，甚至通过有针对性地自主改善驾驶行为，提高安全评分，降低自己每月的保费。除了驾驶员的驾驶方式外，影响特斯拉"实时驾驶行为"车险月费的还有车辆型号（主要是车辆价格）、行驶里程（车辆残值）、驾驶员的家庭地址、保险类型。

特斯拉不会用驾驶员过往的事故历史来计算保费，也不会用年龄和性别，这和传统车险习惯用过往事故历史来计算保费不同。保险公司是中心化的机构，通过掌握的"统计数据"进行精算建模和保险产品定价，比如每年出了多少起交通事故、某款车型平均的赔损成本情况、某个渠道的费用投入产出比例等。社会统计数据没有关于每个人的"个性化大数据"，精算师再厉害，也算不出来针对个人的最优保险定价。

特斯拉是汽车行业门外的"野蛮人"，无论是纯电动、超级充电站、一体化压铸还是智能驾驶。与其他整车厂靠硬件实现收入不同，预计 2025 年时，特斯拉 FSD 的收入将接近 70 亿美元，占特斯拉汽车业务营收的 9%，贡献 25% 的汽车业务毛利。摩根士丹利甚至预计，2030 年特斯拉卖软件服务的收入，将会超过卖车等硬件业务的收入。

然而，特斯拉的保险业务未如保险经营的预期顺利。截至 2023 年第一季度，特斯拉的直接损失率高达 95.6%；同时，特斯拉的年均维修费用为 835 美元，远远高出普通汽车的 652 美元。而这两点也是特斯拉 2023 年 1—9 月亏损 1600 万美元的主要原因。汽车企业做保险，没有按照保险行业"专家"的预测，基于数据就能够赚得盆满钵满。面向车主的保险业务，特斯拉选择的并不是高保低赔的概率游戏。

马斯克的保险业务价值预期或许会实现，但未必是在保险业务经营的盈利逻辑上。与最开始强调保险业务的经营贡献不同，马斯克也在不断修正自己对于保险业务的观点。在 2020 年特斯拉第三季度财报说明会上，马斯克曾说，"保险将成为特斯拉的主要产品，保险业务价值将占整车业务价值的 30%~40%。"在特斯拉 2022 第四季度财报电话会议上，马斯克表示："通过特斯拉具有竞争力的价格为汽车提供保险，这使得其他汽车保险公司为特斯拉提供更好的价格，所以，特斯拉保险的影响比想象的要大。"马斯克表示："我们希望在特斯拉发生碰撞时将维修成本降到最低，并降低特斯拉保险的成本。之前，我们实际上并没有很好地理解这一点，因为其他保险公司会承担费用。实际上，在某些情况下，成本高得不合理。"

特斯拉在中国的保险探索

特斯拉在中国香港地区启动的 InsureMyTesla 以 Tesla Motors HK Limited 为服务安排及中介机构，由利宝保险 Liberty International Insurance Limited 承保。2020 年，Tesla Motors HK Limited 获香港保险代理登记委员会（IARB）委任和注册为 Liberty 的保险代理人。同年 8 月，特斯拉也在上海申请注册了"特斯拉保险经纪有限公司"，营业范围为"保险经纪"，直到宝马获批保险经纪牌照之时，仍未获批并开业运营。

关于 InsureMyTesla，也曾在国内做过短暂落地的尝试。网络资料显示，Tesla 曾经与中国人民保险签约，推出一项合作开发的综合保险计划，专为特斯拉汽车定制，通过 InsureMyTesla 提升服务体验。后来，特斯拉在国内的保险业务探索更加入乡随俗。比如在新车销售环节，根据车型销售策略需要，不定期开展"保险补贴"。宣传口径诸如"在活动期间交付 ×× 的车主，若选择购买我司店内保险，且投保险种包含了 ××\×× 险种，将予以保险补贴 ×××× 元"，补贴方式为在交付尾款时直接减免车价。特斯拉车险投保客户界面如图 3-5 所示。

图 3-5　特斯拉车险投保客户界面

客户在车辆订单交付前，会收到一条来自"特斯拉官方保险服务商"的短信，内容是"您好，感谢您订购特斯拉，可点击链接了解车辆保险方案并查看报价。如需帮助，请拨打人工客服电话……"点开短信中链接，可以看到"官方保险服务商"是与特斯拉合作的××保险经纪公司。在车险方案和"特斯拉专属驾意险"方案的选择界面选择方案后，将显示各合作保险公司的保费报价，以及各保险公司提供的增值服务权益。

比如在特斯拉App上线了保险模块。车主可以通过定制链接和页面获取续保报价和进行投保。2023年8月，针对续保场景上线"特"选服务包，包含两种188元套餐。套餐A：超级充电里程500km＋高级车载娱乐包1年＋空调滤清器更换1次＋直营钣喷中心喷漆（不含拆装）1面；套餐B：超级充电里程1000km＋高级车载娱乐包1年＋空调滤清器更换1次。

特斯拉App的保险模块中，还有理赔助手选项，在官方介绍中，描述了出险报案功能（限在中国大陆车辆上牌地有特斯拉直营钣喷中心的城市，且车辆需在保险页面添加过保险信息）、上传出险材料、查询进度详情等。

特斯拉的保险探索没有局限于车险。比如2014年，特斯拉宣布在中国推出保值承诺（Resale Value Guarantee，RVG）服务。车主在贷款购车3年后若有车辆回购需求，在经过条件审核后，特斯拉会以约50%的购入价格回购车主手中的ModelS。特斯拉的延长保修服务也早已在国内落地。虽然是车辆延长服务协议而非保单，但从保险行业来看，车辆延保产品早已是广义涉车保险的范畴。

特斯拉的高级车载娱乐服务包，在免费试用结束后通过应用程序可以按每9.99元的价格订阅（图3-6）。预付费的差异化权益，隐约间透露出AppleCare+的影子。

车载娱乐服务包	标准	高级
车载导航	✓	✓
可视化实时路况显示		✓
卫星地图		✓
通过车载应用播放网络音乐和视频*⁺		✓
车载 KTV 应用*⁺		✓
车载网络游戏*⁺		✓
互联网浏览器*		✓

图 3-6　特斯拉的车载娱乐服务包内容构成

第 4 章　汽车业保险业务经营管理

4.1　汽车业保险经营的战略设计

4.1.1　汽车业如何布局保险战略业务？

特斯拉以一己之力带动了汽车行业对于保险的期许，汽车企业们纷纷申请保险中介牌照，吉利、比亚迪更是先后入局财产保险公司。车险、非车险、服务包、场景（如自动泊车）保险、智能驾驶保险等概念越来越多地出现在汽车行业的营销端。

汽车保险业务经营战略是对汽车行业保险业务的战略解码。"战略"听上去玄乎，拆解来看有六点：对生意的理解、对环境的分析、对未来的判断、对客户的洞察和对竞争的认识，在此基础上进行选择、排序、取舍，并集中资源获得竞争优势。

再简单点说，战略就是"打法以及如何去赢"。

1. 使命

汽车业的保险业务是干什么的，以及为什么要干？用一句话定义经营保险业务的使命，可以参考这样的模板：为了谁？提供什么？做什么？要达到什么目的？

马斯克在对于保险业务的最新认识中，以"提供更好的价格和降低特斯拉保险的成本"回答了保险业务之于特斯拉的使命问题。对于收购了易安财险之后的比亚迪保险，比亚迪董事长王传福在 2022 年年度股东大会上表示，比亚迪将利用技术、销售、用户等方面的积累，在费用节减、科学理赔等方面赋能新能源汽车保险行业。这与保险公司追求的承保盈利和资产增值大相径庭。

2. 愿景

使命重点谈要干什么，愿景就是要干成什么样，这是关于时间规划和长期目标的回答。愿景是按照使命去做，一段时间后达到的结果。据《财经》报道，未来三年到五年内，比亚迪财险将依托新能源汽车数据优势，进一步优化精算定价模型，在行业内为其他新能源汽车保险经营提供借鉴经验。关于新能源汽车企业的车险服务体系，艾瑞咨询在其报告《中国新能源车险生态共建白皮书》中提到了如图 4-1 所示的四个模块。

图 4-1　某新能源汽车企业全流程车险服务体系

3. 价值观

价值观是为实现使命和愿景而制定的"游戏规则"，通俗地说就是做事的规矩。价值的有无和高低是在说什么重要、什么不重要。举个例子，据中国保险汽车安全指数（C-IASI）2022 年测评车型第二次结果，耐撞性与维修经济性分指数方面，6 款车型获得一般（M）的评价，理想 L8 位列其中。发布当天，理想汽车创始人李想在微博上转发并评论了这一消息。他写道："想要在维修费用上获得

A 的评价方法是，在此期间内把碰撞对应的零部件价格下调。团队也有过这个建议，但被我否掉了，实事求是即可，M 没问题。"

怎么干保险是保险的经营战略。对于汽车企业从事新能源保险经纪的经营战略，咨询公司安永发布的《新能源汽车保险经纪是车企的下一个突破口》，提出了一个业务经营模式的框架（图 4-2）。

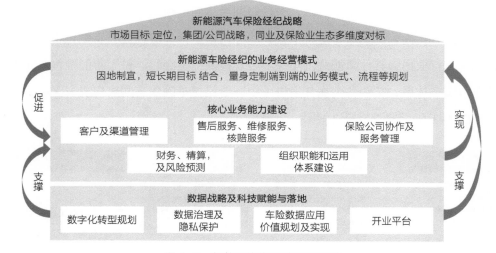

图 4-2 新能源汽车保险经纪战略

获得保险经纪许可之后的宝马，其高管在接受采访时有过如下论述，可以作为了解其保险业务的战略参考：

新能源汽车的发展也给汽车企业带来了新的风险。生产新能源汽车所需原材料、采购流程、生产工艺等全产业链还需进一步改进升级，保险经纪要研究整个流程，并提供保险经纪、防灾减损、风险减量和风险管理领域的服务。宝马保险经纪目前已形成公司保险、零售保险、员工保险三大支柱业务……加速宝马集团产业链向电动化、数字化转型。

战略是方向，是取舍，是打法。准备或正在从事保险业务的汽车人，保险业务的经营战略是为了更好地服务汽车销售和服务的核心主营业务？是为了获取保险代理的"手续费"？还是为了创新产品拓展新蓝海？

有些汽车企业的保险业务，往往会与汽车金融、汽车融资租赁业务一起，擘画出"汽车金融服务板块"，规划了汽车金融公司、融资租赁公司、出行服务公司和保险主体。比如丰田，在国内成立了丰田金融服务（中国）有限公司，简称"丰田金服"，旗下包含了丰田金融、丰田租赁、近多出行和计划中的保险业务板块。

有些汽车企业将保险业务纳入售后服务条线，为车主提供保险服务（比如续保、救援、事故车维修等）。独立的保险业主体机构，也被归类到大的售后条线分管。比如获批保险经纪牌照的宝马，官网上的保险被放到了"服务"板块的"客户服务"栏目，而不是并列的"金融／服务"。救援维修和保险服务一起组成"保险与救援服务"，强调从售后服务视角解决保险客户的用车困扰。

有些汽车企业将保险业务独立出"水平业务"。保险独立于销售和售后服务，在定位和组织架构上被归类为"新业务""水平业务"或者"渠道运营"。例如东风日产曾经在 2005 年 5 月在其组织架构上专门成立了"水平业务开发部－汽车保险业务科"。再如广汽本田，将保险业务划归到了渠道运营部条线的"水平业务科"。

有些汽车企业将汽车金融和保险一起置于财务条线的管理范畴。有的企业会在财务部下设汽车金融部，统筹管辖车险、车贷、租赁、延保、增值服务等业务。比如比亚迪财险获批后委派的董事长是在任的副总裁兼财务总监。再如一汽大众品牌的组织架构体系里，财务管理部下设汽车金融部，"负责车贷渗透率、新保率、续保率等金融业务目标，目的是保障全网经销商达成税前净利润目标"。

有的汽车品牌更看重保险的营销策略，为了方便统筹新车营销预算的使用，将包含保险在内的增值业务策略置于新车营销策略的组织体系中，这相对少见。

保险业务如何定位、设置和分工，没有标准答案，也没有最优解。不乏企业存在"九龙治水"的多头管理现象，比如有的汽车企业的新车保险和续保被归到两个部门负责。保险业务的多场景、长链条、广业态，涉及不同的业务模块、流程。有资源、有预算的情况下，很容易蜂拥而上，涉及责任和 KPI 的划分也容易出现"各扫门前雪"。

综上，我们将汽车业经营保险的战略分为了战略布局和解码两大步骤。汽车视角保险业务经营战略的分析框架见表 4-1。

表 4-1 汽车视角保险业务经营战略分析框架

目前贵公司作为汽车行业主体，对于未来经营发展的总体目标是什么？

想象一下，未来对于从事保险业务，你们的期许或者想要实现的目标是怎样的？

为了上述愿景的达成，在接下来的长期时间（比如 10 年）里，可能需要做哪些？

为客户解决了哪些问题，提供了什么价值？哪些是必须做的，哪些是坚决不能做的？

如何定位贵公司关于保险业务经营未来 3 年的战略目标？

战略目标	
财务目标	

为实现上述目标，未来三年的业务目标和增长策略是什么？需要匹配哪些资源支持？

客户	市场	产品

为了实现上述增长目标，需要打造哪些（1～3 种）竞争力，构建业务壁垒和护城河？

保险业务的组织架构如何设计？

针对业务增长目标和组织流程分工，保险经营的 KPI 如何设计？

对应组织目标和 KPI，如何从人、资源、时间细化可执行的计划？

对于保险业务的经营效益和效率，如何进行评估、考核和激励反馈？

4.1.2　保险战略解码：汽车人做保险的 9 种猜想

猜想 1：承保保险获取保险业务收益

比如一汽集团旗下鑫安保险、广汽集团旗下的众诚保险，都属于保险公司。能不能获得股东方资源支持，能不能借助于整车营销渠道获得业务、实现承保盈利赚到钱，以及赚多少钱，那就要看"汽车保险公司"各自的资源和专业能力了！

猜想 2：经营保险获得资金融通手段

这一点比较容易理解，即通过保险产品，吸收、募集资金，通过保险承保和理赔之间的时间差，获取资金的现金流价值和投资收益。对于汽车企业来说，保险是低成本甚至可以说是"免费"的融资渠道，毕竟汽车行业也需要庞大的资本作为运营支撑。

猜想 3：利用保险帮助更好地卖车，卖车是汽车企业永恒的核心业务

特斯拉挥起价格砍刀同时竖起了赠送保险的旗号，为什么？因为车险是购车的刚需消费呗！除了送出去，还可以将保险作为服务之一，卖出去。蔚来的保险无忧之外，凯迪拉克将保险作为新车销售的"助销工具"，直接命名为"凯迪拉克 888 元超值保险礼"。

猜想 4：利用保险完善售后服务闭环，获得售后产值应收贡献

车的保险离不开事故维修，维修配件才是汽车企业的关切之处。为此，先要确保客户有渠道内的保单，然后就是事故的报案 - 救援 - 定损 - 维修全流程介入，提供免费拖车、出租车费用报销、代步车，甚至是出险事故维修补贴等各式各样的服务，目的只有一个，让客户愿意到售后服务网络内修事故车。

猜想 5：借助保险丰富与车主互动的车生态

在客户用车生命周期中，车险是绕不开的。整车视角下，保险有概率有杠

杆，低成本高感知，可以渗透到买车－养车－修车－换车全链条的客户互动触点。汽车企业在其移动端或者车机端，实现场景的保险元素触达、产品推介、保险报价、销售出单、一键报案、在线理赔等一站式服务，让原本高价、低频、弱黏性的车主可以有更多的互动场景和触点！在加深客户黏性的同时，也从不同方面积累海量用户数据，有助于汽车产、销、服务各环节的不断改进。

猜想 6：借助保险，将数据资源变现

车联网数据是金矿，令多少保险公司垂涎三尺！基于车辆驾驶数据建模、车辆安全评分，从而创造新的产品，有充足的想象空间。保险公司理解的 UBI 思路是奖励少开车少出险的车主，而汽车企业的优质客户真的是只买保险不出险的客户吗？放开监管并未允许的 UBI 不谈，汽车企业仍然有很多可以将数据变现的场景。举一个很不起眼的例子，可以在车机端导航场景触发高速公路路线时，推送高速公路驾乘意外险产品。保险条款谁都可以做，关键看是否掌握业务场景和数据。车险不允许，那么涉车的非车险，是否也可以借助汽车企业数据优先变现的呢？比如延保、汽车产品置换责任……

猜想 7：借助保险，创新产品供给

首先可以基于行业理解开发保险产品。例如车辆残值风险，一般保险公司的精算逻辑是假定客户要换车，所以会选择残值保障方案。然而最关键的问题却不在风控的考虑里：客户为什么要在 2 年或 3 年内就换车？收了很多保费却没有理赔的保险定价，多尴尬！为避免这样的局面，就必须将保险植入到汽车销售和售后服务场景变量中，解决实际存在的风险问题。无风险、无场景、无数据，则无保险。

其次可以基于内部数据开发保险产品。有些数据保险公司想要，但汽车企业不见得愿意给。汽车企业涉足保险，可以讨论如何在体系内打通数据壁垒，实现特定的保险保障方案的开发和供应。比如新能源汽车中比亚迪是王者，那么针对动力电池总成的延长保修责任，就可以结合其电池自研自造优势，从电池的故

障率、维修成本等内部数据角度，实现保障方案的定价优势。站在内部视角如果壁垒打通，就可以打造具有独特竞争优势的产品。比如车辆各种零配件的损坏周期、损坏概率、实际成本等，这些都会在一定程度上影响到保费的定价优化。如果做新能源汽车保险，那么基于车联网数据的驾驶习惯分析、车主画像和营运车辆数据透视、整车价格构成信息、零配件成本和人工维修成本信息等，就是它独有的待开发的"数字石油"。

还有一种可能是基于数据反向做保险产品，不是追求一次性博弈的高保低赔，而是建立引流、锁客的黏性"保单"，既是保障方案，又是带动客户二次、三次消费的纽带。比如汽车生态里的"齿科保险"。

猜想 8：借助保险，提高汽车产品的壁垒和竞争优势

汽车企业保险生意的第一优先级，应该是服务好主业。汽车行业的保险板块操刀手可以向决策层汇报的内容，除了保险业务本身赚多少钱、贡献多少现金流，还可以包括：

保险如何帮助本品牌的车比对手更有优势？

保险如何让客户觉得本品牌的用车成本更低，从而一直忠诚选择？

保险对于本品牌的行业竞争力能提供哪些助力？

猜想 9：借助保险，优化内部风控成本

抛开车的保险产品不谈，汽车企业还是有很大的风险保障诉求的。无论是传统的企业财产、产品责任、物流责任，还是企业的雇主责任到员工医疗、意健福利保障等无处不存在风险保障成本。

以上成本原本全部作为费用支付给保险公司，现在转为由旗下保险公司牵头，拉上其他的分保、共保、再保主体，"关联交易"节约的部分就是保险业务的"利润"。比如下面两个案例。

英大财险：背靠国家电网，关联交易保费占比近六成，净资产收益率接近

10%。连续实现了13年盈利，凭借出色的盈利能力，成为第二梯队财产保险公司中的佼佼者。

中石油专属保险公司： 为中国石油集团及关联企业提供财产保险、责任险、信用保证保险等保险保障业务。成立10年，年年盈利。2019—2021年，中石油专属保险公司净资产收益率分别为5.36%、5.81%和6.09%，高于大部分财产保险公司。

或许股东方并不在意盈利的绝对金额多少，能实现内部风控成本优化的同时，将现金流继续放在自己的账户体系上，也是保险这个非主营业务板块的贡献之一了。

扩展07　保险公司事故车送修"卡脖子"的战略思考

保费换送修是一种商业模式，该模式下，保险公司通过与车商进行合作，将事故车维修服务作为交换条件，换取更多的车险保费。这一模式帮助保险公司更好地利用资源，提高利润，以帮助车商们获取更多的客户资源，提高业务量。这种模式也有一些问题。由于车商的数量众多，保险公司在选择合作伙伴时需要认真筛选，确保选择的合作伙伴具有足够的实力和信誉度。在维修过程中，车商提供的服务质量存在问题，也可能会对保险公司的声誉和业务造成影响。

总的来说，保费换送修是一种具有商业价值的商业模式。在第3章内容中论述过，"保费换送修"的本质是车商和保险公司之间的"资源对价"，是车险产业链上下游的资源互换和博弈，并且有马太效应，赢者通吃！对于彼此来讲，都是基于资源的互惠。

保费换送修的两端，互为依赖，又互相钳制。从一个车主遇到了意外事故，车辆需要维修，到他（成功）到你的店里维修，需要克服哪些障碍？比如：

1）知道可以去哪些地方修吗？

2）遇到问题知道如何联系或者如何被联系吗？

3）到某家店修和到其他店修有什么不一样？

4）到某店修，对客户来讲有什么"好处"？

5）不到某店修，有什么"损失"？

如果你不考虑或者没有答案，那么只能等着被动地去跟保险公司谈"保费换送修"。"续保不亏钱就行"已然成为很多汽车同仁的普遍共识。用保费换送修实际上就是在为事故车的流量付出的成本，就是花钱买事故车线索。这和花钱给事故车"黄牛"外拓没有本质区别。

保险公司的"卡脖子"，则是其车险经营利润压力下的"流量溢价"。保费换送修其实跟在新车端投广告、做活动，在"懂车帝"等垂直媒体平台买线索，没有本质区别。流量只会越来越贵，无论是新车端还是售后端。

回到根本，事故车维修的最终决策者和买单方是谁？是车主！在保费换送修的逻辑下，是保险公司决定给谁送、不给谁送！这依赖于车商们的保费产能贡献。比如保单数、保费金额、任务达成率、份额变动、车辆结构、投保险种结构等。如果想改变原有的游戏规则怎么办？抛开所有的影响因素，根基性的命题或假设就是，车主自己决定去哪里？对于一个出险的车主来说，车辆要维修，最终需要他（她）签下车辆维修委托书，在签字之前的所有变量，都会影响到其决策。

作为客户，不到指定的服务渠道或服务商维修行不行？有可能。比如车辆配件外面不方便获得，比如车辆制造工艺或者配件总成外面无法低成本复制，比如车辆是否使用原厂配件可以在线验证并且会将是否使用原厂配件维修提示给客户……

保费换不来更多的事故车，表象是保险公司"卡脖子"，问题是保费下滑的趋势能扭转吗？赔付成本上升的趋势能改变吗？回到第一性原理，不难发现一个问题：抛开行业出险率下滑的不可控因素不说，之所以要"买"事故车线索，根本的原因是客户你"搞不定"。不妨把"搞不定"细分为以下三个问题。

1）如何让客户知道你、信任你？

2）如何告诉客户来你这里修车是不一样的，来有什么好处，不来有什么损失？

3）如何通过软的、硬的手段影响客户，甚至制约客户的维修选择决策？

这不仅是业务策略，更需要从客户经营层面进行顶层设计。本书将通过6个案例提供一些启发。

案例1：蔚来的服务无忧与"宠粉"打法

关于客户出险后找到谁、信任谁的问题，蔚来给了一个很好的思路：与用户建立直接联系，减少用户对保险公司的感知和依赖。如果客户第一时间想到的是联系企业或者指定的服务商，"先入为主"，客户自己在内心便认为自己的事故车维修有了"归属"，其他人再想干预，不是说不能，但是至少要付出成本和代价了。为此，蔚来做了如下几件事。

1）车险嵌入服务包，让用户对于买车险和续保的感知降到最低，跟品牌直线连接。

2）为事故提供安心服务，安排人员实际帮客户解决问题，而不是传统汽车企业的客户转派工单。

3）提供代步车、取送车服务，明白地告诉客户，我们提供的维修服务和别人不一样。

4）服务线上化，明确告知客户在车机、手机App上就可以直接找到人员为其服务。

案例 2："猫虎狗"的付费会员与华胜的"四季保"

蔚来等汽车企业是自带流量和"网红"属性的。没有流量怎么吸引新客户的信任？答案是建立连接。比如天猫养车、途虎养车和京东京车会，就先干一件事：低价品引流付费会员锁定。

事故车比例只有二成，客户不出险时想不起你来，难道出险了就会想起来吗？很多 4S 店都是"感冒不看、只要癌症"，上门补胎没有做的，因为费人费力，没产值！没有流量的互联网养车平台，天生没办法挑客户，得从 4S 店"拉"客户出来。怎么拉？更低的价格、更多的优惠、更多的触点，当然也离不开先让客户"预付"，哪怕只有 6.18 元！

既然事故车维修很低频，那就先想办法找到相对高频的连接点，小问题找到我，大问题才有可能有信任。号称 4S 店品质，专修"BBA[⊖]"的华胜打造了"四季保"。不是每个客户都会遇到事故或者需要高频的维修保养，那么就想想每个季节，跟客户讲提供什么检测、更换什么易损件是符合客户认知、能引发客户兴趣的。能每个季度连接一次固然好，即便不能，那减半一下，（非事故情况）每半年回店一次，也已经是很多 4S 店梦寐以求的了吧！

案例 3：雷克萨斯、红旗的免费保养保修服务

说到汽车品牌的客户黏性，不得不提雷克萨斯。它是国内最早、到目前也在一直坚持免费给新车客户提供服务的。提供服务并不难，当别的品牌都还在扭捏地搞"保养预售""双保三保"再次赚取客户利润的时候，人家是实打实真金白银地提供免费保修保养的。

为什么这么做？让用户养成售后黏性习惯。试想一下，当客户 4 年、6 年、8 年都免费地保养、保修的时候，他不存在还要去自费选择的可能。我

⊖ BBA 是奔驰、宝马、奥迪三个品牌的简称。

们看到的是免费，看不到的提前用新车预算成本为售后流量买了单。

与雷克萨斯策略相近的还有红旗品牌，他们在官网上对客户承诺"所有红旗品牌车型，都享受终身免费保修政策"，虽然有着具体的规则，但不影响客户的感知和习惯养成。

当回原厂渠道维修保养对于客户成为习惯，一旦遇到出险，他（她）的头脑里，会想起找谁？

案例 4：苹果的正品配件验证 +AppleCare+

不同手机品牌用户换机时继续选择原品牌的比例，苹果竟高达 70%。这当然跟品牌优势地位有关，不过也不得不说一下苹果在售后端维系用户的手段。客户既想要正品部件，还想要低成本，有没有解决办法？苹果的答案是购买 AppleCare+。

购买一个预付费的"服务保证"，既有 1 年的延长服务保障（延保），又有低价格的意外损坏、屏幕或玻璃背板损坏以及其他意外损坏的维修服务。关于这个案例的详情，请参见扩展 13 的内容。

案例 5：特斯拉的售后直营模式 + 一体化车身

特斯拉 Model Y 采用"一体压铸"成型技术，通过 8000t 压铸机，将铝溶液压入模具成型。原本由 370 个零件拼接而成的"下车体总成"，变成两三个铸件，不用焊接，也不用总装。特斯拉不是第一个采用压铸技术的主机厂（福特汽车率先在 F150 上采用）。

特斯拉的直营模式，与这种不可维修的结构，简直是绝配。一般的车身设计对于客户车辆事故伤及车身架构，不能钣金修复的情况，可以沿着原有焊接点将损坏部分切割拆分，焊上新的配件进行修复，不需要更换整个车身。而一体化设计一旦出现伤及铸件的情况，任何维修点都不可能维修，只能更换，并且只能去它直营的售后服务中心。

事物都有两面性。一体化车身技术本身也给新能源汽车企业带来反噬，详细参见扩展 8 的内容。

案例 6：小米真诚奔赴——最高明的套路是真诚

小米创始人雷军曾说："优秀的公司赚取利润，伟大的公司赢得人心。"小米是一家少见的拥有"粉丝文化"的高科技公司。对于小米而言，用户非上帝，用户应是朋友。

当整车企业考虑的都是如何提高配件出货量和"光盘加价"时，事故车客户就成为"羔羊"。当经销商考虑的都是如何提高进场台次和结算价格时，事故车客户的头上天然架起了一把刀。当人人为了产值、毛利、配件周转的 KPI 奔波时，客户是越来越近还是越来越远呢？做生意当然要追求利润，好的服务也应该配得上更高的价格，但前提是客户认可。

小米被业界称为供应链杀手，敢于承诺硬件综合利润率永远不超过 5%。如有超出的部分，将全部返还给用户。小米不仅严格控制利润率，出了问题全部承担是态度，也是成本。把用户当筹码，只能用来交易；把用户当朋友，用户不会亏待你。话剧《冬之旅》中有句台词："没有一条道路通往真诚，真诚本身就是道路。"这句话，被罗振宇写在了自己公司的墙上。

客户从出险到决定维修的因果中，有哪些核心因素会影响、制约客户来或不来。保费换送修是其中的关键因素之一，但并不是最关键的。最难搞定的不是保险公司，而是客户。客户已经到店了，保险公司再拖走的可能有，但不可能多。

对于保费换送修的破解，当然本身也有很多提升方法。在未来相当长的时期内，保险公司仍然会是事故车的最大来源，要么提高你对保险公司的"产能贡献"，要么就得考虑一下自己可以对客户做些什么了。

4.2 汽车业的保险业务管理

战略布局是做什么和不做什么的思考和定位，决定了一个汽车行业主体保险业务能做多大、能走多远。而业务能不能落地，甚至业务逻辑能不能跑通，考验的则是运营管理能力。

任何业务都离不开计划、组织、领导、控制的管理方法。身处汽车行业的保险"门外汉"，一接触到保险，往往想到的是这是售后的事、这是财务的事，或者这是金融的事，然后就是问保险业务能帮公司赚多少钱、保险公司能采购多少辆车等等。"领导根本就不懂不保险"，这样的声音在汽车企业内非常常见，在笔者看来，领导本来就不用懂啊！说归说，保险业务到底如何运营管理？可以参考以下四点构成的完整管理框架。

4.2.1 保险业务组织保障

战略确定之后，首先要做的应该是迅速设立或调整组织，以高效的组织承接战略落地。高效与否，要看组织能否有效地帮助实现使命和愿景，是否能有效地帮助完成三年规划和一年 1~3 件事。组织保障工作涉及内容具体包括责任划分、目标分解、资源适配和奖惩激励。

1. 组织架构的底层是分工

战略决策确定了定位和布局，接下来的问题就是谁来干？架构相当于组织的"承重墙"，组织不定，战略就是空话。架构是组织保障的第一步。保险业务的组织架构，无论归属于哪个业务条线，都需要从以下两个角度考虑。

一是融入销售和售后服务场景和流程。无论是传统的 4S 店模式，还是"新势力"汽车企业的直营或代理思路，汽车销售和售后服务的一个趋势不可避免：直面客户。直面客户不是某一个条线、某一个部门的职责，是整个组织无论前台、中台还是后台都要承担分工，要么是通过产品直面客户，要么是通过流程服务客户。因此，保险业务不再仅仅是某个业务管理的职能，而是直面客户的服务场景触点和流程体验。

二是贴近汽车产品的客户价值。过去的汽车产品是机械制成品，一旦售出便脱离了与汽车品牌企业的连接，经销商对于客户流失也通常是以被动的应对为主。无论是汽车品牌厂商还是经销商集团，更多强调的是保险业务的资源杠杆和黏性连接，缺少对于车主端的价值思考和认知。新能源、"新势力"汽车企业的直面车主生态，需要汽车行业重新定位自身提供给客户的产品、权益、服务对于客户的价值。要考虑保险作为其中的一个刚需的、黏性的连接，汽车行业提供的价值和保险公司提供的保单有哪些差异？因此，保险业务不再局限于交易的撮合，更重要的是为客户解决问题，为客户交付价值。

持牌主体架构与汽车销售服务组织的衔接和分工。汽车视角的保险业务，有别于保险公司的保险经营。即便持有保险中介牌照甚至保险牌照，组织架构设计和分工上也需要优先服务主营业务。销售服务架构与保险牌照主体实现兼容和衔接的方式，可以是两块牌子一套人马的机制，可以是策略和运营的分工，还可以是客户和服务商的内外有别。无论如何，汽车业做保险的组织结构的作用是优先保障和服务新车销售和售后服务。

没有一成不变的战略，也没有一成不变的组织。组织保障和分工是否合理要看能否帮助企业更好地实现三年中期目标及一年目标？是否把合适的人放在了合适的位置上？是否明确了要求和期望？是否符合老人做新事、新人做老事的原则？然后，定期复盘，按需调整。

2. 分任务就是明确保险业务 KPI 体系

KPI 指的是关键绩效指标，通过 KPI 制定关键绩效指标来实现组织的业绩，已经成为绩效管理的代名词。很多汽车企业的同仁经常面临一个问题，就是怎么给保险部门下 KPI。保险业务如何管理考核不仅涉及重点关注的业务，也涉及对任务目标的分解、绩效激励的设计和人员能力的提升进行系统的考虑。

如何设置任务目标和设计绩效方案是关键所在！汽车业保险业务目标也有别于保险公司：首先是厘清保险事故车业务的经营目标，其次是有一套可以分解和跟踪的指标体系，最后也是最难的一点，是如何在不同区域、不同品牌，甚至是不同规模的主体之间进行对标和比较。

常用的保险业务指标有保费金额、新车保险渗透率、在用车续保率、保险佣金收益、保费送修比、保险事故车产值、保险事故车毛利等。其中的续保率按照客户类型分为新转续（次新车客户）、续转续（非次新车客户）、新拓续（非基盘客户），按照事故车维修记录和续保记录的交叉，保险事故车的客户又可以细分为在修在保比例、在修不在保比例、在保不在修比例、不在保不在修比例等四种。具体梳理见表4-2。

表4-2　汽车保险事故车业务三级指标体系

一级指标	二级指标	三级指标
保费	新车车险保费	交强险保费 商业险保费 车均保费
	续保车险保费	交强险保费 商业险保费 车均保费
	非车险保费	车险附加非车险种保费 车均保费
客户	新保有效客户数	新车保单客户数
	续保有效客户数	基盘续保客户数 非基盘续保客户数
	事故车维修客户数	返修事故车客户数 推修事故车客户数 外拓事故车客户数
	保单基盘 自费返厂客户数	钣喷客户数 机械维修客户数 其他维修客户数
收益[1]	保险收益	车险佣金收益 非车险佣金收益 其他保险公司合作收益

（续）

一级指标	二级指标	三级指标
收益[1]	事故车收益	返修客户事故车收益 推修客户事故车收益 外拓客户事故车收益
	保险客户黏性收益	保险客户售后自费收益
过程指标	保险销售过程指标	新车保险渗透率 保有客户续保渗透率 售后返厂客户续保渗透率 签单客户非车险渗透率 效益险种渗透率 新车保险收益率 在用车续保收益率
	事故车理赔过程指标	保费送修比 在保客户返厂维修比例 保险公司事故车推送客户比例 事故车毛利率
	管理过程指标	车均保费 车均保险佣金收益 车均事故车收益 车均在保客户非事故车收益 万元保费佣金收益率 万元保费事故车收益率 万元保费非事故收益率

[1]收益可拆解为收入、毛利、净利三个维度。

在保险行业中，往往有以下两个指标会用于保险发展水平的评价。

保险深度：指某地保费收入占该地生产总值的比例。它反映了该地保险业在当地经济中的地位，以及当地居民对保险的认知度和接受程度。深度越大，说明该地保险业越发达，人们对保险的重视程度也越高。计算公式：保险深度 = 保费收入 / 地区生产总值。

保险密度：指人均保费收入。它反映了该地区人们的保险意识和保险消费水平。密度越高，说明该地区人们的保险意识越强，同时也意味着该地区的保险市场潜力越大。计算公式：

$$保险密度 = 人均保费收入 = 保费收入 / 人口数量$$

汽车业的保险业务管理，也可以参照上述的思路，测算并关注保险深度和密度，指导业务方向。由于保费不是汽车业的业务收入，建议稍做区分：

保险业务深度 = 保险业务收入 / 保费规模（可以理解为从事保险业务的资源杠杆）

保险业务密度 = 保费规模 / 保有基盘客户数（可以理解为保有基盘客户的人均保费）

保险事故车业务净利率用业务净利润除以业务收入获得，反映保险业务的盈利能力。保险业务杠杆 = 业务收入 / 保费规模，反映汽车人从事保险业务的所获得的资源杠杆比例。车均保费贡献反映体系内保有基盘客户的车均（或人均）保费情况（分母包含不在保的基盘客户）。

保险事故车业务收益率 = 业务利润率 × 业务杠杆 × 车均保费贡献

保险事故车业务收益率 =（业务利润 / 业务收入 × 100%）×（业务收入 / 保费规模 × 100%）×（保费规模 / 保有客户数 × 100%）

保费规模、有效客户和保险业务毛利三个指标联合起来，参考财务管理领域的**"杜邦分析体系"**，建立可供纵向跟踪和横向对比的汽车业保险事故车业务收益分析体系，如图 4-3 所示。公式中 3 个因子分别用于考查汽车业从事保险业务的盈利能力、保险公司合作能力和客户运营能力，最大程度上抵消业务收入、保费规模等规模变量的影响。最终等价于业务利润与有效客户数的比值，即边际有效客户保险利润贡献，方便于不同品牌、不同规模、不同区域的对标和分析。

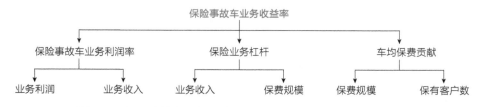

图 4-3　保险事故车业务的跨品牌、跨主体业务收益率分析体系

这不是对实践中的业务指标、管理指标的否定。相反，这些指标是建立在汽车销售服务的立场上的，从业务经营要什么、各个部门分别承担什么角色的角度进行拆解。比如售后部门除了可以在保险业务中贡献保险业务毛利，还有一个更重要的作用就是有效解决客户的问题,这与常见的续保中将客户根据"在修""在保"进行交叉分类在逻辑上是一致的。

保险业务做得好还是坏?上述体系试图从经营角度做到可以量化、可以对标和可以比较。保险业务毛利的高低,受到销量规模、保有客户数量、手续费返点比例、事故车保费送修比等诸多因素的影响,如果不对客户数量、业务规模等变量进行控制,那么就会存在自说自话、无法评价,各个部门数据都好看,但是经营收益下降的情况了!

创新保险业务的 KPI 体系:与传统保险事故车业务重点关注保险"佣金"收益和保费换送修产值不同,此处的创新保险业务,是在上述关注点基础上的保险业务的线上化、数字化、私域化、产品创新等。由于这部分业务非常多元和复杂,表 4-3 对汽车保险创新业务三级指标体系的梳理仅作参考和指引。

表 4-3　汽车保险创新业务三级指标体系参考

一级指标	二级指标	三级指标
保险数据	线上化	系统保险公司对接业务覆盖率 系统渠道落地业务覆盖度 在线出单渗透率
	数字化	新车保单数据渗透率 在用车续保数据渗透率 事故车线索数据渗透率
	数据资源	新车交强险数据 分险种、保额数据 保险公司合作数据 事故车维修定损数据
保险生态	车机端	保险入口、保险触点
	手机端	保险入口、保险触点
	私域端	小程序:保险流程闭环 企业微信:私域运营体系
保险产品	车险产品	新车端车险权益 续保端车险权益 事故端客户权益
	非车险产品	面向用户的非车险 保险服务化产品
	保障权益	车主预付费(服务保险化)产品

关于 KPI，并不是越多越好。一般公司给部门、员工制定 KPI 时都会设置 7~8 个指标，每个指标所占权重在 5%~15% 之间不等。这样不够聚焦和准确，也不便于管理，"样样都抓等于样样没抓"。KPI 的作用是风向标，制定 KPI 不只是数字的简单叠加和分拆，而要体现战略意图和含金量。否则，就会出现高层、中层和基层的 KPI 目标不一致，压力不传递。

3. 分资源就是做出计划分解

计划是经营战略和运营策略的衔接。计划，是明确了 KPI 之后转化为执行计划，是从人、资源、时间维度，描述如何完成所负责的 1~3 件事，是沟通、考核、激励的依据。好的计划是执行的开始，是过程管理的前提。

保险业务属于汽车业的"边缘业务"，业绩好的时候可以"锦上添花"，业绩不好的时候难以"雪中送炭"。从人、资源和时间的维度去分解，对计划本身的完善还需要与汽车销售和售后服务的主营业务相结合，与保险业务的战略定位和布局相结合，与核心产品业务的创新策略和需求相结合。保险业务的"分资源"需要建立在为主营业务做出贡献和输出价值上，否则难以获得更好的资源适配和计划协同。作为一项支撑业务和创新业务，要有计划，也需要拥抱变化。

4. 保险业务的考核激励问题

任务目标是为了明确责任，那么剩下来的管理问题都可以归结为激励问题了。管理学大师彼得·德鲁克曾说：管理的本质就是激发善意。很多能力不行的背后，往往隐藏着激励不力、动机不足的问题。比如很多人提出一个需求：有没有保险业务的一些"话术"啊？这其实是个有意思的悖论，业务绩效好的员工，往往都有自己的一套"待客之道"。绩效不怎么好的员工呢？他们嘴里喊着需要培训话术，但是实际上绝大多数所谓的"话术"，都是不跟客户打交道的人写出来的，哪里会是灵丹妙药？

激励问题的逻辑是让员工利益和组织利益保持一致，也是对员工最直接、最实在的认可。激励是指明方向。激励设计复杂或模糊，会让员工不知道公司到底想要什么。现实中的保险业务激励同其他业务一样，也存在着以下几种问题：

导向难明确："既要、又要、还要"的倾向在"门外"业务中特别容易出现。

贡献难衡量：作为非主营的业务模块，对于主营业务的间接贡献难以衡量和评估。

激励不鲜明：没有拉开差距、区别对待，甚至"吃大锅饭"让老实人吃亏。

过分强调结果数字：忽视效率和成长、探索指标。

激励有面向个人需求的需求层次理论、有差异化激励效果的双因素（激励、保健）理论、有聚焦员工渴望度的期望理论，还有著名的"胡萝卜 + 大棒"背后的 X–Y 理论以及影响激励效果的公平理论。如此多的理论总结下来，可以得出激励的通俗理解：心往一处想，劲往一处使，多劳者多得，老实人不吃亏。

回归到保险业务的激励问题，需要考虑的是激励的内容、激励的手段、激励的效果评估等，也可以组成"人员激励与绩效"的专题课程来展开。下面结合保险业务，分享三个案例。

（1）新保考核的故事

某家经销商对销售顾问设定了车险的考核方案，规定了销售顾问展厅交车保险的渗透率不低于 95%，整车厂保险促销政策车辆渗透率必须 100%，险种组合要求必须包含"交强险""车损险"和"保额不低于 50 万元的三责险"。相信这样的考核逻辑也是比较普遍的。我曾经问过该店的销售总监一个问题：店里关于保险业务对你的考核要求是什么？对方回答说是毛利贡献。

新保业务，销售总监被考核的是毛利贡献，而他考核销售人员的指标里呢？却变成了渗透率和险种组合。这种情况下会发生什么？很容易看出的是上下目标不一致的问题，如果管理者和下属没有对准同一个目标，两个层级面临的任务压力如何被分解和传递？

（2）续保率考核的故事

某整车厂负责保险的业务部门，希望对于续保业务进行管理，首先遇到的一个问题就是如何考核续保率。先来说分子，很多人认为分子很简单，就是保单数嘛。那么问题就来了，只有交强险算不算？有商业险但没有车损险算不算？怎么才能识别出是店内出单的业务而不是保险公司其他渠道出单的数据？如果是本品牌经销商续保出单，但不是本品牌的车算不算？怎么样？是不是头大了？分子其实还好统一，确定续保率的分母才是最难的。大家都知道，如果分母是上一年度在店内出单的在保客户数，这就很容易理解，但这样就会出现一个问题，即今年录入的数据越少，明年的续保率数据就会越好看。而如果加入所谓的"在修数据"呢？这对很多老店反而就不公平了，因为它的分母太大了嘛！

具体到汽车经销商，很多汽车经销商集团都想对标续保率水平，但是会存在不同品牌、不同店之间自说自话，驴唇与马嘴对不上的情况。于是你会看到有的续保率统计数据是个位数，而有的则超过50%，完全不在一个维度上。

（3）事故车产值下降的故事

某经销商总经理看到上月的业绩报表，售后事故车产值连续两个月下降，售后总监反馈说是事故车送修造成的，但是保险事故车送修比并没有大的滑落。那么原因可能是店内保费规模下滑，但是增值业务总监反馈店里下达的新保渗透率、续保率、保单数的考核指标都是达成的。

每个人都没有责任，那就要归咎于考核方案上。经营层面要的是结果指标——事故车产值，管理层面更多关注过程指标——渗透率和单数。这既反映了上面说的目标不一致问题，同时还说明了不同部门之间责任划分不清晰，以及考核激励不兼容的问题。如果各个部门各自的考核要求看上去都是对的，执行也是到位的，那就说明业务目标没有被有效分解为各个职能单位的责任和权力，结果就是各自的考核目标都完成得很好，应该激励他们，可整体的目标却不如预期。这往往容易导致在部门内无法追究责任，在部门间出现扯皮情况的现象。

4.2.2　保险业务系统工具与数字化

保险业务离不开数据连接、保险业务管理更需要数据支撑。保险业务作为独立于核心业务，甚至独立于业务主体、独立于汽车行业的业态，无论是面向客户、面向渠道还是面向供应商的业务链接，都离不开数据的连接和闭环。战略、目标和 KPI、体系确认之后，业务的线上化和数字化都成为必不可少的内容。

面向汽车业视角的保险工具和系统，可以分解为以下四种应用。

1）保险出单和理赔的线上化工具。该类工具的作用有两个，一是实现保单承保出单、客户出险理赔的线上化，二是为直接触达车主的自助端服务提供触点和解决方案。该类系统工具的最大目标是实现与合作保险机构的对接和数据交互、与销售和服务核心业务流程的衔接。

2）保险业务运营管理系统。该类工具面向的对象有渠道服务商成员以及与保险业务职责相关的团队和人员，为保险业务提供线索、任务、工单、记录、数据等。特别的重点目标是要涉及续保业务的运营管理、业务管理的数据和报表资源等。

3）保险合规的信息化平台。对于持有保险牌照的主体来讲，系统工具还必须满足监管部门对于互联网销售和保险信息化的合规要求，比如《互联网保险业务监管办法》《保险中介机构信息化工作监管办法》等。

4）保险创新应用系统。比如基于车联网、自动驾驶和其他特定场景的数据采集、建模计算、打点标签、保险交互等创新产品、项目的应用支持系统。

这一部分内容，会在第 6 章论述。

4.2.3　保险公司竞争合作

除自身经营保险公司外，绝大多数的汽车业从事的保险业务都不可避免地涉及与保险公司的连接。前文的相关论述中多次提及，这种连接既有合作，又有竞争。

1. 保险公司的业务诉求

涉及汽车业务的保险，这里的保险公司通常指的是财产保险公司。如何跟保险公司打交道？保险公司在意什么？要回答这些问题，就需要说一说保险公司的盈利模式。财产保险公司的盈利一般由承保利润和投资收益两大来源构成。

承保利润是保险公司经营保险业务所得的盈余。它是所收保险费减去保单获取成本和赔付成本，以及运营成本后的余额。投资收益比较容易理解，它是保险公司资产规模和资产管理能力的体现。后者与汽车业的保险业务基本无关联，因此不作关注。

在承保利润中，保单获取成本即销售保险产品过程中为获取保费而发生的全部费用，包括保单保费的折扣、优惠及支付给中介机构的中介费用、销售费用、税金、宣传印刷费用等；赔付成本即根据相应赔付责任赔付给客户的款项，包括已决赔款、未决赔款准备金和已发生未报告赔款准备金等；运营成本，即维持企业正常运营所付出的成本，包括营业费用、管理费用及员工工资福利等。

基于承保的已赚保费和成本，通常采用综合成本率（COR）来衡量车险承保盈利能力。综合成本率是保险公司用来核算经营成本的核心数据，包含公司运营成本、赔付款等各项支出。综合成本率为 100% 时，即代表收支相等，无承保盈利，亦无承保亏损。综合成本率可以分解为综合赔付率和综合费用率。综合费用率、综合赔付率和综合成本率三个指标，构成车险业务的"三率"。

站在财产保险公司的角度，面临这样的局面，他们会如何对待车险和非车险市场？面对车险市场，他们会如何应对费用率降低和赔付率上升的改革导向？大小公司分别处于什么样的市场地位和竞争状态？这些问题都直接影响到他们如何与车商渠道打交道。了解保险公司，才是与保险公司打交道需要做的基础工作。

2. 保险公司如何看待车险和车商渠道

一份保险行业的研究报告这样表述汽车产业链：

车险产业链参与主体较多，除了供给端的保险公司和需求端的车险用户外，还包括渠道端、风控端、服务端和监管端等。财产保险公司作为产品和服务供给端，主要负责承保和理赔。需求端的客户则是车险产品购买者和保险服务使用者。渠道端负责产品的销售，其中很大一部分来自保险中介，包括专业分销机构和兼业分销机构。专业分销机构主要为保险经纪公司和代理公司；兼业分销机构则主要包括4S 店和维修店。服务端主要由 4S 店和医院等提供车辆维修和人员医疗服务。在风控端，第三方公估公司等负责预估赔付金额。整个产业链受国家金融监督管理总局和中国保险行业协会监管。

"兼业分销机构"和"车辆维修服务端"是对"车商"的相对完整的认识。前端意味着费用投放，后端意味着赔付成本，双方的合作就是在保费产能和成本费用投放资源互换上的"合作博弈"。站在保险公司视角，车险一方面需要车商渠道的保费，另一方面要控制费用和理赔成本。由于车险同时处于规模下降和盈利堪忧的状态，行业头部的保险公司董事长喊出的这样的声音：坚定推进"去中介、降成本、优体验、强黏性"、加大直销司控渠道发展力度、保持成本领先等重点工作，在巩固车险、政策性业务发展的同时，着力加大商业非车险发展力度。

下面的这段话就是再直白不过的对于"车商渠道"的态度了：

考虑到客户对车险的刚性需求，以及大型保险公司遍布全国的分支机构和电销网销，4S 店等中介渠道在保险销售上并不能创造额外的社会价值，反而使大量的利益漏损在中间环节，形成了投入"黑洞效应"。随着客户保险意识的提升，从客户角度长期来看这样低效率的商业模式显然是缺乏生命力的。

保险公司还有已采取的实际行动：其一，降费用是最直观的反馈，"自律""明折实扣""0 返佣"等行业特色名词陆陆续续地呈现到了汽车人的面前；其二，控理赔是必然选择，由于车险综合改革后车险赔付率急剧上涨，绝大部分的控赔压力，都落在了车险理赔人的头上。降赔、减损、卡人头是保险公司的内部语言，推送修规则管控、定损折扣、低成本配件替代方案成为影响汽车后市场的"杀招"；其三，是挑业务，如果传统燃油汽车还能找到低成本的理赔替代方案，到了新能源汽车，"三电"系统（电池、电机、电控）的修换、一体化车身的壁垒和零配件难以替代等问题，使得保险公司在理赔端只能被动接受，而在业务端干脆挑业务、挑客户。对于出险多的客户、长车龄的客户、长里程的客户、保费的低客户、营运用途的客户，要么加费，要么干脆"拒保"了！

为了缓解车险的"煎熬"，保险公司陆续关注到了涉车的非车险。举两个案例：一个是以挖掘车商场景客户需求、拓宽汽车经销商合作宽度、助力保费增长为目的的"车主服务包"项目，囊括了产品质量保证保险、售后服务代用品费用补偿责任保险和产品置换责任保险。另一个是保障范围包括驾乘意外险、人身意外伤害险、医疗保险、重大疾病保险等责任内容的"车主尊享保障"。

3. 资源互换——与保险公司打交道的本质

资源互换，在上一章，重点分析了"保费换送修"的前因后果，简单说就是资源换资源。一方要保费同时控制成本，另一方要手续费收入和事故车产值，商业互惠，无可厚非。原本相安无事，各取所需。然而，当变化来临，原有的平衡被打破时，便听到"去中介"的呼喊声，看到手续费"自律"和送修零配件打折的精准打击，也收到某地汽车行业协会倡导"暂停出单、抱团取暖"的红头文件。

经常听到有汽车经销商投资人说：我和保险公司又"打"起来了。所谓的"打"的背后，是资源互换走到零和博弈的矛盾激化。军事上有一句很有名的话："战争得不到的东西，在谈判桌上也得不到！"既然双方是资源互换，那么占有主动权的就是资源优势更多的一方。人情世故是润滑剂，决定动力的却是发动机。

各取所需，知彼知己。这是本书给出的八字建议。各取所需是清楚明白地认识到汽车和保险两个行业的主体在交互和碰撞的过程中，各自有哪些诉求和价值反馈。链条的两方虽然天天打交道，但在"杯觥交错、相爱相杀"的同时，对于对方的关切却往往知之不多。很多保险公司往往会在规模较大的4S店安排进驻专职的"出单员"，保险公司愿意付出高额的人力成本，对出单员的岗位职责有哪些要求呢，在某家保险公司的驻店出单员招聘信息里，有如下的描述：

负责公司与车行 4S 店的业务对接。平时进行车行维护、单证管理、台账登记。

负责车险业务咨询，报价跟踪，核保和理赔材料处理、协调等。

专职维护车商渠道，定期进行活动量管理，并在活动管理系统中签到、签退和录入收集的车牌信息。

……

单证管理、台账登记、业务咨询、报价跟踪是常规的，业务对接、专职维护也可以理解，而活动管理、车牌信息录入这些与出单员并不直接相关，意味着保险公司还对其有信息采集的职责要求。具体采集哪些信息呢？除车牌信息、活动信息之外，还会有店里的新车销量信息、续保单数信息、同业的业务量和份额信息、同业政策信息……这些都是保险公司非常感兴趣的内容！

保险公司对于"主机厂""车商"们的诉求是非常明确的。汽车业的同仁们呢？能及时了解到某一家保险公司在同城不同渠道、不同车商之间的"政策差异"吗？能及时对各品牌、同品牌各店的手续费水平、推送修比例和配件、工时折扣情况进行对标吗？能及时知道和合作的保险公司业务人员今年的考核指标导向和去年有什么变化吗？

各取所需，要知彼知己。资源互惠是目的，而知彼知己则是必需的手段了。下面是一个提纲，作为与保险公司谈判前的准备"作业"，供参照：

获取各个保险公司的市场份额、业务结构以及同比、环比趋势。大公司和小公司明显有不一样的市场地位和打法策略，大公司之间的博弈往往也是可以借力的点，各个公司之间总能有一些差异化的资源需要识别和争取。

了解各个保险公司最新的考核导向，知道对方要什么很关键。很多时候，我们都是只知道自己要什么，而不知道别人要什么。如果别人要做更多的保费和份额，你一定能满足吗？如果给不了，那么还能给对方什么有吸引力的谈判筹码？是效益险种渗透，非车合作，还是专属的营销活动？

了解各个保险公司与店里的合作情况。业务状况要精确到每一笔保费佣金、每一条送修短信最终闭环情况、每一辆事故车产值的定损和结算金额。要比保险公司更了解它与你合作的业务。甚至，要知道保险公司与店里对接所有人员的个人情况、人脉关系等。

做好了准备功课，如何与保险公司沟通，那就是谈判的技巧和策略了，三个要点如下。

1）从实力的地位出发，"弱国无外交"。如果保费规模够大，资源够多，只要挥一挥手中"切蛋糕的刀"，也就足矣了；如果规模小呢，也别指望保险公司能手下留情。处于相对弱势的地位，那就尽可能用数据、用细节去争取自己应得的利益，避免被"侵蚀"。

2）用数据说话。除了对于"敌我"双方诉求、资源的判断，更重要的是让数据开口。保险公司与你约定的承诺都实现了吗？结算的周期与其他保险公司比有没有差异？推送修的短信清单有没有一一比对？事故车定损清单与结算清单存不存在遗漏或偏差？这些既是业务提高的抓手，也是与对方算账的"账本"。

3）谈判的目的是让对手获胜，让自己获益。谈是双方之间的沟通和交流；判是决定一件事情。把对方当成合作者，而不是对手或敌人。合作者之间有共同利益，会想办法推动合作，实现双赢。亚当·格兰特在《重新思考》这本书中，有一个比喻：谈判更像是没有事先排练的舞蹈。你想让舞伴跟你做同样的动作，但是她可能会抗拒你，所以你得设法引导她，让她接受你的节奏，达成和谐一致。回应对方的话题和诉求，一起做大蛋糕才是操控牌局的胜负手。

假如不幸，保费贡献难以入保险公司"法眼"，那也不要奢求保险公司的"同情"！踏实服务客户、用心获取信任，远比渴求保险公司涨费用、推送修、定损不打折要更现实一些。

4. 如何选择合作保险公司

与保险公司合作也需要防范风险，比如佣金手续费、维修赔款拖欠问题。对于新的保险公司，也可以从公开数据，了解其偿付能力、盈利能力、客户投诉情况和综合经营评价等信息，作为合作决策的参考。

偿付能力指的是保险公司对保单持有人履行赔付义务的能力。保险公司在经营过程中，需确保有充足的偿付能力和完善的风险管理，并及时监测偿付能力的变化情况。根据原中国银行保险监督管理委员会发布的《保险公司偿付能力管理规定》，保险公司偿付能力达标，需满足三个条件（三项要求中任意一项不达标，为偿付能力不达标公司）：

一是核心偿付能力充足率不低于 50%

二是综合偿付能力充足率不低于 100%

三是风险综合评级在 B 类及以上

监管部门用上述三个指标判断保险公司有没有钱赔、公司运营是否健康可持续。保险公司的偿付能力可以在中国保险行业协会官网的信息披露模块查询。

保险公司的盈利能力特别是其车险盈利能力也是重要参考。车险业务的综合赔付率、综合费用率和综合成本率指标，是衡量保险公司费用水平、事故车资源和经营状况的重要依据。保险公司会按年度在中国保险行业协会官网进行信息披露。

保险监管非常强调消费者投诉情况。保险公司规模有大小，但监管部门每季度发布的"亿元保费投诉量"和"万张保单投诉量"两个数据解决了横向的比较问题。当某家保险公司接受的投诉特别是车险理赔端的投诉集中的时候，与之合作的事故车维修方需要提高警惕。

与保险公司合作，辛苦修车无法及时拿到款项，也是潜在的风险隐患。AC汽车曾经发文，浙江某修理厂老板在维修完车辆后，车辆所属保险公司赔款拖欠账期竟然长达 1 年。

除保险公司的自我信息披露之外，还有一个很重要的公开数据，就是中国保险行业协会每年都会发布的保险公司法人机构经营评价结果。评价内容包括速度规模、效益质量、社会贡献三方面，财产保险公司评价指标体系由保费增长率、综合成本率、风险保障贡献度等 12 项指标构成；经营评价指标体系与服务评价指标体系、分类监管评价体系一起组成了保险公司"三位一体"监管评价体系。

数据汇总显示，自 2015 年起，连续 8 年获得经营评价 A 类的财产保险公司只有人保财险、平安产险、太保产险和阳光财险四家。保险公司在不同区域的经营状况和营业策略有所差异。值得注意的是，当某些保险公司在各个负面指标中屡屡出现时，与其合作就要多加小心了，即便是不得不合作，也得完善规则、做好防范，避免自身利益受到影响！

4.2.4　产品导入与设计

保险业务，离不开产品的导入和设计。在第一章的内容中，我们重点提及了保险产品对于客户的风险转嫁和损失补偿价值，保险是交付确定性最有代表性的案例之一。对于涉足保险业务的汽车人来说，要面对以下三个层面的产品。

1. 保险公司的产品

汽车保险产品是标准化的，对于交强险 + 商业险的组合及定价机制，绝大多数情况下都是被动接受的，但这不意味着无法采取任何营销策略，比如险种组合的推荐、涉车的非车险种推荐等。保险公司面向车主端销售的保险产品，更适合采用产品方案的选择、保额的组合和套餐的设计，如图 4-4 所示。

2. 嵌入了保险权益的汽车产品和服务产品

除了直接导入、定制及推荐保险产品，升级的产品模式是将保险产品作为汽车产品或售后服务权益的一部分。这种模式可能的产品策略有三种：一是保险权益作为购车或其他交易订单的附赠权益，例如特斯拉经常使用的"用户购买 ××× 版现车并完成交付，可享受 8000 元限时现车保险补贴"；二是保险与其他权益组合形成面向客户销售的服务权益组合产品，例如蔚来开创的"保险无忧"和"服务无忧"产品，其中包含的保险权益就包含了交强险、三责险（保额 200 万元起）、车损险、驾乘意外险（15 万元 / 座）；三是将给客户的保障权益或承诺背后的责任和风险通过向保险公司投保相应的保险产品进行转嫁。

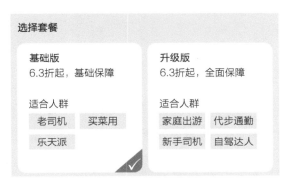

图 4-4　车险套餐方案示意图

第一种模式，保险权益成为促进销售的策略工具。后两种模式，销售（或赠送）给车主的是"蛋糕"产品，"蛋糕"里使用了保险公司提供的"奶油"。

3. 创新的保险产品和权益

与上述两个层面不同，创新的保险产品和权益，强调的是基于车主活动的场景、数据、业务闭环，发现其中的风险敞口和客户可能存在的焦虑痛点，向客户提供保险方案或者保障权益。

面向车主，保险是面向车主的预付费商业模式和产品的一种。在车主的学车、买车、开车停车、养车修车、卖车、加油充电、车辆升级等场景中，通过客户洞察、触点捕捉、技术工具入口连接，找到客户痛点情绪被放大的场景，推介定制的保险产品，是未来保险创新的机会和蓝海。

比如高速公路通行的 ETC 系统基于客户上下高速公路的刚性场景，提供高速公路行驶的意外保障和高速公路救援的费用补贴权益，基于每次上下高速公路的时间、地点、速度数据，将费用碎片化叠加在客户的高速公路通行费上，就是非常场景化的创新应用。

再比如基于智能网联车辆的在线订阅、OTA 升级、智能（辅助）驾驶等软件定义汽车的趋势，为客户提供产品责任、软件责任、安全责任的一揽子保障权益，作为背书增信，打消客户对于新产品的怀疑和对功能使用的顾虑，也是保险保障产品发挥价值的潜在空间。

4.2.5　保险服务流程设计

保险首先是一项带有金融属性的服务产品。服务的流程和体验是展示给客户的最直观、最感性的认知，也是前面所讲的组织保障、系统工具、保险公司合作、产品设计等内外部管理过程在客户交付端的最终成果体现。

客户感知的流程和体验不好，是对保险业务管理终局的判定。服务流程设计指的是针对服务组织内外部资源结构、优化配置能力等，为提高服务效率和效益而进行综合策划的活动过程。结合保险业务，建议关注以下几个关键任务。

1. 保险业务的用户体验地图

用户体验地图就是通过画一张图，用一种讲故事的方式，从一个特定用户的角度出发，记录下他与产品或者服务进行接触、探索和互动的完整过程。为什么强调用户体验地图？因为保险作为一个非主营的业务，在汽车行业的视角下，太容易被拿来主观地认为应该如何，应该怎样。用管理员视角设计产品，用领导者视角决策业务，有什么产品罗列什么，而不考虑用户需要什么的情况比比皆是。有些保险行业同仁初到汽车企业，给出的产品解决方案中，上来就把原来了解的产品或者原来想推没推动的产品，比如什么家财险，什么健康险，一股脑儿地放到汇报方案上。好的保险用户体验地图，需要包含如下关键点。

用户画像：什么样的群体？什么样的场景？面临哪些可能的风险焦虑？

用户目标：车主在什么情况下考虑通过保险保障权益转嫁风险焦虑？目的和预期是什么？

用户触点：在什么时间、什么地点、什么环节、什么情景与客户沟通上述焦虑？从接触你的服务，到实现目标之间，会跟你在产品上有哪些接触？需要在哪些地方服务用户？

使用路径：使用路径与服务触点的关系是什么？有哪些路径能与客户有更多互动从而引导客户完成交易？

情绪曲线：在整个过程中，用户的情绪是如何变化的？从用户接触你的服务开始，到达成自己的目标（或者放弃）为止，如何对其情绪进行设计和干预？

用户体验地图组合起来，对外是用户故事。对内是业务流程，因此也被称为服务设计蓝图。

2. 保险业务的用户峰终体验设计

和用户体验地图对应的另外一张图，是服务设计蓝图。用户体验地图的价值是真切地站在用户视角，审视产品是否满足了用户的目标和预期。服务设计蓝图是为了解决资源结构和角色框架的问题。

对客户来说，服务当然是越极致越好、越个性越好、越尊崇越好，但这也意味着高成本。没有任何一家汽车企业或经销商集团的保险服务，能够完成用户所有的期待。如果每一个点都达到甚至超过用户期待，甚至超过了你的资源配置，那你的资源配置一定是超级冗余的，相应的成本一定会过高。简单地说，用户体验地图是以用户情绪为中心的，而服务设计蓝图则是以服务流程为中心的。服务设计蓝图的理论提供了以下三点启发。

简单直接：产品要第一时间让用户"一眼"看到自己的目标。比如事故车的救援和修复。

清晰明了：有一个清晰的路径，让用户能够知道如何使用你的服务，用来达到或者接近自己的目标。

峰终体验：服务流程可以很长、很多，但给客户留下印象最深的往往只有两个：第一个是体验最高峰时的感觉，无论是正向的最高峰还是负向的最高峰，一定是能记得住的。第二个是结束时的感觉。这就是由 2002 诺贝尔奖得主，心理学家丹尼尔·卡尼曼提出的峰终定律（Peak-End Rule）。

比如车主的车险续保服务流程。如何通过流程设计营造差异的峰值和终值体验？奔驰、宝马、比亚迪等汽车品牌推出过"钣喷维修及保险体验日"主题的客户营销活动，邀请车主携带家人，走进透明的钣喷车间参观，解答了客户对维修过程存在的质疑，也展现了路边维修店与专业维修店的巨大差异，让信任与服务传达到每一位车主的脑海里。这是峰值。随后回归续保课堂，讲讲费改那些让人猜不透的事儿。告诉车主出险了不要慌乱，第一时间应该怎么处理。在保险知识讲座中，车主了解了保险理赔的各种技巧；在美食体验、亲子游戏和现场抽奖中，促成了续保的签单，车主感觉到了优惠和差异化。这是终值。

3. 保险业务的用户成长和激励机制

业界普遍有个认知，车主的保险是没有忠诚度可言的。没有保险公司的忠诚度，也没有续保渠道的忠诚度，更没有维修服务商的忠诚度。在产品完全同质化，权益"卷"到无上限的竞争业态下，车主，特别是出险少的客户，对于保险公司的感知往往是谁优惠选谁。即便是今年选择了，一年之后的续保也毫无黏性可言，报价周期内当然会找最"便宜"的渠道和保险公司。

产品无差异、费用定输赢的情况下，如何设计服务流程和成长机制，建立客户留存的差异化权益和退出的机会成本壁垒，是保险业务管理需要考虑的问题。

比如针对事故出险多的客户和维修产值高的"售后高价值"客户，如何设计差异化权益，补贴其事故出险保费上浮的成本，是汽车业过去未曾涉及但不容忽视的策略。

比如针对售后在修，但当前保单非体系内签单（在修不在保）的客户，如何提供针对性权益（例如出险代步车、维修减值补偿），引导其在感知店内服务体验的同时，通过服务权益、车主会员等形式完成筛选和付费，提前预埋车险到期后的续保"钩子"，为新拓客户续保打下基础。

比如针对多年期连续续保用户、家庭多辆车的用户，在保险公司无法给出"量多优惠"的情况下，通过售后维保养车权益的组合，将续保纳入积分成长体系，引导客户复购权益累积、家庭裂变、熟人裂变。

再比如蔚来将车险纳入其用户无忧套餐体系，通过套餐的续费代替了车险的续保，同时对于套餐的内容加以设计，给客户发放的增值服务券若到期未用完，可以按照约定的比例进行积分回购，从而实现其官方宣传的连续 5 年达到 54% 的客户续费率。

汽车业的保险业务管理，一直在路上。

扩展 **08**　新能源时代保险事故车业务逻辑的再审视

保险事故车业务的底层逻辑，是借助场景和保险交易撮合机会的车商，与寻求汽车保险的保险公司间的资源互换互惠。为什么要重视保险业务？通常会涉及如下的业务逻辑：

更多的保费 = 更多的事故车送修 = 更多的事故车维修产值 =
更多的配件销售金额

过去十几年中，得益于汽车市场的增长红利，汽车保险业务也收获了高速增长期。规模的增加带来了边际收益的增加和边际成本的降低。即便配件价格、工时费标准逐年升高，在规模增长的带动下，保险行业也默默接受，并且将事故车资源和产值推向了与"车商"博弈更多保费规模和份额。

近年来，"自律""报行合一""明折实扣"等佣金手续费领域的概念陆续强化了保险公司收紧费用的导向，同质配件、再制造配件、非 4S 店渠道送修、差异化渠道定损折扣、以修代换等定损理赔端的控赔降本操作越来越明显，围绕事故维修的摩擦不断出现。

随着新能源汽车的渗透率提高，面对新材料、新技术和新模式下的新能源汽车售后维修，电池的修换定损、一体化车身的零整比、智能网联设备的垄断、钣喷之外直营维修的渠道，都大大推高了保险公司的新能源汽车理赔成本。保险公司面对新能源汽车保险出现了三种应对方式：要么抬高保费，要么挑选业务或挑选客户，要么干脆不做业务，可概括为加保、挑客、拒保。

对于汽车行业来说，原有的保险事故车业务逻辑，需要加以重新思考和审视。

保险事故车业务的基本框架

为了不再赘述前文内容，本节内容整理了保险事故车业务的概要逻辑，如图4-5所示。图中来自汽车和保险两个行业的双方合作的关键连接点，聚焦在了"保费"。保费如何来？从业务维度上说，保费拆分为了承保辆次和车均保费，即量和价！

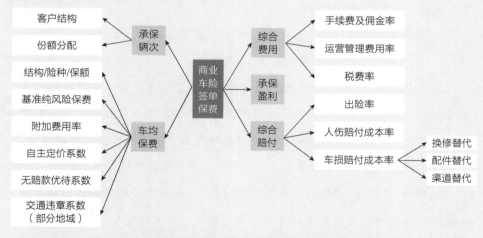

图4-5　商业车险收入成本费用影响因素框架示意图（满期视角）

量的视角，受制于客户基盘的规模、份额比例的分配。价的视角，有保单价格的影响因子，比如基准纯风险保费、附加费用率和调整系数。其中，基准纯风险保费、无赔款优待系数和交通违章系数目前属于行业统一的查询返回结果，而附加费用率和自主定价系数属于保险公司可调整的因子。对于汽车行业来说，能够影响到保费的只能是承保辆次中客户结构（最明显的是车价的高低影响车损险保额的大小）、投保的险种组合和保额。

承保辆次中的份额分配、客户结构，以及投保方案，决定了汽车视角的保费高低，也直接关系到与保险公司合作竞争的"筹码"。

保险业务收入 ＝ 保费费用收入 ＋ 事故车维修赔款赔付收入

＝ 保费 × 渠道费用率 ＋ 保费 × 保费事故车送修比

＝ 承保辆次 × 车均保费 ×（保险公司渠道费用率 ＋ 保费事故车送修比）

切换到保险公司视角，收到保费，是保险公司商业交易游戏的开始。保费是保险公司的主营业务收入。对于汽车保险业务来说，想要承保盈利，需要保证的是综合费用和综合赔付构成的综合成本 ＜ 100%。

保险公司收入 ＝ 承保辆次 × 车均保费

保险公司承保利润 ＝ 保费 － 综合成本 ＝ 保费 －（综合费用 ＋ 综合赔付）

＝ 保费 ×（1－ 综合费用率 － 综合赔付率）

综合费用 ＝ 保险公司渠道费用 ＋ 保险公司其他费用 ＝ 手续费及佣金 ＋

营销费用 ＋ 保险公司其他费用

综合赔付 ＝ 人伤赔付成本 ＋ 车辆损伤赔付 ＋ 其他理赔成本

保费事故车送修比 ＝ 保费金额 / 车辆损伤赔付

保险，作为一个具有金融杠杆属性的服务权益商品，不存在存货成本和库存风险，保险公司发现综合成本率接近甚至超过 100%，相比汽车制造和流通行业，可以更快速、灵活地决策是否继续经营。除了考虑保费资本收益和维持运营以外，保险行业不需要考虑"清仓甩卖"和资金成本。

保险行业为了增长和规模，有时也会不惜牺牲承保盈利。由于保险的保单价格的调整受到行业监管和内部风控的约束，波动范围和幅度受限，因此，保险公司的业务竞争更多体现在上述提及的获客成本上。业务费用和赔付成本构成获客成本，这是汽车人理解保险行业的业务策略的关键。

无论是支付的费用、还是推送修事故车支付的赔款，在于汽车行业保费事故车合作的逻辑中，都属于保险公司获取保费的"获客成本"。综合费用，是销售费用和管理费用的视角，对外是竞争优势、对内是管理效率。综合赔付中的车损赔付金额，于保险公司是成本支出，于车商则是事故车维修产值。合作的双方，共同面对100元保费，车商一方的收益几乎等同于保险一方的获客成本。车商一方想要增加保险事故车的收益，比如提高手续费、扩大事故车产值。

支付成本的一方，接受成本高低的关键因素有两个：要么牺牲利润水平换取更高规模，要么控制成本维持利润。在汽车市场连年高速增长，保费蛋糕随之越做越大的增量时代，成本的上涨幅度只要低于保费规模增长幅度，高成本也能被接受。

汽车品牌企业连年调整的配件"光盘价格"和服务工时费标准，不断靠研发和技术推高的配件"零整比"，保险公司对此不是无动于衷。保险公司一方面将事故车赔款当作了换取更多保费的"资源"，另一方面也从来没有减少过控制赔付成本的努力。除了通过无赔款优待系数影响整体的出险率、通过车主评分给予差异化核保政策之外，还有图4-5中提及的对于控制车损赔付成本率的三个替代：车辆损伤修复和赔款方式的替代（换修替代）、配件来源和定损价格的替代（配件替代）、不同成本维修服务商的渠道替代（渠道替代）。

对于传统燃油汽车的保险业务，保险行业的风险识别、精算、定价、成本控制相对成熟，与汽车行业的博弈往往体现在保费收益和获客成本的边际比较分析上。

保险公司汽车保险业务的边际分析

边际分析法是微观经济学的一个术语和经济分析方法，是把追加的支出和追加的收入相比较，二者相等时为临界点，也就是投入的资金所得到的利益与输出损失相等时的点。如果组织的目标是取得最大利润，那么当追加的收入和追加的支出相等时，这一目标就能达到。

看似非常复杂，实际上边际即"额外的""追加"的意思，指处在边缘上的"已经追加上的最后一个单位"，或"可能追加的下一个单位"，属于导数和微分的概念。

边际分析的基本逻辑基于两个概念：

边际收益指的是每增加一张保单获得的收益，记为 MR，边际收益＝销售收入－变动成本；

边际成本指的是每增加一件保单增加的成本，记为 MC，业务利润＝边际收益－固定成本。

当边际收益大于边际成本时，供应商增加一单位产量获得的收益大于付出的成本，所以企业增加产量是有利的，总利润会随之增加，如图4-6所示。利润最大化的一个必要条件是边际收益等于边际成本。反之，若边际收益小于边际成本，则应该停止生产（否则生产越多亏越多）。

具体到汽车保险市场，供应商主体多，产品相对标准化（不完全同质），行业集中度高，一定程度可以视作较为典型的"寡头竞争市场"。下面以一个最简

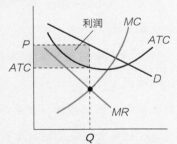

图 4-6　边际收益大于边际成本，企业盈利，追求规模扩大

P—价格　ATC—平均成本　D—需求

单的例子作为参考。

假如保险公司为获取 100 元车险保费，需要支付 30 元的销售费用和 55 元的赔付成本，此时保险公司扣除 10 元的运营成本和其他费用后，可以剩余 5 元的承保利润。保险公司在有利可图的情况下，就会选择寻求保费收入的增长或者降低运营成本和其他费用，被称为利润最大化。

由于市场有竞争，因此，需要追加获客成本投入。假如追加投入 1 元获客成本，可以获取 1.5 元的边际保费收益增加，则保险公司愿意选择持续追加费用，或者将事故车维修资源送到高赔付成本的"原厂"维修渠道，以换取保费收入。此时，$MR > MC$。

直到边际成本与边际收益相同时，$MR = MC$。

如果市场中出现了突发变量和因素，使得获取保费的边际成本增加，而边际收益递减甚至为负数，那么保险公司则会果断采取措施，不再简单地寻求规模的增加，此时 $MR < MC$。

监管对于偿付能力的要求，和保险公司的经营模式并无沉没成本（比如汽车行业的库存），使得保险公司可以更方便地选择"拒保"，而无须"清仓大甩卖"。

新能源汽车保费贵、投保难：一味转嫁维修成本的保险事故车业务对汽车企业的反噬

新能源汽车的出现，从各个方面冲击了原有的保险事故车业务商业逻辑。燃油汽车时代，汽车是机械制造的耐用消费品，产品一旦售出，除去产品质保或者召回问题外，企业与消费者基本处于"失联"状态，再加上传统的汽车授权销售服务下批发零售的业务模式，呈现出"信息不对称、B-C 割裂、渠道为王"的特征（曾鸣教授《智能商业 20 讲》）。车险从风险定价和赔付成本角度，发生了新的变化，导致原有的业务逻辑和精算体系没有及时

跟上新能源汽车风险敞口的变化和迭代,具体表现在以下几个方面。

基准纯风险保费:保险公司为支付预期的保险赔偿金收取的保费。现行的基准纯风险保费按照车型和承保地区条线查询,返回结果。常规考虑因子有从车、从人和部分行驶因子。其中,从车因子多会考虑不同车型特征,并根据车辆驾驶数据,进行针对独立车型的风险分析。新能源汽车处于起步并蓬勃发展的阶段,新车型数量众多且影响力大,上市时间较短、数据积累不充分,使保险行业分析定价因子时缺乏最有力的数据支撑,显著提高了针对各车型及时准确估算风险成本的难度。

出险率:新能源汽车的出险率一方面影响到基准纯风险保费,另一方面通过无赔款优待系数调整具体承保车辆的保费浮动。

定损标准:意外交通事故或自然灾害导致的车辆损伤,是否可修复、修复多大范围、损失修复方式(维修还是更换)、工时标准等缺乏成熟定损标准和体系支撑,单纯依据原厂维修标准和配件工时价格体系,企业获益的同时,直接抬高了定损额度。

车辆零整比:由于新材料和新技术的应用,企业在降低制造成本的同时提高了车辆的零配件价格。比如一体化压铸车身、车身一体化电池等。车辆即便是部分细节部分受损,往往也会面临一体化部件直接更换,这对于车辆的零整比构成了极大冲击。

维修经济性:维修经济性与维修成本直接相关。维修成本 = 碰撞事故发生的可能性 × 碰撞损失程度 × 车辆零整比 × 修复渠道可替代性。可能性是宏观概率,但也与个人操作习惯和车辆智能程度有关(比如自动泊车和辅助驾驶)。损失程度与车辆设计和制造直接相关,比如电池包的更换或一体化车身直接关系到定损程度。车辆零整比简单说就是整车所有装车配件价格与整车定价的比例,这是材料成本价格。修复渠道可替代性是说除了原厂售后渠道，是否有其他可选的服务商，替代选择越多，价格就越低。

保险公司面对新能源汽车迅猛增长的趋势，一方面，不得不调整方向甚至交出"学费"开展新能源汽车的保险业务；另一方面，由于数据获取、精算定价、业务逻辑和监管约束，出险率高、赔付成本高的难题短期内无法改变。

对于汽车后市场从业者来说，原有的更多保费、更多的事故车产值、更多的配件的业务逻辑在新能源汽车的业务上，遇到了新的挑战。当保险公司预期的承保利润为负，并且短期内无法对产品定价和业务逻辑做出调整的情况下，出于风险厌恶的角度，会选择不再与汽车行业进行"保费事故车"的对价游戏。

一味地抬高原厂零配件价格和工时标准，一味追求配件一体化集成程度，一味在零部件维修更换标准上"强势"，一味寄希望于保险公司对于新能源汽车的售后维修全额"买单"，短期内可以寻求特定的售后产值和配件机会。长期来看，保险公司面对亏损的预期，和无法照单全收的事故车赔付博弈，会出于自身利益做出"理性决策"。

当保险公司做出挑选客户甚至"拒保"的选择时，意味着其对于特定品牌和特定类型车主的风险经营已经缺乏商业信心。此时，一厢情愿地寻求保险公司的"谅解"甚至是"同情"，无法取代承保亏损的考核，也不符合基本商业逻辑。

降低维修成本，技术进步最大的受益方应该是车主

维修技术壁垒、造车工艺壁垒、维修渠道壁垒，直接关系上是将售后维修产值和配件利润转嫁给保险公司，实际上最终的买单方仍然是"车主"。

保险公司要么抬高保费，要么直接拒保，让车主为最终的高维修成本付出代价。而车主最终也会因为受到"保险公司歧视"将压力反馈给汽车企业或者经销商。

新能源汽车对于传统燃油汽车行业来说，是弯道超车和技术进步。新技术、新工艺、新材料的应用，最大的价值应该也必须是带给消费者更多益处。这一点，领先的汽车企业已经看到，并且呼吁降低维修成本。

比如，在小米的汽车技术发布会上，解读一体化压铸的技术和优势的同时提到了维修成本的痛点："采用三段式可维修设计：一体压铸后地板＋中高速溃缩区＋低速溃缩区。中低速碰撞中，无需更换大压铸件……"

燃油汽车时代，汽车行业与保险行业关于"保费换送修"的默契，一方面得益于成熟行业的经验和数据，另一方面来源于汽车行业的增长红利抵消了保险行业对于赔付成本和承保盈利的压力。保险公司基于有利可图的前提，选择接受高边际成本换取高边际收益。当汽车赛道进入到新能源时代，保险原有的经验数据、定价体系、产品逻辑短期内难以适配，同时，汽车行业在维修标准、配件价格、维修渠道等方面一时的"垄断红利"，使得保险公司承受盈利阵痛。保险公司选择"风险厌恶"，汽车行业原有的保险事故车逻辑面临失灵。

保险行业买单事故维修金额的前提是"有利可图"，如何降低车辆维修成本、如何使客户的事故风险得到合理的对价保障，是汽车行业思维模式的转变，更是技术进步对客户最大的价值输出。

汽车保险，是汽车业务的下游，但也在商言商。

保险创新篇

第5章 保险思维与业务逻辑

5.1 风险思维与保险利益

风险思维之一：拥抱不确定

无论如何，我们都不可能做到对信息的完全掌握，如果我们始终处于片面或者局部的认知状态中，那么确定性就是相对的。用人们通常说的一句话叫：唯一不变的是变化本身。佛法上曰：诸行无常。

确定性是按照预期，不出意外，反之就是不确定性。比"不确定性"四个字更重要的，是"承担"，是"拥抱"。对于实体行业来讲，库存风险、客户流失风险都是风险。虽然不是都可以通过保险产品去转嫁或外包，但对于如何应对风险，甚至升级到如何经营风险，无疑保险行业和保险产品这样的专业选手有很多经验可以借鉴。

风险思维之二：防患于未然

胡适先生曾对保险有过精辟论述：保险（原文为保寿）的意义，只是今天作明天的准备；生时作死时的准备；父母作儿女的准备；儿女幼时做儿女长大时的准备；如此而已。今天预备明天，这是真稳健；生时预备死时，这是真豁达；父母预备儿女，这是真慈爱。

"讳疾忌医"这个成语的主人公扁鹊，还有另外一个"上医治未病"故事。有一次魏文王问扁鹊："你们家兄弟三人都行医，到底哪一位医术最好呢？"扁鹊说："大哥医术最高，二哥其次，我最差。"魏文王紧接着又问道："那为什么你在兄弟三人当中是最出名的呢？"扁鹊回答道："我大哥治病，可以防患于未然，在一个人的病未起之时，他一望气色便知，然后用药将其调理好，所以天下人都以为他不会治病，他便一点名气都没有。我二哥治病，是在疾病初起之时便药到病除，所以我二哥的名气仅止于乡里，被人认为是治小病的医生。而我治病，都是在病情十分严重之时，他们看到我在经脉上穿针放血，在皮肤上敷药，用麻药让人昏迷，做的都是些不可思议的大手术，大家便自然以为我的医术高明，因此名气响遍全国，远远大于我的两位哥哥。"

在我国古代，防患未然这一素朴的思想早已有之：

《周易·象传下·既济》："君子以思患而豫防之"

《尚书·说命》中篇："惟事事，乃其有备，有备无患"

《贞观政要·纳谏》魏征："备豫不虞，为国常道"

《乐府诗集·君子行》有诗："君子防未然""弭灾忧患前"

防患未然的思想也酝酿于医学的实践发展中。1972 年诺贝尔经济学奖得主肯尼斯·阿罗，在其 1963 年发表的论文《不确定性和医疗保健的福利经济学》中指出，医疗服务的特殊性源于其普遍存在的不确定性。最高明的医术是治未病。防患于未然在医术中难，现实中更难。

风险思维之三：损有余补不足

英国女王伊丽莎白一世曾在诏书中对保险作了如下表述：保险是将损害由少数人的重负担变成多数人的轻负担。这一古典定义高度概括了保险的特定含义，至今仍为世界各国保险界所认同。

重疾险是由南非心脏外科医生马里尤斯·伯纳德发明的，他也是世界首例心脏移植手术的实施者。他拯救了大批的重病患者，但病人在后期康复中不断地念叨一件事，就是钱。这使得伯纳德医生发现，这些人虽然活了下来，却在财务上

"死"了。由此他得出结论，大家都需要保险，不光因为人人都会死，还因为我们都要好好地活着。1983年，他成功了，重疾险产品大受欢迎，福泽广布。

《道德经》里说"天之道，损有余而补不足"。营丰补歉，是风险思维之三。

风险思维之四：胜向险中求

保险公司开发保险产品，汇集投保人的风险，将其进行定价并收取保费，从而获得可能的承保利润以及投资收益。从这个角度来讲，保险公司业务的性质可以概括为四个字：经营风险。

保险干的就是"冒险"的生意。对于单个个体来讲，也许是风险的事情，但对具备更高信息和认知的其他方来讲，往往也是产品和商业模式创新的机会。风险对于个体是不确定的、随机的，但对于群体是有可能找到稳定性和规律性的。在电子商务场景订单退换货运费险的案例中，每个订单、每个客户的退货概率是不确定的，但是随着数据量的不断积累，每个商家的产品质量、客户评价和退单数据就成了相对确定的概率。因此，基于每个商户的退货概率，就可以给予其不同的退货运费险的保费定价。

凯斯基金会的首席执行官吉恩·凯斯有一句名言：不冒险，也是一种风险。《三国志·吕蒙传》里说，不入虎穴，焉得虎子。西点军校每位学员都有这样的冒险意识：无论做什么事，勇于冒险，都是达到成功所必需和最重要的因素。毕业于西点军校的威廉·富兰克林说过这样一句话："年轻人要接受困难，勇于冒险。要求永远不犯错，正是什么也做不成的原因。"

5.2 概率思维与规模效应

天气预报里说明天降水概率为70%，怎么理解？是70%的面积下雨？70%的时间下雨？还是30%的可能不下雨？好像都不是，因为下雨与否只有两种结果。实际上，70% 降水概率的意思是根据气象观测的各种参数，在过去有数据记录的和明天最为接近的 100 天里，其中有 70 天有过降雨记录。

所有对概率的讲解都会从抛硬币的案例开始。无论是硬币哪一面朝上，还是骰子任意一个数字朝上，我们都无法准确地预判，但是我们很容易得出一个结论，即前者的概率是 1/2，而后者的概率是 1/6。这在我们看来是个基础的常识，但是就是抛硬币这样一个问题，就有好多数学家真的认认真真地不断抛出并记录，目前抛出次数最多的一个记录是一位叫弗谢沃洛德·叶瓦诺维奇·罗曼诺夫斯基的外国老爷子完成的，他抛了多少次呢？ 80640 次，其中正面次数 39699次，正面朝上的概率约为 49.23%。历史上的数学家掷硬币试验的数据见表 5-1。

表 5-1　历史上的数学家掷硬币试验的数据统计表

实验者	抛硬币总次数	正面朝上次数	反面朝上次数
德·摩根	4092	2048	2044
蒲丰	4040	2048	1992
费勒	10000	4979	5021
皮尔逊	24000	12012	11988
罗曼若夫斯基	80640	39699	40941

《刘嘉概率论通识讲义》的作者刘嘉老师，深入浅出地对于概率进行了通俗解读。在他的书中提到：**概率的本质是把局部的随机性转变为整体的确定性**。比如掷骰子能不能掷到 6 个点朝上，这是随机的，但是随着掷骰子次数的增多，正常情况下总有 1/6 的机会得到 6 个点朝上的结果。

保险是如何应用概率思维的？比如车辆遇到交通事故，是一个随机事件，随着随机事件发生次数的增多，就可以逐步了解到车辆交通事故的一些概率的分布。再比如酒驾后发生事故的概率会增大、高速公路上行驶速度越快事故损失的程度越严重、不同品牌车辆出现碰撞事故后的维修成本有差异等。保险公司首先将现实问题准确地转换为可衡量的数字，比如交通事故发生率、报案出险率（小额事故会存在不报案的情况）、车辆零整比（车辆零件价格之和占新车销售价格的比例）等，然后通过精确计算出险的概率，来设计保险产品并对其定价。

保险公司经营风险也是在下"赌"，赌什么？赌客户交保费然后不申请理赔的概率。赔付的概率控制得够精准，他们的生意也就越有钱可赚。但这不是闭眼乱赌，而是应用了概率。客户向保险公司投保的事件必须符合三个基本前提条件：**事件的概率性、概率的不相关性和概率的独立性。**

对于非保险专业人士的汽车行业同仁来说，学习概率思维并不是要求都去研究概率知识和精算定价，而是从保险基于概率应对和经营风险的过程中寻找启发，比如以下启发作用。

概率可以帮助洞察趋势。比如当汽车被发明后，一个生产马鞭的公司生产的皮鞭再精美，也终究会被淘汰。比如当新能源汽车被定义后，原本内燃机时代的百公里加速指标再优化，也终究会被电机所超越。

概率可以帮助做出选择。比如对于电子商务退货运费险，仔细观察会发现它的价格是不断变化的。同样一件商品，可能你的退货运费险的价格是8毛钱，而你女朋友的退货运费险的价格是2块钱。价格根据某个人，买某家店，某个商品可能退货的概率而自动得出，再根据此次订单退货与否，自动调整下一次退货运费险的价格。

概率可以提供"避坑"指南。1940年，在和德国的空战中，英国损失了不少轰炸机和飞行员。当时英国军部的一大课题就是在轰炸机的哪个部位装上更厚的装甲，可以提高飞机的防御能力。英国军方为此研究了那些从欧洲大陆空战中飞回来的轰炸机。经过统计，飞机上被打到的弹孔主要集中在机身中央，两侧的机翼和尾翼部分。因此，有研究人员提议在上述三个弹孔最密集的部分加上装甲。这一建议被美国军队统计研究部的统计学家亚伯拉罕·瓦尔德否决。他指出，这些百孔千疮的轰炸机是从战场上成功飞回来的"幸存者"，因此，它们机身上的弹孔对于飞机来说算不上致命。要想救那些轰炸机飞行员的性命，更正确的方法应该是去研究那些被打中并坠毁的轰炸机。只有研究那些没有成功返航的"倒霉蛋"，才能找到这些飞机最脆弱的地方并用装甲加强。

概率可以引导寻求复利。假设一张厚0.4mm的普通纸张足够大，将其对折，再对折，如此重复对折 64 次，大概会有多高？答案是 7378697629 万 km。这是什么概念？地球到月球的距离，才 38.4 万 km。这就是复利思维的力量。爱因斯坦曾经说"世界上最强大的力量不是原子弹，而是复利 + 时间"。

运用概率论的思考方式是这样的：过去每件事情的结果，仅仅是众多可能结果中的一个，所以我们不能依照结果来推测这件事情本来的面目，即做这件事情到底是好是坏。但是我们可以做大概率事件，这样有助于成功。这就是我们要为大概率事情坚持，为小概率事情备份。如果我们知道会有犯错的概率，比如股票的亏损、风险的损失，要么我们选择"割肉"离场，要么硬抗损失。但是有了复利思维，你就知道，真正的收益在于长期的过程中对抗犯错的概率和影响。复利的本质是对抗出错的概率。

概率思维的并行产物：规模效应。概率不是预测某个个体是否发生某件事情，而是基于经验数据的整体特征去描绘不确定性。最简单的概率模型可拆解为两个变量：分子和分母。概率准确发挥作用的前提是样本量足够大，也就是规模问题。

保险的概率思维，一方面是想办法增加分母，然后适当控制分子，从而降低保险的"赔付率"。另一方面是更大的业务规模才可以支撑更高的间接费用和运营成本。概率思维之于保险，是不寻求在个体身上实现利润最大化，而是汇聚越多越好的同质风险，通过分摊实现互助。简单说就是承保的保单越多，保费规模越大，承接风险和给予偿付的能力就越强。

5.3　杠杆思维与大数法则

"给我一个支点，我就能撬起整个地球"，这句话相传是出自古希腊物理学家阿基米德（Archimedes），通常被用来解释杠杆。保险行业和保险产品所提供的保障权益，也是杠杆。这里的杠杆有以下两层理解。

其一是保额保费之比。客户支付保费，购买到一张保单，保单上载明了承保的险种类型和保额。比如汽车保险里的车辆损失险，就有明确的基于车辆价值和自然折旧情况计算出的保额。对于客户来说，花小钱、办大事，就是保险产品的第一层杠杆。这一层次的杠杆假设人们对于风险发生概率和损失程度的预期。保额保费比的杠杆，是保险客户消费心理的"决策杠杆"。

其二是保费赔付额之比。对于出险的被保险人来说，保险的杠杆是损失补偿。保费与赔付金额，就是伊丽莎白女王诏书上提到的少数人的轻负担和多数人的重负担。对于蒙受损失的个体来讲，用当初的保费换来损失补偿的金额，损失是支点，保险就是杠杆。

杠杆发挥作用的大小取决于保单数量大小和保费规模的多少。客户为什么需要通过保险转嫁风险？因为保费和保额之间给了杠杆。

概率思维和杠杆思维的关键：大数法则。抛硬币的频率分布解释了最简单的概率问题。频率法在试验中得到验证并得到了数学上的证明，给人们用某一件事已经发生的频率去预测它未来发生的概率提供了启发和信心，也使人们有了通过历史经验预测未来的可能。大数法则（也称"大数定律"）就成为打开整体确定性大门的钥匙，首先看到这把钥匙影子的就是雅各布·伯努利（Jakob Bernoulli）。

1704 年，雅各布·伯努利曾在信中向伟大的数学家、微积分的发明者戈特弗里德·威廉·莱布尼茨（Gottfried Wilhelm Leibniz）解释了两遍概率论的概念。他认为，"概率是确定的程度和当局部偏离整体时偏离绝对确定性的偏离程度。"伯努利的论证如今被称为大数法则，或者大数定律。1705 年，他曾这样说道："在类似条件下，一件事情未来发生（或不发生）的频率将会与过去得出的情况保持一致。"后来，伯努利的这一结论被人们称为"弱大数定律"，20 世纪，苏联科学家安德雷·柯尔洛格莫夫（А. Н. Колмого́ров）在上述基础上，证明了随着数据越来越多，频率最终一定会接近真实的概率。他将可行性论证为了一定，因此其理论被称为"强大数定律"。

大数定律反映了这个世界的一个基本规律：在一个包含众多个体的大群体中，由于偶然性而产生的个体差异，着眼在一个个的个体上看，是杂乱无章、毫无规律、难以预测的，但由于大数定律的作用，整个群体却能呈现某种稳定的形态。简单说：**大数法则证明了整体的确定性。**

保险是充分借助于大数法则而存在的一个非常典型的例子。用大多数人的轻负担代替了少数人的重负担，从而实现了大量同质风险的共同负担。同样，一些预付费性质的权益产品，也是借助了大数法则的原理。比如各大付费会员、健身卡、规定期限内号称"无限次"的洗车卡、代驾服务、道路救援服务，还有被业界奉为零售神话的连锁会员制超市 Costco，办了会员有优惠价，但是必须把会员年费交了才卖东西给你。这些案例之所以能实现，一方面需要足够大的客户基盘数据，另外一方面就是大数法则在发挥作用，可以帮助产品开发者识别出潜在的最可能的兑付成本的概率。

5.4　分摊思维与损失补偿

保险为什么能实现风险的互助？为什么能实现保费和保额的杠杆？为什么能独立于进销差逻辑建立基于概率的盈利逻辑？答案或许就是分摊思维。

分摊，就是分担和承担。分摊并不是保险专属的，在每个主体的财务管理领域都非常常见，比如成本的分摊、费用的分摊等。之所以分摊，是因为存在"共同"成本或费用无法核算到某一具体的单位对象。内部经营视角的分摊可以有两种应用情形：一种是投入往往会让许多项目受益，在确定收益时将该投入在这些项目之间进行合理分摊而形成的成本，比如日常和行政开支。另一种是个体无法核算盈亏，或者存在规模效应，不同规模导致的盈亏结果不同，需要基于总体的收入、成本和费用进行回溯和汇总核算。保险就是如此。

保险领域中，分摊原则是一种常见的风险管理方法，旨在将风险因素分散到多个参与者中，以减轻单一参与者的风险承担压力。在汽车保险中，保险公司会把所有参与者的保费汇集起来，然后按照一定比例进行风险分摊，确保每个参与者都能够获得相应的保障服务，避免因意外交通事故或自然灾害问题而带来巨大的经济负担。

分摊思维不仅能够将风险分散到不同的参与者中，从而减轻单个参与者的风险承担压力，还可以实现成本共享，防止因某一方面的风险而造成巨大的经济损失，从而起到成本节约的作用。保险分摊的过程和结果实现了风险的公平分配，符合社会公正的要求，同时，分摊的原则能够激发参与者主动避免风险的行为，从而减少风险事件的发生。

分摊思维本身是概率思维的一种延伸和应用，其商业落地本身并无好坏褒贬之分。前些年的网络互助、"赏月险"等各种被叫停的保障保险形式，其本质都是利用了先汇聚再分摊的原则。但保险思维的出发点是基于风险损失的补偿，而非博弈概率分摊获利。

保险分摊的前提是损失补偿，而非投机获利。损失补偿原则是被保险人在保险合同所约定的危险事故发生之后，对其所遭受的实际损失或损害，可以获得充分的补偿。保险的分摊补偿，要求保险人的赔付以投保时约定的保险金额（保险人的最高赔偿限额）为限，而且保险金额不得超过保险标的的实际价值，超过保险金额的损失，保险人不予赔偿。

损失补偿原则的基本含义有三层限制：以实际损失为限、以保险金额为限、以保险利益为限。损失补偿，首先，要有真实发生的风险和损失，其次，要在损失范围和保险金额范围内提供补偿，再次，要防止道德风险的产生，减少甚至规避不当得利，最后，损失补偿原则的质的规定和量的限定都是保险基本职能的具体反映。

保险的损失补偿原则在财产保险领域体现得最为直接。对于同一保险标的，即便投保多份保险，也不支持获得重复理赔，而是基于风险交割的原则予以分别赔偿。比如对于交通事故造成的第三者财产或人身损失，《中华人民共和国民法典》第一千二百一十三条规定：机动车发生交通事故造成损害，属于该机动车一方责任的，先由承保机动车强制保险的保险人在强制保险责任限额范围内予以赔偿；不足部分，由承保机动车商业保险的保险人按照保险合同的约定予以赔偿……

对于汽车行业从业者来说，习惯了以保险公司赔款作为维修产值的来源，会滋生通过"保险理赔"扩大产值的念头，扩损、骗保等行为屡有发生，这不仅违背保险原则，更是违法。

5.5　场景思维与近因原则

场景无处不在，人们的一切行为都发生在一定的时间、空间内，以及一定的人物关系中，消费行为也同样如此。很多时候，正是某种特定的场景，才触发了用户的消费心理，进而影响某种消费行为。

传统的商业模式下，关于人、货、场的论述有关于"场域"的理解，但更多地从场所、空间的视角，将场和人分离开来。比如对于汽车，提及往往是 4S 店、商超展厅、二手车市场等。对于汽车的保险，人们谈到的就是包含了交强险和商业险的一张保单。

对意外交通事故、地震台风等自然灾害、车辆盗窃盗抢、车辆自燃自爆等的保险，都是聚焦具体的场景中产生的潜在风险，经过采集数据、建模精算、条款报审、承保设计，然后面向市场和客户进行销售。近些年在汽车领域的保险创新产品，比如高速公路驾乘意外险、车辆自动泊车责任险等都是基于用户特定的用车场景进行产品设计和开发的。无场景，无保险。

保险产品的销售依赖于某种场景连接。传统的经典保险需求理论认为，绝大多数人都是风险厌恶的，进而愿意在公平保费基础上支付风险厌恶溢价，进而愿意以市场价（公平保费 + 风险溢价可覆盖的附加保费）购买保险。郭振华教授在

《行为保险经济学》一书中提出，真正影响保障性保险需求的关键因素或第一大变量，是风险判断偏差，而不是风险态度（不管是什么风险态度：风险厌恶、损失厌恶、损失域的风险喜好等）。消费者不可能知道也不可能计算出自己所面临风险的发生概率，只能依赖自己的经验去推断，推断出来的主观概率与客观统计概率之间的差距才是风险判断偏差。

有没有保险需求？什么样的保障方案合适？客户都是主观的感性认知和情绪决策的。这种情况下，基于场景思维的洞察和影响，就成为保险营销可能的机会点。举一个碎屏险的案例，什么样的客户认为自己需要并且会主动购买一个手机碎屏险？很多客户可能自己都摇头。按照过去的逻辑，卖碎屏险客户群体最大的应该是手机销量最多的品牌，应提高该品牌用户的渗透率。但是互联网平台的大数据洞察到了新的碎屏险的"有趣"场景：买牛仔裤的群体更容易成功被推送的碎屏险产品链接转化。不谈统计和精算上的概率意义，简单想象一下穿牛仔裤的人，口袋较浅，手机放置其中掉落然后碎屏的场景，大致就能主观推测出购买牛仔裤的客户在看到手机碎屏险信息的那一刻的主观风险判断大致会是：穿牛仔裤，手机还是需要一个碎屏险的。再比如针对驾车导航去机场或高铁站的用户，推送航班延误险或者出行意外保障等，也是在进入智能互联时代衍生的新场景中诞生的。

这里留一个讨论思考：与手机碎屏险类似的汽车延保产品，可以面向哪些用车场景聚焦设计方案？可以营造什么样的场景促使客户对于延保风险的感知度提高？可以通过哪些关联场景找到潜在销售的"有趣"场景"？

保险讲究近因原则。某种特定的场景触发了客户对于风险的感知，其中的影响因素是多方面的，有直接的出险经历，也有其他人的风险警示；有直接损失，也有间接影响。但是保险产品设计，应在保险利益和损失补偿的原则下只认直接损失。这就是近因原则。

近因，是指在风险和损失之间，导致损失的最直接、最有效、起决定作用的原因，而不是指时间上或空间上最接近的原因。近因原则指造成损失是由保险合同中约定的保险事故导致的，且约定保险事故对造成损失有最为直接、最为关键的影响。近因原则是保险法的基本原则之一。

车险中的近因原则也非常常见，一方面，在车险产品的保险条款中，对于被保险机动车发生意外事故，致使任何单位或个人停业、停驶、停电、停水、停气、停产、通信或网络中断、电压变化、数据丢失造成的损失以及其他各种间接损失进行了责任免除。另一方面，在交通意外事故损失的查勘和判定上，也不承担由于车辆事故造成的折旧、精神损失等间接费用（单独投保相关附加险种的触发）。

保险价值来源于风险场景，但保险按照直接、关键影响原因提供损失补偿。这是保险的场景思维和近因原则。

5.6　射幸思维与合同负债

"射幸"一词古已有之，《三国志·蜀志·谯周传》谚曰："射幸数跌，不如审发。"意思是说，侥幸求利而多次失败，不如审慎从事而一举成功。"射幸"体现了侥幸的意思。《牛津字典》给"射幸"下了这样的定义："取决于死亡的降临；因此，取决于不确定的偶然性。"

射幸行为，是指以他人的损失而受偶然利益之行为，如保险、赌博和近年来流行一时的"盲盒"等。射幸合同是指当事人一方是否履行义务有赖于偶然事件出现的一种合同。这种合同的效果在于订约时带有不确定性。《法国民法典》中有规定："当事人各方根据不确定的事件而在取得利益或遭受损失方面存在偶然性时，此种契约被称为射幸契约。"例如保险合同是射幸合同的一种，在合同的有效期间，如发生保险标的的损失，则被保险人从保险人那里得到的赔偿金额可能远远超出其所支出的保险费，反之，如果无损失发生，则被保险人只会付出保费而无任何收入。

保险合同的这种射幸性质是由保险事故的发生具有偶然性的特点决定的，即保险人承保的危险或者保险合同约定的给付保险金的条件的发生与否，均为不确定。射幸合同因具有机会性和偶然性的特征，与其他民事行为的"法无授权即可为"的适法性不同，射幸合同明确规定了订立和履行程序（如彩票合同要求必须是实践合同，不得赊购或者利用信用，再比如保险公司必须具备充足的偿付能力等）。

保险产品，对于消费者来说，是预付费商业模式的一种，因其有偶然的概率属性和履约的杠杆，体现出了射幸思维。现实中的保险之外，应用射幸思维也产生了很多的商业模式创新案例，比如月饼和月饼券。

月饼生产厂家生产月饼，这是实体生意。不知从什么时候开始，售卖月饼兑换券成为生意。买的人以送人者居多，收到的人真正兑换成月饼自己吃的又不多。怎么办？回收月饼券就成了一种处理方式。这样一来，月饼并没有被真实地生产出来，而是变成一种可以被兑现的权益，或者叫"期货"。射幸合同并不是保险公司的专属品，实体行业也可以利用。兑换比例多少，就是一个概率问题了。

汽车行业，针对客户推出的保养预售服务套餐、"双保无忧""养车无忧PLUS"等产品，也是预付费的，也有涉及享权概率的射幸行为，这些不是保险，那是什么？是合同负债。

先收钱后履约不再是预收账款，而是合同负债。合同负债，是指企业已收或应收客户对价而应向客户转让商品的义务，此概念源于《企业会计准则第14号——收入》（财会〔2017〕22号）。财务的术语往往都比较严谨和规范，准确地表述为企业在向客户转让商品之前，如果客户已经支付了合同对价或企业已经取得了无条件收取合同对价的权利，则企业应当在客户实际支付款项与到期应支付款项孰早时点，将该已收或应收的款项列示为合同负债。合同负债取代了在2018年1月1日该准则施行之前最为常见的一个词：预收账款。两者的区别是什么？通俗地说有两点：一是收的钱是否对应合同规定的履约义务，如果是，则属于合同负债；二是合同负债的确认以合同义务确认为前提，而预收账款的前提是收到钱。

《企业会计准则第 25 号——保险合同》（财会〔2020〕20 号）第二十条规定，企业应当在合同组初始确认时按照履约现金流量与合同服务边际之和对保险合同负债进行初始计量。保险合同也可以说是"欠"客户的保单"合同负债"。

客户预付费、履约享权有可能性和偶然性，保险和保养套餐一样，都是射幸思维的体现，也都是对于客户的"合同负债"。

重要的不是一定推出保险产品，而是将保险的思维，应用到让客户更喜欢、更容易接受的产品中。

5.7　系统思维与底线风控

保险公司真的不怕风险吗？或者说，保险公司是如何识别精算、汇聚承接、核赔风控、资产管理等以实现稳赚不赔呢？如果把保险公司比作一台机器，它是怎么被设计出来并且运转的？

前面提及保险讲概率、讲规模、讲分摊，保险是用整体的确定性对抗个体的随机性，整体发挥作用，靠的就是系统思维。系统一词，来源于英文 system 的音译，即若干部分相互联系、相互作用，形成的具有某些功能的整体。钱学森认为：系统是由相互作用相互依赖的若干组成部分结合而成的，具有特定功能的有机整体，而且这个有机整体又是它从属的更大系统的组成部分。一般系统论创始人贝塔朗菲定义："系统是相互联系相互作用的诸元素的综合"。这个定义强调了三个要点：要素、连接、目标和功能。

保险公司的一纸保单提供给客户的是什么？是确定性的承诺。保险公司做的是概率生意，通过精确计算出险的概率，来设计保险产品并对保险产品定价，其中必须考虑的要素包括赔付率、费用率、资产回报率等，才能对内得出预期的经营利润，对外敢于做出风险汇聚的承诺。当然，说起来简单，这里面有个"黑匣子"。保单背后，考验的是产品开发能力、精算定价能力、销售开拓能力、运营服务能力，还有资产管理能力。这些能力都是要素、连接起来实现给客户交付确定性的目标和功能。

所有的结果都是系统能力的产物。系统思维之于保险，有以下三点启发可以供汽车人参考。

一是全局视角。系统思维是整体的思维方式，不能只看眼前，而要从不同角度，多个方面去探究。拿车险来说，影响车险产品的因素有很多，车的因素（品牌、价格、零整比、燃油／新能源、是否营运、技术装备等）、人的因素（个人／企业、年龄、性别、驾龄、使用习惯、过往出险记录、违章记录等）、地域因素（当地是否多发灾害性天气、治安因素等），多方因素的组合和相互作用导致了每个客户的风险不同。每个因素并不是都能精准预测的，这就需要从全局、整体的角度，去获取可保利益的最大公约数，进而设计免赔条款、免责情况以及对于不同销售渠道的费率、不同客户群体的定价因子等。

二是局部的相互作用。典型的故事叫"庖丁解牛"。有个替梁惠王宰牛的厨师（庖丁），宰牛技术十分娴熟，刀子在牛骨缝里灵活地移动，没有一点障碍，而且很有节奏。梁惠王看呆了，一个劲儿夸他技术高超。厨师说他解牛已经19年了，对牛的结构完全了解。宰牛时，他顺着牛的身体结构，挥舞着刀子，一会儿工夫整头牛就像是被拆解下来的零部件，被完美地肢解了。在他眼中，牛只是各个部分构成的一个整体，只有看到牛身上各个部分之间的关系，并且厘清了这些关系的相互作用，才能做到一刀下去，切中要害。保险产品面对的是并不确定的风险概率和损失程度，系统发挥作用的时候需要产品、渠道、理赔、客服、风控等各个要素之间密切连接和相互作用，才能共同应对和抵御不确定性，同时交付确定性。

三是效率是系统能力最好的指标。系统内部的要素之间的关联性不是恒久不变的，而是呈现一种动态发展的规律，而且，这种发展会有一定的延迟性。蝴蝶效应就是最好的例证：一只南美洲亚马孙河边热带雨林中的蝴蝶，偶尔扇几下翅膀，就有可能在两周后引起美国得克萨斯的一场龙卷风。这里的"两周后"就是系统延迟，每个系统都存在延迟，因为系统内部运作需要时间，不可能达到同时同频，越复杂的系统，延迟越强。同样是一份百万元医疗健康保险产品，有的可以实现"爆款"级的销售，达到了规模效应从而具备了更强的风险承接能力，有的则市场份额过小，逐渐偃旗息鼓，销声匿迹。表面上看到的是市场表现，背后则是系统能力和效率的映射。

系统是有底线和终局的。保险要汇聚风险，保险公司最担心的也是风险本身。控制风险，有两个变量：一个是底线思维——最大的风险是什么？另一个是终局思维——最后的结果是什么？

买卖保险时双方都要基于的一个原则，就是最大诚信。保险是信任和概率的游戏，在"与风险共舞"的游戏中，底线思维是处处存在的。没有了底线，何谈保险的确定性呢？

底线思维需要从坏处准备。无论是风险敞口的识别还是产品机会的把握，无论是核保定价的精算还是核损赔付的严谨，都在强调着一个思路：防灾减损（有个更时髦的名称叫"风险减量"）。

终局思维就是满期闭环反馈。终局在保险领域有个专门的术语：满期。任何承诺都是有明确的时间期限的，终局思维也是为了追求确定性，是为了避免不必要的纠纷。终局思维既是明确时间计划，也是底线思维的体现。跟客户博弈概率，应该是个有限的游戏，终局是指绝不会收取一次费用，而承担无限履约责任，否则就容易陷入零和博弈。比如这两年汽车行业各种各样的终身质保、终身××权益。

底线思维和终局思维的极致就是把事情推到最坏的局面，然后看能不能应对。对于保险来讲，底线是什么？《财产保险公司保险产品开发指引》第五条、第六条分别写道：

保险公司开发保险产品应当遵守《中华人民共和国保险法》及相关法律法规规定，不得违反保险原理，不得违背社会公序良俗，不得损害社会公共利益和保险消费者合法权益。保险公司开发保险产品应当综合考虑公司承保能力、风险单位划分、再保险支持等因素，不得危及公司偿付能力和财务稳健。

保险公司开发保险产品应当坚持以下原则：保险利益原则、损失补偿原则、诚实信用原则、射幸合同原则、风险定价原则。

对于汽车行业的同仁来说，无论是参与保险业务管理、设计保险保障权益产品，还是直接经营保险主体，在追求转型的路上，需要借鉴保险产品、保险专业和保险经验，更需要的是站在"门外汉"视角，对保险之所以是保险、保险为什么能够存在的商业逻辑和思维加以了解。

本书与其他讲保险的书籍内容不同，用了将近 2 万字篇幅解读保险思维，目的是给汽车人呈现保险背后的思维，然后再去谈如何在汽车业的视角去创新保险。

扩展09　　卖"白菜"与卖"保险"：保险思维的应用

汽车厂商或者经销商集团组合一个产品包，直接把其中各个细项的服务成本加起来，然后针对"拍"出来的销售价格测算一个毛利率。如果客户嫌贵就打个折，美其名曰：优惠价。

这是卖"白菜"的逻辑。

1 斤白菜，1 块钱买进，1 块 5 卖出，中间的 5 毛钱就是毛利空间。这有问题吗？真的没有。这 5 毛钱，是市场红利。一旦别人降价到 1 块 3 卖，继续 1 块 5 卖就有卖不出去的风险了。

卖保险和卖白菜有一个最大的不同，即产品销售时无法确定每张保单的实际成本和费用。纵有"精算"，也都是基于历史经验数据的预测，或者说用科学方法"拍脑袋"。

不知成本和费用，利润怎么确定？亏了怎么办？不同的生意逻辑涉及三种产品定价逻辑：成本加成、边际利润与价格歧视。这是三种较为常见的定价思维逻辑。

成本加成定价逻辑是在进货成本价基础上加上一定的毛利，就构成了售价。增加的毛利或许是期望毛利、或许是随行就市，一斤白菜能赚几毛钱，总体上是确定的。

边际利润定价是经济学里期望效用理论的实践应用。你吃第一个包子，愿意付多少钱，吃第 5 个包子愿意付多少钱……它试图将人们的每一个消费需求进行精准细分，进而使每件商品的边际利润最大化。这在实践中当然不可能完全做到，不过类似逻辑的案例并不鲜见，比如咖啡的第二杯半价。

价格歧视理论，在微观经济学里被分为对每个消费者精准定价的完全价格歧视、阶梯定价的区间价格歧视（比如水费、电费的波峰波谷定价和使用量梯度定价）和将消费者分组，针对不同的客户群体指定不同的价格的市场区隔价格歧视。

理论有些晦涩枯燥，还是简单地用卖白菜来说起。同样是卖白菜，下面的这些都是可能的卖白菜的定价方式。

1）直接以进销差价卖白菜。

2）白菜批发，量大优惠，送进各种定点加工企业。

3）将白菜进行清洗、拣选、包装后送入盒马等商超售卖。

4）提供"预制菜"服务，不仅提供如"乾隆白菜"等各种菜谱，同时提供菜谱中各种食材搭配组合售卖。

5）拿白菜作为引流产品，1 毛钱 1 斤售卖。

6）付 49 元，一年内每周三来消费 10 元以上，都可以免费领 1 棵白菜（保证每棵 5 斤以上）。

……

看了第 6 点，你可能都要笑了，这样也行？这么卖白菜的到目前为止确实没有。郑州有家以"疙瘩汤"为主打卖点的连锁餐厅，客户付99元办一个年享卡，可以免费喝疙瘩汤一年，只需要消费满50就可以，超级划算。还赠送两张50元代金券，满120可使用。这是引流产品。很多超市也会拿出特别便宜的鸡蛋引流，吸引附近的大妈们为了便宜鸡蛋而跑来买菜。

交了49元，只要每周去购物一次，每次领1棵白菜，52周下来，几乎相当于1棵1块钱了，对顾客来讲这笔生意肯定是稳赚不赔的。商家亏了吗？显然也没有，因为客户不可能只是过来领白菜，况且还设置了领用门槛（10元消费），白菜如同疙瘩汤，变成了引流商品。

引流，对客户来讲就得有足够的吸引力。怎么办？加杠杆，让他觉得交49元的"获得感"要远远大于49元一次买到白菜的价格，就是所谓的"省钱"。客户花的49元相当于一个杠杆，撬动的一年内预期可以得到的白菜价值就是 $52 \times 5 \times 1.5 = 390$ 元（假设平均每棵5斤，平均每斤零售价1.5元），杠杆比为1∶7.95。

对于商家来讲，这不是亏了吗？这里有三笔账：

1）如果顾客真的每周都来领走了1棵白菜，这个时候商家至少可以有520元的消费额。况且，商家还可以搞个每周三领取日，然后各种活动促销搞起来，届时肯定不只这点消费额了吧！

2）顾客有没有可能一次也没有来或者仅仅来一两次？概率当然会有，比如他出现了意外或者经常在外地，那么这49元就成为盈利。当然这属于极小的比例。

3）第三种就是我们要提的另外一个关键词：概率。就是说顾客的领取次数应该是0~52之间的一个数字。领取的概率，相信如果你作为商家，也是希望越高越好，当然，如果他没来，至少你也有微利可图。

在理解杠杆和概率的同时，我们还会发现另外的关联：顾客交了钱，那么要买菜时，就容易想起还有一棵白菜可以领，那么他来这家店的确定性就大大提高了。商家收了钱，就可以设计专属的促销活动，吸引大批客户前来，对自身来讲，也有了顾客流量的确定性。或许部分顾客仍然会存在着忘记或者没有每周购物的消费动机，但整体确定性还是大大提高了。

客户和商家彼此确定性的提高，背后的逻辑也就是一个客户享权的概率问题。

说回到汽车行业。有些产品的享权概率天生就低，比如汽车的延保、置换、大事故维修等。有些产品的享权概率相对更高，比如汽车的洗车、保养。因此，经常能看到 9.9 元的洗车、99 元的保养。怎么样，是不是感觉太划算了？别着急，商家不会甘心白白地亏钱的。俗话说，买的没有卖的精。升级版本的途虎黑卡、京东京车会以及天猫养车会员，先交一笔年费（例如天猫养车大会员是 199 元 / 年），然后就可以享受上面的"超低价"了。但交钱之后，去洗几次车就跟领白菜一样，是一个概率问题了。

客户交了钱，再想去洗车，即使别人同样是 9.9 元也不会去了。为什么？既然交了钱，就想先去会员的合作门店，不然 199 元不就白交了吗？有进入门槛、有退出壁垒和沉没成本，这就是可以让客户一直来"领白菜"的确定性。

此外，还有个问题没有回答。卖车如同卖白菜，是成本加成定价。保险产品是如何定价的？抛开专业的精算理论，下面有三个关键词供参考。

杠杆：保费与保额的杠杆、保费与赔付金额的杠杆，对于客户是以小博大。

概率：杠杆存在基于风险事件发生的概率和损失程度的高低，条件概率和大数法则使然。

分摊：保险基于概率测算和回溯整体赔付成本和费用的分摊，不寻求单个保单的盈亏。

汽车行业作为实体制造行业，保险的概率属性和定价逻辑，别有洞天。

第6章 汽车业视角的保险创新

6.1 保险"在线"：汽车保险业务线上化、数字化和智能化

6.1.1 汽车保险业务线上化

保险，最初是一张张手工书写的纸质单据和一笔笔现金交易。"见费出单"、制式单据、电子保单、实名制缴费等在线化的跨越，使得全流程数据收集成为可能，带来了数字化的基础和契机，数字化运营又为智能化打开了新空间。

保险行业本身的在线化和数字化，包含了保险公司的信息化、保险中介机构的信息化和互联网保险销售等领域。汽车保险一直走在线上化、数字化和智能化的路上。自主投保、精准定价、自助报案、远程定损、智能风控等数字化、智能化产品的应用，使得保险行业单独衍生出了一个名词和一个业务线：保险科技。

汽车行业保险创新的首要目的是实现保险业务的"在线"，具体可分为以下五个阶段。

第一阶段是保险业务数据的在线化采集。 汽车销售、服务场景中的保险业务，伴随汽车销售、售后维修等核心业务流程实现线上化。汽车企业先后打造了各种保险业务的管理系统和功能模块，通过录入或导入的方式，收集到与保险业务相关的数据、信息，以供汇总、统计、分析，或者业务应用。

第二阶段是通过与保险公司端数据交互取代人工采集。 人工录入存在非常多干扰因素，晚录、错录、少录等情况难免发生并且难以稽核。保险数据的及时有

效、真实可靠，严重依赖于汽车主体与保险行业的双向交互。最理想的情况是与保险公司实现保险报价核保、支付签单、出险保单、定损核赔、赔款结案等全流程的系统对接和数据交互。这需要系统能力，更需要与保险公司的"深度合作"。也有一些汽车企业，并不追求理想状态的完全对接，而是采取了折中方案，有的是用简单的数据推送取代原本的人工采集保险数据，有的则是与第三方保险科技机构合作，曲线达成与保险公司的"简单对接"。

第三阶段是数据交互的"双向奔赴"。汽车行业需要保险业务的数据，用作管理分析和业务提升的同时，保险业务的效率优化，也离不开汽车的数据。比如车险的报价，离不开车辆的车型数据、客户的基础数据，保险公司要么手工采集、要么向第三方付费购买。比如借助汽车企业的车辆信息、车主信息，实现更便捷的报价信息带入预填，无疑会在节约人工的同时也带来更简便的体验。再比如车险的定损环节，需要用到车辆配件信息、价格信息等。数据实现"双向奔赴"，保险公司就可以减少采集成本或者第三方付费查询的支出。

第四阶段是面向客户的在线保险终端。前三个阶段，都是面向 B 端的在线业务和数据合作，第四阶段，保险业务从对内的运营效率提升外延到面向客户的服务。汽车企业或者经销商的保险业务系统，工作人员使用和客户自助使用需要完全不同的应用能力和资源投入。客户自主投保、自助报案，查询保单信息和救援、出险等保险服务信息，不再是简单的内部信息流和工作闭环，而是直接关系到客户的体验和运营支持能力。

第五阶段是智能业务工具。可以在线上端实现客户买保险和享受保险服务只是实现了可行性，客户有没有动机使用、使用体验效果如何、使用结果是否实现业绩正向反馈，则是效果好坏的必要性问题。

有的汽车场景，已经在使用续保客户的智能标签和产品组合推介，比如对客户出险困境的及时识别和快速介入，再比如系统介入对于保险业务关键指标的洞察和提升等。汽车商业主体的保险业务在线，使得"汽车保险"逐步从汽车的保险，延展到汽车业的保险成为可能。

6.1.2 汽车销售服务业务中的保险数字闭环

同样是线上化，保险行业的线上化核心是"保单"，而汽车行业核心是车。

以保单为载体，线上化保险的重点元素是险种、保额、保费、承保渠道、服务权益、出险记录、赔付记录等。保险视角下，车只是保障标的，车商只是合作渠道。以车为载体，线上化保险的核心是车主的购车方案、线索渠道、包含保险在内的购车成本、续保权益是否植入、续保线索是否本店客户、是否回店客户，车是销售和售后标的，是保险的黏性载体。

只是把保险业务实现线上化，而没有融入主营业务场景和流程，是不能称为汽车业的保险创新的。比如保险公司本身就实现了在线的销售和服务功能，互联网平台的保险板块也都千方百计地使车主能在自身触点实现成交转化和流量变现。汽车销售服务业务的保险数字闭环，核心流程不是保险业务，而是聚焦汽车的销售和售后服务。保险嵌入其中，实现协同交互、助力赋能的闭环。

保险数据是新车销售交付的闭环标签之一。交强险上险信息是新车销售市场份额的数据来源，车损险保额的协商车辆价值是销售发票之外车辆价值的侧面例证。续保，不是简单的同一家保险公司的"交商同保"和"渠道自续"，而是汽车车主维系视角的周期性标签和车主的保有链接之一。

事故因何返厂？交通事故一方面是对车辆的主动安全和被动安全性能的考验，另一方面也是对客户售后黏性和忠诚度的挑战。汽车保险，是对整体社会风险和车辆可靠性的干预，又是车辆损伤维修的最大买单方。保险公司的出险报案线索是事故车维修流程的开启，赔款结案是事故车维修流程的终点。

汽车厂商的业务数字化，保险业务闭环不可或缺。

6.1.3 双向奔赴的汽车保险智能化

保险的在线是业务的在线、数据的在线，更是基于场景的产品在线、服务在线和智能商业在线。曾经的汽车销售和服务商业，是渠道为王，是信息不对称，是 B–C（企业 – 用户）的割裂。保险，尤其是新车保险，是依附于车商自身利益考量的"水平衍生""增值搭售"，甚至是"强制捆绑"。汽车进入到智能网联时代，车的风险不再是固定不变的车损和责任，智能驾驶辅助和场景化自动驾驶的商业化应用，带来了新的保险需求，同时也伴随着保险创新的智能化机遇和挑战。

汽车业保险业务的数字化聚焦保险，必然扩展到汽车。传统意义上，汽车厂商或者经销商集团需要保险公司给予保险业务的结果或者过程数据，或者向第三方购买保险行业数据，目的是作为业务补充或用于商业分析。

汽车进入智能网联时代，汽车的参数、用车的场景、车主的行为、联网的数据给予了保险创新最适宜的"土壤"。数据之于保险，是精算定价的基础、是核保核损的依据、是创新供给的可能。谷歌前首席执行官埃里克·施密特曾说："现在是数据的时代，算法的时代。"

《智能商业》作者曾鸣教授提到，智能商业最重要的两个组成部分分别是网络协同与数据智能。汽车业保险创新的方向和路径之一是基于智能网联汽车的智能化保险。对于保险行业来说，需要走近汽车，从硬件集成到软件定义，从线上订单到线下交付，从场景定义到驾驶数据，保险捕捉和汇聚的是智能网联汽车购车、用车、停车、养车、修车、换车和 OTA 升级迭代场景的风险敞口，然后进行商业化开发。

汽车行业需要深入保险，用保险产品为汽车产品及车主的用车成本和风险焦虑进行背书增信、风险转嫁、降本减负和转移支付。汽车业需要的是基于汽车产品、场景、数据，借助于保险，要么变现增值、要么降本减负。

无论是保险还是汽车行业，虽然各自的立场和诉求大不相同，但需要共同回答的一个问题是：客户为什么要选择购买一份保险保障产品？要考虑这样的创新产品与其他相比，可以交付给客户的是什么样的确定性，以及与客户能否形成持续性的依赖关系？如果不能，所谓保险创新，仍然无法走出传统同质化费用比拼的死胡同。

汽车业保险业务的在线化，是通过创新解决内部效率和外部效益的问题。系统本身不产生价值，只是效率工具和数字化载体。基于场景数字化的商业模式挖掘和产品设计，才是可能的效益"落地"路径。

6.2 保险"落地"：车主生态中的保险嵌入

6.2.1 承保落地：车辆交付与续保撮合的保险衔接

汽车行业的保险承保，往往具象为保单销售和出单。承保的落地，具体为以下四类场景。

保险客户触达： 方式有人为主动唤起，有进厂客户提醒，还有手机、车机端的精准触发。

车辆保险报价： 可以是销售人员的报价结果展示，也可以是客户自助操作的互动。

保险投保确认： 可以是车辆订单阶段 VIN 尚未确认的模糊参考报价，也可以是在所有投保信息精准录入之后的核保报价。

保险缴费签单： 保费可以单独交付，也可以合并于车辆订单或车辆组合套餐一体化支付。

承保落地环节，需要落地的功能需求或者创新点包括但不限于以下几项。

智能触达： 比如基于客户标签的筛选或车主身份（如车牌）信息的智能匹配。

智能报价： 展示给客户端的一键式报价或者工作人员端的便捷报价工具。

智能签单： 为客户提供便捷化、组合式、场景化签单交易解决方案。

承保落地最核心的价值，是在汽车销售和服务中谈保险，用保险助力汽车交付和售后服务。保险销售是重要的业务来源，更是重要的主营业务辅助服务。对汽车业来说，独立于主营业务的保险销售和承保出单，即便有业务，也是边缘业务，也难以做大做强。

6.2.2　理赔闭环：一键报案到事故车维修的全链条嵌入

与销售承保强调流程衔接大于收益本身不同，理赔定损直接关系到事故车维修的数量、规模和利润。

对于客户来说，遇到车险事故需要报案时，最简单的办法有以下几种：

拨打保险公司客服电话报案

通过保险公司移动终端报案

通过"快处易赔"类第三方集成服务报案（部分地区报警与出险报案一体化服务）

通过熟悉的相关人员报案（保险公司人员、维修商熟悉的人员，或者第三方）

随着"新势力"汽车企业的异军突起，品牌 App，甚至是车机应用的"一键报案""在线报案"功能成为现实。通过页面嵌套或者接口连接，车主在汽车品牌 App 端不仅能上报出险案件，上传图片甚至录像信息，还可以了解案件理赔的进展和动态。以某汽车品牌的"智能理赔、一键速达"App 在线报案工具为例，该 App 具体包含了以下功能：

一键报案：可以通过服务—保险服务—一键报案进行信息的选择、确认和提交

上传材料：可以通过案件指引上传相关照片，完成线上查勘或查询进度

选择门店：可以通过 App 报案工单选择维修门店，也可以确认推荐的服务商

进度查询：除报案进度外，查勘、定损、维修、交付等进度也可实现全流程查询

理赔的线上化是商机也是挑战。商机是可以触达到客户出险的第一场景，有助于尽早、尽快地联系车主、开展救援或事故车维修衔接，同时，客户可以看到

案件信息和进度，对于汽车企业和维修服务商来说，也是宝贵的保险业务信息和数据。挑战之一是给客户提供在线化报案功能，并不代表客户必然建立 App 端报案的动机和习惯，需要配合营销策略加以引导；挑战之二是将保险信息、状态展示给车主，对于习惯了传统 4S 店维修模式的经销商，势必需要在配件、工时、维修服务等方面进行适应。通常，售后维修和保险理赔端之间存在的信息不对称博弈毛利空间，在直面客户的趋势下，需要转向适应。

理赔的闭环，还需要汽车企业在维修和配件策略方面做出针对性调整和优化，有以下五个要点：

事故车线索触发：可能是客户端在线报案，也可能是车辆传感器的预警识别

事故车维修服务流程：从原本的被动应答到主动的线索跟进，再到主动识别介入的流程差异

事故车线索与维修工单衔接：独立运转的维修工单需要与保险公司推送修线索关联适配

配件目录解码：保险公司的定损明细数据需要与电子配件目录（EPC）进行解码互配

理赔结算适配：保险公司赔付明细与结算明细适配，提高稽核效率，同时减少"跑冒滴漏"

与销售承保的做嵌入、做嫁接不同，事故车的维修本身就是汽车行业的主营业务。保险公司和保险理赔是事故车维修的最大资源方。无论是否开展前端，汽车行业都不得不为了售后产值躬身入局。

传统汽车维修服务不透明、不对称的"弊端"使得客户对于 4S 店事故维修评价不正面，也使得保险公司对于事故车定损和赔付存在着不信任。客户在保险公司和汽车维修行业之间的零和博弈中，被当作互换的资源筹码，受到不同渠道定损差异的要挟。伤及客户体验的最终结果是伤害到车主对于汽车品牌的信任。

汽车的智能网联、直营直销、在线服务，拉近了汽车企业和车主的距离，原本完全"离线"的汽车售后服务，有了和客户在线互动的合理性和可能性。事故车维修作为售后维修金额最大、毛利最高的服务项目，如果无法实现线上化交互，仍然会回归到传统鱼龙混杂的"不对称"信任危机中。

车辆出险报案，使得汽车品牌企业的事故车维修线上化有了合理的触点，也使得不得不线下交付的维修项目有了运营的抓手。一键报案，看似只是保险公司报案入口的嫁接和嵌套，实则是事故车维修流程开启的场景触点。

6.2.3　运营落位：保险业务在汽车客户运营中的价值协同

在线化和数字化的创新模式下，保险业务之于汽车销售服务核心业务的价值定位和贡献，以及保险业务的权责利适配和组织流程设计，都是传统保险业务管理不曾面临的问题。保险业务的"上线"和"落地"，使得保险业务落地的"最后一公里"问题浮出水面。在线化的保险业务不仅是对内的效率工具，更是对外的交互平台。

保险产品，销售出单到底承担什么样的角色和价值定位？

保险服务，强调保险给客户的服务还是保险参与服务车主生态？

保险流程，客户交互到底需要独立运营还是兼容协同？

保险数据，所有方、管理方、使用方、获益方如何对应落位？

只要车主高频使用汽车企业 App，使得汽车企业售后服务的线上化体验、线上化营销、线上化转化未来成为主流。汽车企业对于车主营造的忠诚度，附加高频的线上化触达能力。全流程车险服务体系，以线上服务为汽车企业打造新车保险、一键续保、智能理赔等保险服务。

在全面拥抱车主的 to C 趋势下，基于线上化的保险业务客户互动，需要放到汽车厂商、销售服务商整体的车主生态和车主服务框架中。保险公司提供定制化产品和服务，把车险产品嵌入到整个汽车产品用车服务体系，让客户在用车、充电、修车、报案、理赔等环节形成闭环式体验。未来，任何一家企业都是服务企业，因为客户真正要的是服务，不是产品。客户需要的不是保险产品，而是汽车的购置、使用、养护等场景中的低成本和确定性。如果汽车品牌企业提供的产品有足够的安全性、服务有足够的便捷性和可信任性、维修成本有足够的吸引力和经济性，从纯车损的角度看，客户可以不再与保险公司直接打交道（除了涉及人伤，或者需要专业的产品、运营和服务落地）。

汽车行业视角保险业务的"落地"，是为车主提供安全可靠的产品保障和低成本的损失维修解决方案。是不是保险、是何种保险、是何种业务导向的保险，都是可以被定义和设计的。

扩展10　车主生态中的保险创新——平安存量交叉迁徙

随着国内汽车市场，特别是乘用车市场整体规模增速日趋放缓，无论是保险公司，还是汽车行业的品牌企业、汽车经销商集团，不可避免地都会面临增量市场到存量博弈的变化趋势。

增量市场，意味着规模和收入持续增长，市场需求旺盛，汽车保险业务需要做的是扩大产品供给、提高市场覆盖、增强服务能力。汽车保险业务强调渠道：与整车厂总对总的战略合作，与车商网络合作的密度和深度，电销和网销的展业能力等。

存量博弈，变化和压力也会逐渐传递到汽车保险行业。没有足够的车主增量，汽车保险市场也难以维系整体增长。如何获得自己的生态价值站稳脚跟受到重视？尤其是在可预期未来的市场步入存量博弈的趋势下。中国平安基于一站式综合金融服务，提出了"存量客户交叉迁徙"的业务逻辑。其2023年中期业绩中披露了这样几个数据：

个人客户数较年初增长 1.2%；个人客户合同数 2.99 个，26% 的客户持有集团内 4 个以上合同；持有 4 个及以上合同客户的流失率仅 0.91%；2015—2022 年业务运营利润增长 4.2 倍（客户数同期增长 2 倍），客均利润增长 2 倍，客均合同增长 1.5 倍。利润的增长大于客户数的增长，平安是怎么做到的呢？

什么是平安的"存量客户交叉迁徙"？

交叉迁徙，就是交叉销售。比如针对买了财产保险的客户，交叉销售人寿保险产品，反之亦然。也可以理解为对存量客户的多次销售机会开发。交叉销售需要有足够的产品。平安有多少业务和产品？图 6-1 所示的牌照构成看上去就会感觉：太全了！用他们自己的话说，叫"全牌照综合金融集团"。

保险业务	银行业务	资管业务	
中国平安人寿保险	平安银行	平安证券	平安海外控股
中国平安财产保险	平安理财	平安信托	平安租赁
平安健康保险		平安基金	平安期货
平安养老保险		平安资产管理	

图 6-1　平安一站式金融牌照构成

这么多业务线、公司及产品，通常情况下往往是"亲兄弟、明算账"。客户买了你的产品，"好处"怎么分？硬币的另一面是客户不这么想，客户会说，你们不都是一个平安吗？

同一个集团，能否把各个板块、各个公司、各个产品线的客户信息打通，使同一个客户的账户互通？平安提出"综合金融"的概念。官方说法是，通过一站式综合金融解决方案，满足客户多元化金融需求，实现客户与公司的价值最大化。具体解决方案为：一个客户、一个账户、多种产品、一站式服务。

客均合同数越多，客户的"重要"程度越高。著名的"二八原则"告诉我们，20%的重要客户带来了80%的业绩贡献。所谓"贵宾"，不过是买得更多、买得更贵罢了！

从特定分类客户群的需求出发，深入场景，精准匹配产品。平安官方将其描述为"强化业务模式：基于客群需求，精准匹配产品，在经营链路中实现客群价值跃升"。平安各业务运营利润拆解如图6-2所示。

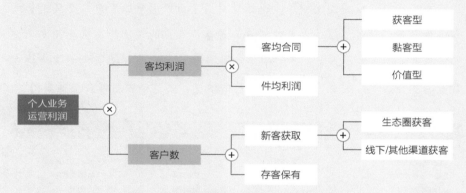

图6-2　平安各业务运营利润拆解示意图

对于车主客户，平安可以提供的产品有很多，比如购车上路需要的汽车保险，买车可能需要的贷款分期（或融资租赁），有车以后会涉及的开车、停车、养车、修车、换车等服务……存量客户交叉迁徙，逻辑并不复杂，就是让现有的客户买得更多。当客户规模增长放缓，增量需要从存量中挖掘的时候，思路之一就是让现有客户买得更多，增加"客均合同数"，如图6-3所示。

回到车主生态的案例，如何获取到更多的合同数？有更多新客数量增长当然最好，没有怎么办？从存量保有中挖掘。如何挖？依然参考平安提供的一个案例，如图6-4所示。

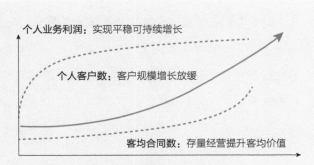

图 6-3 存量客户增长逻辑

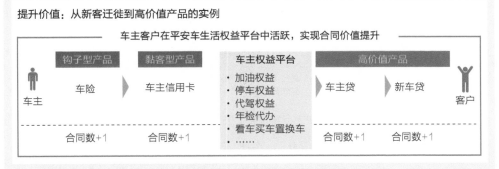

图 6-4 平安车主客户产品矩阵示意图

面对新能源汽车"新赛道",平安银行深入产业链全景,通过将零售终端的资金需求与上游生产制造的融资需求进行有机连接,为新能源汽车企业提供打包金融服务,有效拓展金融产品服务边界;还通过口袋银行 App 构建车商城,构建覆盖客户选车、买车、用车、置换全周期的服务平台,由此增加与存量客户的触点,让平安车主客户享受到平安银行有温度的金融服务。

车险综合成本率高,承保盈利困难,但是车险对于客户来说是刚需,渗透率高,那就把车险定位成"钩子"型产品,别人做产品是为了赚钱,平安说他们是为了"获客"。

车险是低频的,一年一次,客户续保很容易流失,如何增加客户的黏性,比如信用卡及其分期业务都是可以增加与客户之间的黏性和流失壁垒的产品。

黏性产品也很"卷",利润不高怎么办?车主贷产品、意外险、寿险产品等就可以成为高附加值的产品。不同的产品价值定位有不同的客户经营指标导向,如图6-5所示。

1)钩子(获客)产品:用简单易获取、有口碑、客户接受度高的产品提升客户数。

2)黏客产品:用高频、刚需、黏性高的产品提升客均合同(交易次数)。

3)高价值产品:专业、独家、尊享,用差异化产品提升客均利润。

图6-5 平安存量运营拆解

过去近20年来,汽车市场的高速增长使得汽车保险行业也享受了增量的红利。2017年以后,国内乘用车市场一改过去高速增长的态势,逐步进入到"增长收敛"的新常态。

增量市场,意味着规模和收入持续增长,市场需求旺盛,汽车保险业务需要做的是扩大产品供给、提高市场覆盖、增强服务能力。汽车保险业务的发展强调渠道:与整车厂总对总的战略合作,与车商网络合作的密度和深度,电销和网销的展业能力等。与汽车市场类似,汽车保险业务在增量红利下,更多强调的是规模、增速和份额。汽车市场进入存量博弈阶段后,变化和压力也会逐渐传递到汽车保险行业。没有足够的车主增量,从市场整体看汽车保险市场也难以维系逐年增长的势头。

从车主客户出发，车险作为钩子产品，延伸至具备黏客功能的车主信用卡，并通过加油、代驾等车主权益持续服务，再转化至车主贷、新车贷等高价值产品，整个车生态链路就能实现 4 个以上产品合同。

所谓交叉迁徙，不是把鱼卖给更多的人，而是想办法一鱼多吃，卖得更贵！面向存量客户，提供不同价值定位的产品，从而构成了所谓的"产品矩阵"。

汽车的保险创新，盈利是最大目的吗？

介绍产品矩阵前，先介绍另外一个矩阵：安索夫矩阵（表 6-1）。策略管理之父伊戈尔·安索夫（Igor Ansoff）于 1957 年提出了一个分析策略：以产品和市场作为两大基本维度，区分出四种产品与市场的组合及其相对应的营销策略，成为应用最广泛的营销分析工具之一，故此得名。

表 6-1　安索夫矩阵

	现有产品	新产品
现有市场	市场渗透	产品开发
新市场	市场开发	多元化

安索夫矩阵是以四象限矩阵代表企业试图使收入或获利增长的四种选择，其主要的逻辑是企业可以选择四种不同的成长性策略来达成增加收入的目标。安索夫矩阵可提供很多应用和启发，在分析存量趋势的语境下，针对现有市场，要么提高产品的渗透率，要么开发新产品。

现有产品渗透率或许可以提高，然而在"红海"中，量和利往往是不可兼得的"鱼和熊掌"。超市里为了吸引顾客，把鸡蛋价格降低；再想想汽车后市场"猫虎狗"们的轮胎、小保养和洗车的价格，或许就不难理解了！车主生态的产品矩阵也适用以下分类。

1）引流品：把客户吸引过来，要么通过品牌吸引，要么打造低价心智，比如汽车的洗车。

2）黏性品：增加客户交易频次，增加复购，同时获取现金流，比如汽车保险、保养。

3）利润品：赚取高附加值利润，价格高、成本可控但销量受限，比如汽车的延保。

4）形象品：树立高端的品牌形象，不求量，不求利，也不求收入，比如汽车的"顶配"。

增量时代，安索夫矩阵启发我们对于新市场需要不断增加供给、提供产品，以满足不同需求的更多客户。比如汽车品牌往往会对某一车系同时提供低配、中配、次顶配、顶配等车型，一般称为入门型 Entry、经济型 Economy、高端型 Luxury 以及旗舰型 Flagship。

存量时代，没有那么多客户了怎么办？要么开拓新市场，要么向存量要增量。早已进入存量博弈的互联网行业，给了我们一个启发：给同一客户提供多元化的产品选择，没有更多的客户，就让现有的客户买得更多。

《增长结构》一书的作者王赛老师说，如果没有基础设施迁移的机会（比如千人汽车保有量市场空间红利）和人口迁移的机会（比如人口城镇化和汽车下乡），那唯一能选择的增长型策略是"整合型增长"——没有增长的蛋糕、没有市场的份额，那就提高存量客户的"钱包份额"。关于存量博弈，平安选择了在客户规模无法增长的趋势下，增加客户合同数，进而提高客均价值。这既是平安的选择，更是在市场竞争中获得优势的法则。

平安的案例回答了一个问题：存量趋势下，不可能再和以前一样，指望每上一个产品，都能"既要……又要……还要……"，有人苦求盈利的车险，在平安看来只不过是获客的钩子。

平安的案例解释了一个逻辑：利润不是只有数量和单体毛利。商业增长通常来自3个M——more user、use more、more expensive，即"让更多人来用、让每个人用得更多，让每个人花费更多"。任何商业增长，归根到底，都是要由客户交易来投票。产品矩阵是否落地见效，最终只能由市场来验证。

平安的案例澄清了一个事实：任何成功都离不开长期主义的积累。平安自己总结"一站式综合金融"的优势时，提到了六大核心优势：牌照齐全、主业聚焦、渠道网络、生态服务、科技平台和组织文化。背后是什么？是平安 30 年来的时间、资源和经验沉淀积累，这就是别人知道平安"香"，但学不来的"壁垒"。

当车险业务陷入市场"内卷"和微利博弈时，平安通过综合金融搭建产品矩阵，构建存量车主的交叉迁徙，实现保险业务的经营创新。汽车业从事保险经营创新，保险本身并不是主营业务。在面向车主生态的产品矩阵布局和打造的创新课题中，汽车保险承担什么样的角色、定位，平安的案例值得借鉴和思考。

6.3　保险"上车"：智能网联场景的保险触达

6.3.1　软件定义汽车时代的保险可能

软件定义汽车（Software Defined Vehicles, SDV），在 2007 年 4 月的 IEEE 会议论文集中被提出。2016 年，百度在国内将这一概念再次推出：决定未来汽车的是以人工智能为核心的软件技术。英伟达（NVIDIA）创始人兼首席执行官黄仁勋进一步提出软件即将定义汽车并创造利润，汽车制造商的业务模式将从根本上发生改变。到 2025 年，许多汽车企业很有可能以接近成本价的价格销售汽车，并主要通过软件为用户提供价值。

软件定义汽车的终极应用目标，是无人驾驶汽车，或可称之为智能驾驶。依据 GB/T 40429—2021《汽车驾驶自动化分级》相关标准，汽车驾驶自动化功能的分级包含了 0 级（L0）~5 级（L5）共 6 个等级，分别对应了不同程度的智能化应用，见表 6-2。

表 6-2　汽车驾驶自动化分级

分级	名称	持续的车辆横向和纵向运动控制	目标和事件探测与响应	动态驾驶任务后援	设计运行范围
0 级	应急辅助	驾驶员	驾驶员及系统	驾驶员	有限制
1 级	部分驾驶辅助	驾驶员和系统	驾驶员及系统	驾驶员	有限制
2 级	组合驾驶辅助	系统	驾驶员及系统	驾驶员	有限制
3 级	有条件自动驾驶	系统	系统	动态驾驶任务后援用户（执行接管后成为驾驶员）	有限制
4 级	高度自动驾驶	系统	系统	系统	有限制
5 级	完全自动驾驶	系统	系统	系统	无限制[①]

①排除商业和法规因素等限制。

以往，汽车作为工业制造品，产品生产并交付后，汽车企业便与产品的使用行为和过程脱离。软件定义汽车，使汽车成为消费电子产品和智能车载设备的扩展空间。汽车企业通过车载互联随时采集车辆使用行为和过程的数据，也有了内容端与客户互动的触点。未来的智能网联汽车技术的进化可以减少交通事故、提高通行效率、减少出行成本。

作为用车必不可少的"刚需"——保险，在汽车进入智能网联时代后，随之"上车"，这也是智能网联汽车发展带来的新风险责任划分的需要。

传统意义上的车险，是财产损失保险和对特定的第三者责任造成的人身伤亡的赔偿，车辆的风险事故诱因主要是交通意外和自然灾害，驾驶员的人为因素通常是决定风险概率和损失大小的关键。智能汽车极大地改变了原有的汽车保险的覆盖范围。汽车保险对应的驾驶员已方责任和第三方责任，又逐步增加车辆生产制造方、运营管理方。汽车保险不再是仅针对车辆财产和驾驶责任的保障，车辆的产品责任、软件责任、运营责任等新的风险敞口都随之衍生并需要得到保障。

智能驾驶汽车的交通责任保障，需要保险产品与智能网联设备、数据和汽车行业有更深入的在线互动。智能网联时代，车辆的风险因素不可避免地会涉及定义汽车的软件：

智能科技的应用使得车辆的主动安全和被动安全可靠性更大程度地提高

车载雷达、碰撞传感器等软硬件的应用可以进行预判、识别和干预事故，降低事故的发生概率

智能驾驶辅助的自动化程度，一定程度上减少了人为疲劳驾驶、处置不当造成的危险

同时，软件定义汽车对传统车险也构成了极大的挑战：

保险行业和保险公司对于软件本身的可靠性和责任划分无法把握

对于车辆的新四化所带来的新风险，需要付出巨大的学习成本

软件所需要的智能传感器和电子设备极大地改变了车辆的零整比

车辆智能化、一体化带来的配件可替代性降低，使得维修经济性被颠覆性挑战

关于保险"上车"的形式，可以解构为以下路径。

1）保险产品"上车"。在车机应用端的页面和内容中，提供客户可以选择投保的入口和链接，或是基于车辆的使用场景判定，推送相关的产品信息，比如车险到期续保的提醒、基于导航信息的高速驾乘意外、航班延误险等精准触达的产品。

2）保险服务"上车"。保险服务的"上车"，不仅包括救援服务、报案理赔服务的车机端嵌入（与手机端映射互联即可），更包括基于车辆网络硬件设备和软件能力的风险识别、碰撞干预和紧急救援，还可以包括基于车辆特定风险场景和功能提供的保障服务，比如自动泊车责任的风险保障。

3）保险数据"上车"。保险数据的"上车"有两个视角：一是从智能网联的车载终端采集保险产品所需要的原始数据，即保险数据在车上；二是从保险视角输出汽车的安全性、可靠性、维修经济性的数据，从交通事故买单方的视角，反馈"机动车安全标准"，从而影响、改变车辆的安全性能和使用成本，带来风险

保障产品的创新可能，即保险数据到车上。

4）保险思维"上车"。对于汽车行业来说，保险产品和保险服务是需要的，而更重要的是基于保险思维为车主减少风险、降低车辆使用成本。典型的代表案例是苹果公司推出的 AppleCare+ 计划。客户设备是否损坏以及去何处维修均是存在一定概率的事件。给客户推出付费的保障期权益，使客户可以获得具有经济性的授权渠道维修，并且会展示给客户所更换的部件是否为原厂正品。这不是保险产品，但全程伴随了保险思维。

无论汽车如何迭代，客户需要更安全的车以及潜在损失的保障，是一成不变的。这或许不是严格意义上的带有保单的产品，用户风险转嫁和损失补偿的需求需要汽车人运用保险思维，交付更多的风险保障产品价值。

6.3.2 私人乘用车路径下的保险契机

乘用车，规范定义是在其设计和技术特性上主要用于载运乘客及其随身行李或临时物品的汽车，包括驾驶员座位在内最多不超过 9 个座位。乘用车的保险中存在的区别是，保险公司往往会将其中载明营运性质或者从事营运用途的车辆进行区分，是否营运最大的判定因素之一是车辆的行驶里程。

对于非营运用途的乘用车，保险"上车"的目的是基于车主驾驶行为，特别是行驶里程的变化，精准识别和判定风险的对价，从而对内提高精算定价和费率调整能力，对外提高产品对于车主的吸引力并影响车主的选择意向。

非营运性质或用途汽车的保险，表现为消费属性。监管的尺度或许有松有紧，产品费率的空间或许有大有小，汽车保险产品的终极目的还是为了保护消费者利益、防范化解社会整体风险。无论是从汽车行业还是保险行业来说，客户的合法权益和利益得到尊重和保障，都是创新得以生存和发展的前提。下面的这三个问题，或许可以决定创新的方向：

一是车辆使用行为与风险保费的关联。里程少、停驶多，保费不变合理吗？

二是车主忠诚度与保险定价的关联。投保年份多、车辆多的客户保费无差异合理吗？

三是赔付成本与保费定价的关联。保险的价格希望客户少赔不赔的单纯零和博弈合理吗？

乘用车保险的消费品属性，决定了产品创新的关键是"增保和降价"。

6.3.3 作为生产资料的商用与营运车辆保险

用作商业用途车辆的保险，包含商用车辆的保险，也可以扩展到商业营运用途的车辆。

对于保险公司来说，商用车保险，往往是被"另眼相看"的非主流业务。无法把控的业务规模、高额赔付的成本结构，再加上车队性质的道德风险，"风险厌恶"的保险公司，要么干脆挑业务做甚至不做，要么就是为了完成保费任务抬高保费硬着头皮做。

商业运营用途车辆相对于私家车，无论是认知上还是实践上，运营里程更长、风险敞口更大，称不上"优质业务"，但对于保险"上车"来说，却又是天然的优质试验田。

营运车辆的保险不是消费品，是生产资料。生产资料和消费品的区别，在于商业营运车辆的目的是从事商业经营，车辆的风险不再局限于个人的财产或人身损失，更大程度上还会涉及生产责任、安全责任、职业责任、雇主责任甚至公众责任。

营运车辆的保险更多是 B 端业务。无论是车队统一采购投保，还是平台运营方提供投保选择，商业运营车辆的销售和理赔，都有一个有形或无形的"大 B 端"存在并加以影响。在车队或平台在产品选择或理赔方面有巨大的影响力的同时，在车辆保险的"上车"角度，无疑也具有极大的优势。比如曾经的车辆高级驾驶辅助系统（Advanced Driving Assistance System，ADAS）后装设备的安装，商用营运车队的渗透就容易得多。

营运车辆天然需要转嫁风险成本。一方面是商用车辆的运营面临的风险更高、潜在损失成本更高，另一方面是行政监管层面对于营运商用车辆的责任保障提出了更高的要求。

《智能网联汽车准入和上路通行试点实施指南》对于智能网联汽车的上路提出了"最小风险策略要求"和"责任承担能力"：使用主体应当按规定为车辆购买保险（应当对车辆上路通行可能造成的人身和财产损失具备相应的民事责任承担能力，并按要求购买机动车交通事故责任强制保险以及其他交通事故责任商业保险）。

智能网联汽车，特别是高级别自动驾驶的汽车，具备实现驾驶行为跟踪、车辆数据采集、建模分类标签、差异风险定价、精准产品供给的场景和可行性。

6.3.4 汽车智能网联与 UBI

Usage Based Insurance 或 User Behavior Insurance（UBI），特指汽车保险领域的驾驶行为保险。UBI 最初指基于汽车使用量的保险，后来扩展到"基于车载设备采集的车辆行驶数据，对车辆驾驶人的日常驾驶习惯进行识别和量化，并将其用于保险费率厘定"的汽车保险产品（Weiss 和 Smollik，2012）。

商业应用上，1999 年，美国 Progressive 公司首次提出 UBI 这一概念，并于 2009 年推出了驾驶行为保险产品。国外，保险公司通过车联网、智能手机和车载诊断系统（On-Board Diagnostics，OBD）等将驾驶者的驾驶行为习惯、驾驶技术、车辆信息等数据综合起来，收集驾驶行为数据以及车辆运行数据，经过数据分析处理，建立人、车、路面环境多维度模型进行定价，评估驾驶人员的驾驶行为风险等级，依据驾驶行为风险等级个性化确定车辆保费，从而实现风险与保费定价的匹配。

与传统的汽车保险产品相比，驾驶行为保险使用的费率因子能够更加合理地反映车辆行驶过程中的风险，与车辆是否出险之间具有更强的因果关系。根据现有数据进行的研究显示，行驶总里程数的减少可以带来事故率的减少和索赔率的降低。国外研究证明，每降低 1% 的总行驶里程会带来保险总索赔额平均降低 1.6% 的效果。UBI 基于用户的使用量确定保费价格，改变传统模式，降低用户购买车险的门槛。同时，作为保险和车联网的结合，通过监测车辆运行、车主驾驶行为等信息，将安全驾驶转化为可见的收益。

UBI 定价收费方式有两种：按里程付费（Pay-As-You-Drive）和"基于驾驶行为定价"（Usage-based）。按数据收集方式分类可以分为前装和后装，前装车联网主要以车联网控制单元（Telematics Control Unit，TCU）技术为主导，而后装车联网大部分通过 OBD 接口连接衍生设备实现。

国外 UBI 实践可以从三个阶段改变现有的车险产品和经营：

保前，基于静态因子如驾驶员用户信息、驾驶行为评分模型等，"从人"信息指导定价，进行有效的风险分级；基于驾驶中的动态因子和 UBI，将行驶里程、行车天数等引入定价，更加合理地反映驾驶者风险成本。

保中，基于传感器数据及人工智能算法解析，实时识别驾驶员状态，监测危险驾驶行为，实时传输路况信息，通过主动预警／干预的方式降低事故发生率，从而降低赔付率。

保后，行车数据用以辅助认责定损，发生事故后一键报案，在线判断受损部件、受损程度，自动推荐维修方案并精准计算出赔付金额。与保险公司、科技公司、新能源汽车企业等生态伙伴的延伸合作和技术开源共享。

国内，汽车进入智能网联时代使得基于驾驶行为的保险比国外使用后装设备或手机具备了更大想象空间。2020 年 9 月 2 日，原中国银行保险监督管理委员会发布《关于实施车险综合改革的指导意见》，在"丰富商车险产品"中，提及了如下论述："支持行业制定新能源汽车保险、驾乘人员意外险、机动车延长保修险示范条款，探索在新能源汽车和具备条件的传统汽车中开发机动车里程保险

（UBI）等创新产品。"

UBI从诞生之日起就离不开车辆的数据。汽车行业入局保险，相比原本使用后装设备，在车机数据采集、风险识别、事故干预和认责定损方面都有了巨大的想象空间和落地条件。从汽车业视角，面对UBI的课题如何破题、解题，成为保险和汽车两个行业持续关注和互动的"方程式"。

保险公司的UBI涉及如下应用逻辑：

可以获取到客户的行驶里程或者驾驶行为的数据

将数据自行或者委托第三方进行分析处理

根据"专业的计算模型"给出评分或者客户标签

依据评分或者标签在客户续保时给出优惠费率

更准的数据、更低的保费、更多的客户、更低的赔付……这是保险行业的UBI。

数据从哪里来？车主是谁的用户？是因为买了一份保险产生的用户，还是因为买了一辆车生成的用户？谁在管理数据？（数据当然是用户的［车的］数据，但是最大的管理方是客户授权的整车厂。）谁的保险？这些问题的答案汇总一下就是，车的用户授权给整车厂管理的数据，被保险公司（或者关联方）用来优化产品获取收益，"行为良好"的车主当然会得到更便宜的保费。汽车行业探索UBI的目的是一笔屈指可数的"数据服务费"？还是为了帮助保险公司选择"不出险"的客户？

汽车企业可以"卖保险"赚钱，前提是它将卖车仅仅作为一个流量工具讲故事。是想卖给客户一辆保费"便宜"的车？还是卖给车主一份可以"赚钱"的保险？这是个商业模式问题。这个"悖论"背后实际上有一个更有趣的冲突。想一想：保险公司喜欢的是交了保费、少出险，甚至是不出险的客户，没错吧！那么汽车企业呢？他们喜欢什么样的客户？

汽车企业视角的UBI，应回归到为汽车产品提供更有竞争力的保费和更具有吸引力的车辆使用成本上来。甚至基于车联网数据的保险创新，可以跳出车险、保险的视角，探讨如何为车主的风险责任和经济损失提供解决方案。

关于 UBI 的更多解读，可以关注扩展阅读 11。

扩展**11**　汽车人的 UBI 新解——Usage Based Interest

UBI 的理论基础，可以梳理为以下三点。

可保风险：紧急制动、急转弯、跟车过近、超速、疲劳、分心等行为因子可采集并量化，构成定价因子。

正外部性：相比传统车险，可通过对不良驾驶行为的动态管理，做到实质性的减损降赔，进而减少保费成本，获得正外部性的主动溢出。

减量管理：王和在《保险的未来》一书中阐释了传统车险经营可以看作基于简单的大数法则应用，在被保险人范围内进行再分配。而 UBI 可以通过主动风险管理使得车主更少地用车、更安全地驾驶，进而承担更低的保费支出，使得社会总成本降低，提升社会总效益。UBI 保险拆解如图 6-6 所示。

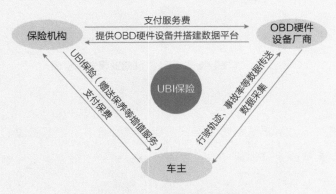

图 6-6　UBI 保险拆解示意图

"类 UBI"的基本逻辑是提供数据，换取保费优惠，降低了保险成本。采集数据，交付给保险公司，得到了服务费，这是参与方收益。使用数据，给出优惠，获取更多客户投保，这是保险公司收益。

汽车行业人员不妨大胆假设，UBI 必须是车险吗？甚至必须是保险吗？没有人规定。甚至 UBI 也不是保险行业的专属名词。客户购买了一辆有车联网功能的车，授权数据管理方采集、使用数据，那么除了车险保费以外，客户还可以获得哪些收益，或者降低其车辆拥有成本？而对于数据管理方、商业收益方来讲，各自又能获得什么样的合作价值？

抛开车险甚至是保险不谈，抽象为一般的商业模式就是，如何对客户车联网数据的"石油"进行提炼，让利益相关方均能收益，从而实现商业闭环落地，如图 6-7 所示。

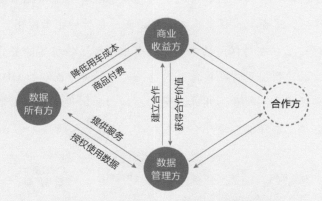

图 6-7 车主数据的 UBI 扩展商业模式示意图

车辆总使用成本（TCO）与 UBI 的扩展

某科技公司为某区域的商用车队提供了硬件设备、数据采集、监控分析的服务。有意思的是对方的反馈：安全评分分析的"好驾驶员"都是他们业务上的"差驾驶员"。那些不紧急制动、不急转弯、少违章、开车期间不抽烟、不打电话的驾驶员，业绩并不好。而车队最喜欢的驾驶员是那些拉货准时、高效的驾驶员。

"好司机"的定义其实没有唯一的标准，UBI 也没有。对于驾驶员，保险不过是车辆总使用成本之一。这里引入一个概念叫总使用成本或总拥有成本（Total Cost of Ownership，TCO）。一位客户从买一辆车开始到卖掉，大概有以下成本。

1）购置成本：购买一辆车所需的总成本，包含信贷或者租赁购车附加的利息或者服务费。

2）使用成本：燃油费用、充电费用、高速费用以及停车费、违章罚款，还有保费。

3）维保成本：包括自费的维修、保养项目，或者是美容装潢费用。

4）处置成本：客户二手车辆处置的价值折旧、折损减值成本等。

车联网数据的属主是车主，车主的整体用车成本，远不止车险的保费价格优惠。基于车主使用成本的视角，UBI 的概念可以被扩展理解为基于使用行为的收益（Usage based Interest）。

基于车联网的数据往往自然聚焦于车险，但涉车的保险并不只有车险。比如延保、驾乘意外险、物流责任险、承运人责任险、代驾责任险等，都是与车有关的，但又不是车险。

实际案例如 2019 年 10 月，平安保险和中交兴路联合发布优驾保 UBI 网络货运物流责任险，这是基于 UBI 的货运保险，面向网络货运平台、物流公司和实际运输方。又如 2019 年 7 月，Root 公司推出针对租客的保险产品 Root Renter，该产品提供个人财产保险，承保客户被盗或损坏的财产，并提供个人责任险，承保因被保险人的过失导致的意外事故中第三人人身伤害、死亡或财物损失的赔偿责任。此外，对于 Root 车险的存量客户，申请 Root Renter 时将获得 95 折的保费优惠。再如微信 ETC 曾和保险公司合作，基于客户 ETC 记录的上下高速时间、里程和速度信息，为客户提供高速意外险。

保费是用车成本，但用车成本也不只有保费

基于驾驶行为的商业表现，保险公司是天然的 UBI 变现商业主体。他们更关注数据，也会从数据中发现并经营风险。但汽车人的 UBI，可以有更多想象空间。例如在汽车融资租赁业务场景中，客户选择以直租模式购买了一辆车。不需要支付车款，只需按月支付租金。租赁期满，车辆还回融资租赁公司处置，双方交易结束。客户每个月的租金和保费、保养费用一样是显性的使用成本。还有一个成本，是隐形的，就是客户期满换车时，车辆的残值损失。假如客户行驶里程高、出过结构性损伤事故，对于租赁公司来讲，这辆车的残值就降低了，这种情况肯定要求客户承担损失。

假如车主 A 行驶里程不高、驾驶行为良好、没有出过结构损伤事故，车辆的残值高呢？是否可能依据行驶里程或者驾驶行为评分，给予该客户租金优惠或者减免呢？行驶里程少、驾驶行为良好，可以让租赁公司、客户或者其他相关方都能享受到收益。

类似的场景还有很多。比如车辆信贷、车辆租赁、车辆二手车价值评估等。假如客户驾驶行为良好，对于车辆及车辆所有方来讲是获益的，那么客户就需要被鼓励并给予一定的收益分享。

这就是汽车视角扩展的 UBI：基于驾驶行为的客户利益。

6.4 保险"出圈"：保险服务化与服务保险化

保险服务化和服务保险化是一组辩证概念，也是近年来在保险探索中前沿内容。这组概念派生于另外两组概念：产品服务化和服务产品化。

1. 产品服务化

产品服务化指将产品与服务相结合，对产品销售和使用过程中的服务内容进行拓展和增加，以产品＋服务提供更全面、个性化的体验。产品服务化的核心仍是产品，服务成为产品的组成部分。例如，提供售前咨询、售后支持、定制化服务等。产品服务化是根据用户痛点挖掘个性化服务机会，通过服务创新满足特定需求。产品 + 服务增加产品附加值，提高产品竞争力，建立长期连接，探索持续营收。同时，通过服务迭代、增强用户的产品黏性，促进忠诚度和复购率的提升。

产品服务化，是从客户服务视角设计产品，以满足需求、解决问题、交付价值。

2. 服务产品化

2006 年，IBM 服务部门在成立 10 周年时提出了全面转型"服务产品化"。服务产品化强调服务本身的产品属性，将服务进行产品化处理。服务的过程、内容和结果明确化、标准化，并以可量化和可交付的方式呈现给用户。服务产品化，是用户以产品形式定制标准化服务，并获得清晰的定价、可以预期的服务质量和体验。通过服务产品化建立完善的服务标准和流程，可实现"规模 + 速度"。规模化经营意味着成本降低，为客户提供更有优势的价格；提高交付速度则可以为客户赢得实现价值的时间。

服务产品化，把服务标准化、规范化、系统化，打包为产品，实现规模优势、快速交付。

汽车行业通过产品服务化，为用户提供了售前咨询、试乘试驾、订单交付和售后"三包"，甚至是终身维保权益等增值服务，提升了用户体验；通过服务产品化，将维修保养服务、增值服务包和汽车生态服务（例如洗车、装潢）等服务进行产品化处理，提供可见性和交付性。

保险是带有金融杠杆属性的服务保障权益，是一项服务，更是一种产品。正向视角，服务可以扩展保险产品的外延，反向思考，服务产品也可以参考借鉴保险的产品思维以获得启发。保险的服务化和服务的保险化得以被延展。

6.4.1　保险服务化：基于保险产品提供服务权益

1. 基本内涵

保险的初衷是提供风险保障。被保险人事前缴纳保费转嫁风险，出现意外事后获得损失补偿。保险的基本职能体现为损失补偿、资金融通和社会管理。

《保险法》第五十七条规定：保险事故发生时，被保险人应当尽力采取必要的措施，防止或者减少损失。保险事故发生后，被保险人为防止或者减少保险标的的损失所支付的必要的、合理的费用，由保险人承担。

车辆发生事故，保险公司提供赔款或者以直赔方式为客户提供车辆修复。从事前预防，事中控制到事后恢复（补偿），"服务"贯穿了保险服务的全生命周期，保险的"产品"其实就是"服务"，这也就是保险的"产品服务化"。

首先正式提出"保险服务化"概念的是北京工商大学的王绪瑾教授。他指出保险服务化是在保险承保、理赔、防灾防损过程中以客户服务为中心的现象。保险服务从环节上，包括售前、售中和售后等一系列服务；从内容上，分为初级服务和高级服务，初级服务分为基本服务和附加服务，基本服务包括承保、理赔、分保和防灾防损服务，附加服务如健康险的无赔款免费体检等，高级服务则是指延伸服务，如健康保险的有偿优惠保健服务等。基本服务是保险最基本、最核心的功能，做好基本服务，才能探讨附加和延伸服务。

2014年，国务院印发《国务院关于加快发展现代保险服务业的若干意见》，提出保险业是现代服务业发展的重点，具有巨大潜力。明确将保险业定位为现代服务业，进一步强化了保险业在经济社会中的主动服务功能，特别是保险业特有的风险管理和风险分散功能。现代服务观念认为围绕经济赔偿与给付这一核心的各种扩散性服务，均在保险企业的服务范畴之内。保险服务的内容包含提供保险保障、咨询与申诉、防灾防损、契约保全、附加价值服务等。

"保险服务化"试图赋予保险更多服务功能，出发点自然是在保险公司的立场之上的：如何赢得客户信赖，以获得更多的保费收入？如何在高回报的投资收益率下获得更高的保险盈利，从而更好地做好保险承保服务？

保险＋服务可以丰富保险的外延，让保险产品的感知度变得丰富。保险的服务是加分项。

2. 涉车场景的保险服务化

保险产品的服务属性，给车主用车周期提供了风险减量，给汽车服务商提供了资源杠杆和黏性链接，给汽车品牌企业提供了车 + 保险的产品服务生态。

保险保障 + 用车服务，是汽车保险产品服务化对汽车和保险两个行业布置的共同课题。

客户购买商业保险的真实需求是什么？除了一纸保单，可以获得哪些服务和价值？无论是保险还是汽车行业，参与保险业务，都要回答《李想·产品实战 16 讲》里的灵魂拷问：

我们是谁？我们为哪些人服务？我们提供什么样的价值？

汽车保险的销售咨询服务、报价服务、交易撮合服务等不是保险公司直接为车主提供的，汽车场景的保险"出单"服务是客户接触、了解、选择保险产品和保险公司的关键。汽车购买保险，绝不仅仅是一纸保单（电子保单时代，只剩下一个电子 PDF 文档）。车主购买保险的安全感、获得感和满足感是什么？保险公司端能做的往往是给客户提供增值服务权益，但保险公司并不是服务产品的直接经营商和交付者。

涉及车辆的养护、维修类权益，往往都需要汽车行业从业者来承接，比如保养、漆面修复、洗车等。比如我们在前文中专门提到的车险综合改革之后新增的一个附加险——附加机动车增值服务特约条款，条款中提供了四大增值服务：道路救援、车辆安全检测、代为驾驶、代为送检。

保险最重要的事故损失补偿和修复机制。保险公司端的理赔，所能交付的仅仅是赔款，自身并不从事车辆损伤的修复业务。无论是"直赔"还是赔款给客户，车辆的损伤修复服务，作为保险服务的必要组成部分，始终是客户对于保险体验必不可少的构成部分。车辆的配件、技术，维修服务的效率、流程和服务体验，直接关系到客户对于保险的服务满意程度。如果说车辆的委托维修是事故车维修的峰值体验，车辆交付则是其终值体验。

同样是保险，保险视角和汽车视角开展业务，角色、场景、动机和资源不同，即便是同一群车主，各自的服务内容，提供的价值必然需要差异化审视和经营。

保险服务化，是保险 + 服务的延展，是保险服务属性的强化，是保险服务体验的交付。

涉车场景的保险服务，是围绕车、车主，在保单的基础上做加法。

6.4.2　服务保险化：用保险逻辑打造服务产品

保险服务化强调保险的服务属性，服务保险化则强调保险也是预付费的服务产品之一。

1. 底层逻辑

有的汽车企业给车主提供一个产品套餐，车主先付费，遇到情况时再提供服务。情况是否发生是有概率的，如果不发生，费用也不会退返。这种产品，有没有点保险的影子？ 2017 年，蔚来推出"服务无忧"套餐，将车险 + 服务权益打包卖给终端车主，开启行业先河。时至今日，权益套餐模式成为新能源汽车企业，乃至整个汽车行业新产品上市的标配。

蔚来"保险无忧"包含的权益涵盖了保险、划痕补漆、基础保养、维保代步出行、维保取送车、事故安心、上门补胎、增值服务、爱车积分、年检代办、增强流量 11 项。这些产品被单独标了一个价格：保险费用 + 1580 元 / 年。类似的，"新势力"汽车企业之外的传统企业也有类似探索，比如广汽传祺推出的"祺行无忧"，中升集团先后推出的"双保无忧""养车无忧 plus"和"中升 GO"付费订阅会员，永达汽车推出的"达保倍"和有道汽车推出的"友道会"。汽车后市场养车平台途虎养车、天猫养车和京东京车会，各自均推出了面向车主的预付费权益产品。

车主购买权益，享权概率和履约成本虽不确定，但可以通过一定的经验数据加以测算。上述产品五花八门，却也有以下共同特点。

1）预收费。注意不是免费，也不是先充值，事后根据发生金额结算。

2）概率杠杆。客户付费获得的权益，可能发生，也可能不发生。发生涉及成本，不发生就产生利润，此为"射幸"。概率使得权益承诺内容与实际履约的定价及成本之间都存在杠杆。

3）服务闭环。闭环的意思是权益销售主体同时也要承担享权履约责任。服务闭环一方面要求"管生也要管养"，另一方面要求权益收入、费用和成本的分摊和周期核算。

概率、杠杆和分摊三个关键词的加持，使得一个面向客户的洗车或者保养权益套餐有了保险产品思维的影子。

车主预付费购买，用多用少、用或不用对于个体是选择问题，对于群体是概率问题。不追求单个客户的盈亏，而是在既定业务导向下设计享权概率的高低。蔚来的"保险无忧"说明，汽车保险业务不局限于保险产品本身。至少可以说保险逻辑在发挥作用。

非保险主体，当然不能非法从事保险业务，但从"预收费""概率杠杆""服务闭环"三个视角经营服务权益产品的话，是不是也可以学习保险逻辑呢？这种基于大数法则和射幸合同的服务权益产品，叫作"服务保险化"。

保险的本质是大量同质风险的共同分担，车主用车生命周期中的风险转嫁和损失补偿，可以通过保险公司的产品来实现，也可以选择汽车企业的相关"服务类质量保证"产品。《企业会计准则第 14 号——收入》（财会〔2017〕22 号）第三十三条规定：对于附有质量保证条款的销售，企业应当评估该质量保证是否在向客户保证所销售商品符合既定标准之外提供了一项单独的服务。企业提供额外服务的，应当作为单项履约义务……企业应当考虑该质量保证是否为法定要求、质量保证期限以及企业承诺履行任务的性质等因素。客户能够选择单独购买质量保证的，该质量保证构成单项履约义务。

服务类质量保证，指为客户提供的保证类质量保证以外的单独服务，目的是提高服务水平或促销等。汽车企业或销售商提供的"原厂延保"或者"保养预售套餐"都具有这样的性质。依据法律规定和行业惯例提供的质量保证就是保证类质量保证，而在此基础上单独提供的促销和惠顾客户性质的承诺就是服务类质量保证。《企业会计准则第 14 号——收入》（财会〔2017〕22 号）第三十九条规定：企业向客户预收销售商品款项的，应当首先将该款项确认为负债，待履行了相关履约义务时再转为收入。以"服务保险化"逻辑，打造的预付费权益产品（或付费会员计划），本质上就是向客户销售了一项服务类附有质量保证条款的产品。再简单点，就是对客户有了一项"履约义务"，财务上称为"合同负债"。

保险的终极目的是服务于汽车销售与客户服务的主营业务。保险经营创新的关键有两个：借助保险和学习保险。应合法合规地学以致用。

基于上述实践和政策体系指引，"服务保险化"的概念由本书作者 2022 年 10 月份首先在汽车行业内提出。服务保险化不是非法从事保险业务，而是将保险产品作为服务权益的一部分，基于保险思维打造预付费的"服务类质量保证"产品。

面向车主的预付费模式和付费（会员）权益体系，在存量趋势下前景可期。

2. 落地方法论

1）保险思维的"不可能三角"。以车险、寿险和齿科保险为例，展示不同保险经营逻辑下的概率思维：保险并不是一味地与客户博弈"高保低赔"。汽车行业参与保险，是寻求高价低履约成本的高毛利，还是追求高渗透高享权带来客户黏性和售后返厂忠诚度，这是战略和定位问题。

一款产品，受到资源约束和竞争因素影响，在股东回报（利润）、产品吸引力（客户价值）和产品渗透度（渠道利益）之间存在着不可能同时满足的"三角"结构（图 6-8）。同理，没有任何一款车主服务权益，可以既要客户吸引力（收入现金流），又要售后黏性（售后返厂次数高），还要业务利润（进销差不能亏）。

要什么？舍弃什么？是服务保险化的产品战略选择。

2）预付费产品机制。预付费按照客户付费次数和商家收入形式，可以分为以下四种：

按需购买：比如车辆的附件或选装包

按需订阅：比如特斯拉的车载影音娱乐包

一次性购买：比如汽车保险或保养预售套餐

一次性购买 + 按需付费：比如途虎、天猫、京东的车主付费会员

图 6-8　服务保险化的不可能三角

因射幸合同性质，保险是预付费产品的一种特殊形式。服务权益预付费并存在履约概率，构成了服务保险化思维的产品基础。客户为什么会愿意接受预付费？预付费产品向客户传递和交付什么样的价值促成了客户选择成交？

服务保险化让客户预付费，基本的产品价值逻辑有三种。

优惠折让：产品不变，预付费更便宜，这是以价换量的时空契约。优惠折扣有多种表现形式：比如京东 plus 会员的免运费、会员价和 10 倍返京豆；比如天猫养车大会员的洗车 5 折、美容保养和工时费 8 折……艾瑞咨询《中国零售业付费会员消费洞察》认为：消费者加入会员计划的初始原因是基于价格折扣。为什么开通和续费办理付费会员？价格优惠为主要原因，选择比例为 74.0%。预付费更便宜，是差异化定价的特权"歧视"。

专属特权：会员价以外，会员礼、会员日、会员专属客服等都体现为会员的专属特权。成为付费会员，与非付费会员相比，所拥有的差异化，就是专属特权。比如内容订阅，往往以内容、知识或者软件功能居多，只有付费才能享受，具有排他性；比如优先特权，付费同样可以享受，但是会员相比非会员具有优先

的特权：免运费、免排队、免广告等；比如专属服务，银行为白金卡、钻石卡会员提供的专属服务顾问、专属 VIP 热线、专属接待服务区等；再比如医院为特需患者提供的专属诊疗服务。

服务承诺：服务承诺是第三类价值，保险就是这类。客户预付一笔费用，可以得到商家提供的质量保证、履约保证或者是其他承诺。典型的案例是汽车的延长保修质量担保，简称"汽车延保"。保险公司有"延长保修责任保险"或者"延长保修费用（补偿）保险"，汽车企业、经销商也可以自行为客户提供延长保修质量担保。

优惠折让、专属特权和服务承诺，共同指向一个问题：客户预付费与否，有啥不一样？

对于经营者来说，预付费是筛选客户的量价之约和进入门槛，是客户流失机会成本和退出壁垒，还是基于存量用户成长运营的私域体系和竞争护城河。

3）付费会员：服务保险化的经营体系。服务保险化的尽头不是保险，而是付费会员。基于财务视角最容易理解的经营逻辑，利润的第一个拆解公式：

$$利润 = 收入 - 成本 - 费用$$

业务盈利的要么来自更高的业务收入，要么来自更低的成本费用。汽车行业的成本加成逻辑，都是如此。

预付费的权益类产品的底层逻辑，可以用如下的公式进行表达：商品交易总额（GMV）= 会员费 + 会员业务收益 = 预付费金额 ×（客户基盘 × 付费会员渗透率 × 续费次数 + 新增付费会员数）+ 会员消费结算单价 × 交易次数 × 付费会员数 × 活跃用户比例。

简化一下，得出利润的第二个拆解公式：

$$利润 = 利润率 × 客户数 × 客单价 × 交易次数$$

预付费产品，无法获得确定成本和费用，也无法确保每个客户、每笔交易都是稳赚不亏的。怎么办？可以借鉴保险思维。保险思维不看个体看群体，不看当下看长期，不看差价看规模。

比如某财产保险股份有限公司的《机动车辆延长保修费用保险条款》中，保险费部分的定价逻辑是：保险车辆的保险费根据该车辆的车型、购买时间、使用时间和保险期间计收。

如何计算？在其对应的《机动车辆延长保修费用保险费率方案》中，明确地定义了延长保费由基准保险费与各项费率调整系数相乘得出。保险产品定价的完整公式是

利润＝已赚保费 −【赔付成本 + 保单获取费用 + 运营费用】+ 投资收益

保险公司有自己的一套精算模型和定价逻辑。市场如此多的品牌和车型，保险公司对每款车辆都可以掌握这么多准确的数据吗？当然不可能。无论模型多么精准科学，实际上都无法得出绝对有信服力的风险判断。

预付费权益和保险一样，无法确定的是成本，也不能追求单体客户的稳赚不亏。确定战略定位和业务导向，基于经验数据，设计"服务类质量保证权益"，并通过预付费方式加以落地。在法律法规和框架内，将其包装为车主的预付费产品或者会员权益，做到"服务保险化"是完全可行的。

保险服务化，是保险服务属性的延伸。服务保险化，是服务产品的保险化思维同构。两者之间最大的联系都是向车主交付预付费的服务权益产品。两者之间最大的区别在于一个是给保险产品用服务做加法，另外一个是给服务产品用保险做乘法。

扩展12　　　　　**面向车主的预付费模式**

什么是最好的商业模式？很难有标准答案。能够预收费的模式，没有人会拒绝。

预付费就是用户在使用业务之前必须预先支付费用。无论是各种各样的

储值、会员卡、套餐，还是所谓的订阅、包年或会员，底层都是先收钱，后交付。再涉及概率就更好了！

先收钱，意味着预售款多了，应收款少了，现金流在手里白白拿几天。

先收钱，意味着不需要再派人去花费时间和精力做"催收"和回款工作。

先收钱，意味着与客户达成了未来周期内的契约，特别是对无形的服务产品来讲。

实物一手交钱、一手交货是可以理解的，比如汽车整车或者某个配件。如果不是实物，比如将来一段时间内发生的服务甚至是有可能不发生的（比如保险或者延保），那客户为什么愿意接受预先付费呢？

关于"服务保险化"的内容中，我们提到过三种解读：优惠折扣、专属特权、服务保证。保险，升维到商业模式，也是面向车主的预付费产品之一。客户先付费，基于出险概率和损失程度给付赔偿。

燃油汽车时代，就是单纯的客户买车叠加维修保养服务的模式。汽车新四化的到来，汽车商业模式不断进化。有 FSD 单独售卖和影音娱乐包按月订阅的特斯拉，有保险、能量、服务三无忧的蔚来，有后轮转向单独收费的奔驰，还有汽车企业各式各样的汽车远程服务提供商（TSP）服务，汇总分类如下。

1）专属功能：付了费才能开通或升级某些专属功能。

2）影音娱乐：付了费才可以获取开车期间的影音娱乐权限和内容服务。

3）权益和保证：选择付费后，会承诺或者保证给你 ×× 权益，需要的时候可以用得到。

4）TSP 服务：在车联网"上车"之前，这是最早的预付费产品形式。

上述功能往往都需要预付费或者打包在车款内赠送，然后到期续费。No money No service：您的 ×× 服务已到期，请尽快续费。客户买了一辆车，常理上认为对其拥有所有权，很难想象车辆上的座椅加热或者通风功能需要额外付费开通，明明车是自己的，提供的功能都是体验到期之后却都需要续费。如果有一天车主收到推送，提醒其通过 OTA 升级可以使爱车变得更加优秀，车主愿意付费吗？

曾经，买了一辆车，车主是车的产权所有人。现在，这辆车被切割成了免费能用的、续费能用的，还有额外花钱可以升级的……甚至，车本身的所有权都不一定是你的了，比如融资租赁里的直租或者被叫作"book"的车辆订阅。

汽车行业的预付费的 10 年探索路

汽车行业什么时候开始做预付费生意，几乎无迹可寻。要说最早的车主预付费产品形式，或许就是车险。可查到资料显示，国内首现车辆延长保修服务的时间是 2004 年 8 月 2 日。同年 11 月 15 日，上汽通用别克品牌推出了别克关怀服务品牌。别克关怀在全国推出全新"菜单式保养"系列套餐项目。

除了保养套餐，新车的选装包，也成了一种提供给客户的按需预付费的产品选择。传统汽车品牌的预付费还有另外的一种变形：新车选装包。针对同一款车型，设计不同的配置版本，对于每个配置版本又设置了需要客户单独付费购买的配置或者功能。这种客户一次性按需付费的"选装包"成为燃油汽车时代最具有代表性的"预付费"模式。

基于传统车辆电子 / 电气架构下的通信娱乐延展功能始终是各大传统汽车企业追踪的热点，直到今天，"BBA"豪华品牌们都还仍然在运营自身的"互联""智驾"系统和服务，并且有各种续费才能使用的门槛。最早和车辆、车机产生关联的预付费产品是 2009 年雷克萨斯率先引入中国的"G-BOOK 智能副驾"。该服务是为解决只能通过光盘更新车载导航系统的问题而推出的，一年付 840 元的订阅费就可享受"话务员服务"。这类车载娱乐通信系统的延展大多由原厂前装，一定时间内免费，期满之后需要按年或按月续费。这类服务的提供商在合资品牌口中的洋气的叫法就是

Telematics Service Provider（TSP）。

"功能订阅付费"是伴随互联网成长而出现的新名词。2012 年，特斯拉 Model S 最早把整车 OTA 这一概念带入了汽车圈，智能汽车开始突破传统汽车的物理界限，为汽车画了时代分界线。OTA 的全称是 Over-The-Air，即远程软件升级技术，即用户可以像升级计算机、手机一样，通过远程软件升级就可以更新汽车软件和解锁固件，确保车辆拥有最新的功能，并能及时修复问题和规避安全问题。

当软件也可以被不断更新时，软件本身就容易成为一种产品，也就是软件即服务（Software as a Service,SaaS）。如果说传统汽车企业的车辆会区分低、中、高配置，并且叠加特定的选装包是一种硬件预付费的话，特斯拉则通过硬件＋软件的形式，为汽车行业打开了一扇通往新世界的门。"增强版自动辅助驾驶功能"和"完全自动驾驶能力""后排座椅加热功能""车载娱乐服务包"这些产品是马斯克带给汽车行业的"新物种"。

以汽车硬件作为载体，软件和服务另收费，并且通过 OTA 升级可解锁。门一旦被打开，创新的潮涌也就不受束缚。除了 OTA，国内还有 5G 网络的优势和领先全球的移动支付，这三者从信息流、资金链上为功能订阅付费带来了前所未有的技术铺垫和探索可能。特别是对于仿效特斯拉的"新势力"汽车企业而言。原有的分布式电子/电气架构被打破，基于智能座舱、车载通信、智能（辅助）驾驶的全新车辆模块定义，通过软硬件 OTA 实现预收费成了"标配"。代表性的案例如下。

特斯拉：特斯拉是目前硬件＋软件＋服务盈利模式的标杆，不仅有"增强自动驾驶"功能（32000 元）和"完全自动驾驶"（FSD）功能（64000 元），有座椅加热和后来升级的"寒冷天气套件"（2400 元），还有针对 Model 3 的加速升级包（14100 元）。

蔚来：2019 年 9 月 26 日，蔚来宣布开启"焕新升级计划"。整个计划包含续驶里程升级、数字座舱升级和"移动生活空间"升级三大主要内容。其中一套为价值 9600 元的智能座舱升级包。第二套 5G 版智能座舱升级包在前者的基础上增加了 5G 天线和 5G 中央网关，定价 12600 元。

奔驰：奔驰在奔驰 EQS 450+ 先锋版车型中推出 EQS 付费解锁后轮转向服务。EQS 车主要使用后轮转向功能需要 1 年支付 4998 元。奔驰旗下的 smart 品牌更是将订阅发挥到了极致，车辆的座椅加热、座椅通风都被按照月度、年度订阅进行了"产品化"。

这些互联网和快速消费品行业的玩法，也陆续呈现在了车主面前。这可能反映了两个趋势：一是整车营销框架的外延不再拘泥于汽车本身及其配附件；二是厂、车、人的关系被重构了：针对车主综合服务的中心由经销商向汽车企业转移。

预付费的生意当然不止于车辆的软硬件。当汽车销售运营从过去的 to B（面向企业）的销售渠道逐渐向直连用户、客户生态转移，整车厂更靠前了。基于与用户的互动触点，保险、延保、保养、充电、代步车、取送车、救援、代驾、洗车成为可选择项目。这些项目有的被整合到了新车销售策略，当作车辆的赠送权益，有的则被单独拿出来"打包"销售，这就构成了另外的一种预付费策略，即"服务包"。

真正伴随新车营销开权益预付费先河的，要数 2018 年随着蔚来 ES8 上市而推出的"保险无忧"，把跟车无关的保险、服务组合打包定价售卖，这无疑是"新玩法"。纵观后来各大汽车品牌，没有"服务包"，似乎都感觉销售策略缺少了好几页可以沟通的"PPT"。至于出发点，有的说是为了"宠粉"，有的号称是给客户全面的用车方案，有的则是主打"无忧"概念……

汽车预付费生意的模式分解

从车辆到硬件到软件到流量数据到车主服务，没有什么不可以被销售，也没有什么不可以被预付费。这得益于三个突飞猛进的技术突破：移动支付、车联网和 OTA 升级。

可以联网、可以 OTA 升级或者远程控制，然后基于付费与否解锁特定功能或者权益，车主的预付费生意，才有了可能。

预付费变成了一种商业模式，也就是买卖双方达成的交易结构。作为买单方的客户，有以下两种付费方式。

1）**按需付费**：客户根据实际需要的服务进行付费，或者说是财务会计视角上的"权责发生制"，一手交钱一手交货。无论是需要"货到付款"，还是"款到发货"，按需付费意味着没有概率成本收益，只有购买后是不是用得到以及用得多少的问题。

2）**预付费**：客户需要为未来一定周期内的多次消费或享权内容，进行一次性预付费。这会产生一个概率问题，如果享权多，意味着履约成本高，反之则履约成本低。

切换到交易的另一方，收款也有以下两种形式。

1）**一次性收入**：这非常容易理解，对于一个客户来讲，业务收入是一次性的（时间周期内）。比如一次性收到了客户为 6 次保养套餐支付的款项收入，后续客户保养全免费。

2）**经常性收入**：这与一次性收入对应，它不仅希望客户预付费，还希望客户在后续的互动中有增购、复购等行为，从而产生"经销商性收入"，比如京东 plus 会员赠送的免运费券，客户享受免运费的前提是他（她）在京东平台产生了后续的订单交易。

因此，预付费商业模式分类可以汇总成表 6-3。

表6-3　预付费商业模式分类框架

分类	一次性收入	经常性收入
按需付费	选装 \ 附件	订阅 \ 服务订阅
预付费	更新升级 \ 储值会员 \ 服务保证	付费会员

不同的预付费项目，并无优劣之分，需要结合销售交付场景、内容和业务模式进行顶层设计。可以设计一个预付费产品包含不同的类型，也可以针对不同类型推出多样化的预付费产品。预付费不是目的，只是对商业模式和交易结构的设计，一切目的都是提高销售额和销售的效率。

赠送、买断还是订阅：软件定义汽车时代客户怎么预付费？

原本，汽车的硬件开发是 5 年一个周期，5 年一个车型，3 年一个小改款，一旦车型锁定，基本就无法改动；原先传统汽车企业的利润主要来源于对车辆的一次性售卖以及后续的保养。马斯克在社交平台上曾发文称："大型传统汽车制造商，卖车的利润率极低，甚至已经是零利润。"

新能源汽车带来了新的造车维度。软硬件解耦后，汽车企业能够把软件功能的更新与车型的更新分离开来，消费者不再需要依赖硬件更新 / 更换车辆来升级功能，仅凭软件的迭代即可提升车辆功能从而满足自身所需。

当汽车越来越成为一个移动的大型终端时，不断涌现的新商业模式，或许未来将改变行业的盈利方式，卖车只是为了"交个朋友"，之后的一些增值产品或服务才是更大的盈利点。根据普华永道《2020 年数字化汽车报告》第三篇《打造软件驱动的汽车企业》指出，以每车型电子 / 电气（E/E）架构开发成本为例，对比 2030 年与 2021 年，硬件成本占比将下降 11%，而软件成本将从 34% 上升至 42%。到 2030 年，软件在汽车消费者感知价值中的占比将达 60%。而整车厂在卖出整车后，通过不断地 OTA 升级汽车软件，为用户提供新的功能、服务与体验，进而不断获得新的价值或收入。

客户付了钱和没付钱，到底有什么区别？说回被业界"痛批"的奔驰付费解锁升级"后轮主动转向系统"的案例，这属于我们所说的一次性付费（4998 元 / 年）、一次性收入的"升级"模式，也可以理解为是"包年买断"。为什么负面声音居多？未付费客户认为，我已经花钱买了车，车是我的，支持升级的硬件系统也是我的财产，但是对不起，不付费，就没有使用权。车主很难相信自己的购车价里不包含实现该订阅功能的硬件成本，既然如此，自己还要再为使用权付费，总感觉哪里不对劲。就像是住在自己买的房子里，但开发商和你说上厕所需要包月付费。预埋硬件、OTA 升级软件、体验期免费、到期续费，成为"软件定义汽车"时代的标准"套路"。

New Street 研究公司的分析师皮埃尔·费拉古（Pierre Ferragu）估算，到 2030 年，特斯拉卖出一辆车，总共也就赚个 7000 美元，但通过付费订阅服务，仅 FSD 这一项，一辆车每年都能给特斯拉带来额外的 2.3 万美元的利润，是卖车利润的 3.3 倍。

前景广阔，但新模式也并非一帆风顺。硬件预先买单、软件二次付费，存在两次"割客户韭菜"的行为，作为消费者自然感觉"不爽"。中金研报强调，"尽管我们认为中短期整车利润模型正在从硬件转向软件，但是长期的视角来看，通过车载软件收费的模式可能并不长久。"美国新泽西州议员于 2023 年 9 月提出法案，禁止汽车订阅服务，规定如果发现类似订阅服务，首次被揭发最多罚款 1 万美元，第二次罚款 2 万美元。

什么是更好的预付费方式？没有标准答案。管理咨询公司德勤的调查显示，90% 以上的中国消费者愿意为车联网付费，其中 25%~30% 的消费者支付意愿超过 5000 元。这是一个乐观的结论。另外一项调研则说 54% 的消费者愿意为附加车联网功能做一次性预付，按需付费接受度为 39%，订阅模式接受度为 8%。

左手 OTA 订阅，右手服务包订阅，汽车预付费生意的进化，才刚刚开始。关于付费商业模式的拆解和设计，无论是订阅模式还是付费会员，都是值得摸着石头过河的新领域。

有一点不可否认，技术和产品的迭代，不仅重新定义了汽车，也会带来汽车相关商业模式的转变。保险和与之相同逻辑的预付费模式，不会缺席。

6.5 保险"求变"：汽车业视角保险的变量和创新框架

6.5.1 汽车的供需关系在变，保险也将走向存量博弈

2017 年，国内狭义乘用车销量成为至今以来的"山丘"。越过山丘之后的汽车产销量虽然在 2023 年刷新了 3000 万辆大关（出口 491 万辆），乘用车国内销量 2192 万辆，同比增长 4.2%，但仍比 2017 年的最高点低 216 万辆。2017 已然成为国内乘用车市场的分水岭。此前，一路高歌猛进坐收增长红利，此后，一眼节节下行博弈存量"内卷"。

汽车市场的增长，通常可以从三个视角寻找动能：客户生命周期、产品生命周期和产能资源约束。过去 20 年，汽车市场最大的增长动能来自 1970—1990 年期间的人口增长，以及具有足够潜力的消费客群（2002 年，被称为中国家用轿车起步元年，汽车千人保有量仅为 16 辆，2012 年为 89 辆，2022 年底突破 200 辆）。汽车行业，特别是乘用车产业的发展，受益于 40 多年前"市场换技术"的合资政策，国外汽车品牌的引入，使得国际领先的技术、产品、制造水平和产业链进入中国并落地生根。2013 年，以特斯拉进入中国为起点的新能源时代更是在中国市场掀起了"弯道超车"的契机。曾经的高增长也带动了汽车行业产能的遍地开花。2020 年以后，汽车行业产能累计超过 4000 万辆 / 年。

上述的三个动能，近年来逐渐出现了新变化。每年新增驾驶员人数在 2015 年达到顶峰之后，领先下行。首次购车比例从 2011 年的 76% 下降到 2022 年的 45%。汽车产能利用率连续五年低于 69% 的水平。

汽车市场从供不应求的增长时代，正在趋向供大于求的增长收敛甚至萎缩"内卷"。保险作为汽车产业链的下游，直接受制于汽车产业的增速。汽车市场的增长收敛，给汽车保险市场带来的是规模上的存量博弈。虽然有相当可观的保有汽车保费市场，但新车增长动能的收敛直接限制了涉车保险市场的规模增速。保险没有汽车行业的产能利用率风险和成本，但规模因素是大数法则发挥作用的关键。

涉车的保险市场，同样不可避免面临供大于求的存量博弈和"内卷"。

6.5.2 车主和触达渠道在变，线上化改变了产品与客户的互动方式

增量时代，稀缺的是产品，产品提高销售渗透和市场份额最好的路径是提高产能、扩大知名度、增加网络渠道覆盖，以及加大对内激励和对外促销力度。"货找人"时代，产品品牌、产能和渠道资源是最重要的连接方式，竞争方式变成扩大渠道、带动规模、提升增速的竞争。车主的总体规模不增反降，汽车的购买人群不再以首次购买的"小白"为主，增购和换购的车主群体有过购车和用车的经历，接受过市场"教育"之后会更加理性和成熟。这一模式中，无论汽车品牌企业还是保险公司，都是产品的供应方，但不是客户的直接服务方。

B-C的割裂、信息不对称和渠道为王的特点是增量时代的最大特点。无论是汽车行业的投放广告、购买垂直媒体平台线索，还是保险公司支付佣金手续费、事故车资源换取保费，本质上都是通过渠道方购买"流量"，财务上是销售费用，业务上是获客成本。

线上化和新能源汽车的直营直销模式，改变了客户沟通触达的渠道。汽车企业的品牌App，成为客户新车订单、车辆交付、售后服务的触点，车机端的触点和内容更使得汽车企业与客户有了全生命周期的直连。品牌App-车机-客户的直连模式使得汽车的销售和售后服务，完全具备了线上交易、线下交付的可能。线上化带来的数字化，又使得汽车企业具备了客户精准触达和互动的场景和线索。

汽车企业与车主的直连，给汽车产业链和保险公司的业务布局都会带来巨大的冲击。在6.1~6.3节相关内容中，多次提及汽车的直销直营对于销售渠道的影响和冲击。当车主可以在汽车品牌App上购买保险或保障服务包、在线报案和委托车辆维修，保险公司原有的车商渠道或者电话营销模式，必然面临不同维度的竞争。保险公司的车主生态以及使用非常低频的App或移动端触点，将变得更加弱势。

通过汽车企业卖保险、为汽车企业的车辆事故案件赔付买单，甚至接受汽车企业定制设计的保险转嫁方案承保，将成为不得不面临的"新模式"，持有牌照的保险公司会不会退缩到"核保"和"核赔"的两核业务，是汽车和保险两个行业持续博弈的终极命题。

离车主更近，与车主直连，是汽车品牌企业相较于保险公司的最大优势。

6.5.3　汽车产品的进化迭代，倒逼保险产品必须跟上节奏

回看 2013 年，对比当时的汽车产品，如今俨然已经有了天翻地覆的变化。"三电"系统取代了原本的发动机和变速器，车身和电池的一体化技术和新材料的使用，大大降低了车辆的制造成本，也提高了车辆的性能，扩大了车内的空间。车载互联使得每辆车不再是孤立的机械产品，互联化使得车与汽车企业保持在线，同时，车辆的数据也"尽在掌握"。

汽车在过去四个轮子 + 两排沙发的基础上，陆续增加了"彩电冰箱"，燃油汽车时代的收音机、CD 机加离线导航的配置被智能化的车机系统取代，汽车一步跃入了智能座舱时代。车载传感器、激光雷达，外加算力算法的加持，使得车辆的智能化水平取得"一日千里"的进步。

软件定义汽车，更是将汽车带入电子产品的摩尔定律进化模式。

汽车的进化和迭代，带给保险行业的刺激程度，前所未有。电池、电机、电驱的应用，使如今的汽车在加速、制动参数方面直接"虐杀"原有的燃油汽车。800V 高电压平台、电池车身一体化（CTB）使得续驶里程不再是制约客户选择新能源车的因素，同时也彻底改变了车辆原有的零整比结构和保险公司查勘定损的游戏规则。超级大压铸、智能座舱、智能驾驶使保险公司原有的事故车维修的修换替代、渠道替代、配件替代难以为继。

汽车产品的进化使得汽车的风险从驾驶员的责任风险、第三方责任风险、意外风险和自然灾害风险延展到车辆的产品责任、智能软件责任、智能驾驶运营方

责任。汽车的保险产品不仅仅是车主或者被保险人和保险公司两方之间的风险转嫁和损失补偿，无论是销售、理赔，还是产品设计、定价，汽车业都不可避免地要躬身入局。

当汽车已经脱离燃油汽车时代独立的机械产品属性时，当汽车电动化、网联化、智能化和共享化使汽车从出行载具进化到可移动的计算终端，再到先进的移动智能空间时，汽车的产品品类被重新定义。随之而来的汽车保险，作为财产保险的"榜一大哥"，势必也要随之重新定义、进化和迭代。

6.5.4　汽车保险变局中的汽车企业和车商

智能汽车时代的到来，给汽车保险带来可预见的冲击和变局，比如：

市场规模损失。智能网联汽车的广泛应用，安全技术和智能化的普及将有助于保险事故发生概率的降低，但也会使保费产生下行压力。与此同时，随着共享出行的可用性和成本效率占据更大的里程份额，预计行驶距离会减少风险降低带来保费损失。

品牌厂商有能力直接高效触达客户，售后端的终身维保策略也可以将使用"原厂认证"的配件和维修流程的要求作为先决条件，并参与相关商业保障责任的归属和分配。

汽车保险责任和范围发生转移。交通事故的责任将由车主转移到汽车产品上，智能（辅助）驾驶的硬件、软件、平台、运营方将承接更多责任。

对于汽车企业和车商，保险业务原本是边缘的业务，是促销策略的可选工具、是佣金收益的毛利来源、是事故车送修的最大资源方。保险属于锦上添花。

汽车产品和营销模式的变化改变了车生态和车的风险，汽车保险产品的同质化"内卷"，保险公司陷入做新能源汽车找死、不做新能源汽车等死的尴尬局面，催生了汽车－车主－车商－保险业务链条的迭代和商业模式的重构。汽车进化倒逼游戏规则和商业资源的重新配置。

未来的汽车企业，是承保车辆损失风险（人伤等非核心风险外包），全面介入客户关系和保险价值链？还是拥有销售和理赔，成为保险公司战略合作的车险管理型中介（MGA）？抑或是基于场景、数据和渠道，将保险资源和能力进行对价和变现？理论上都存在可能，实践上都离不开汽车和保险两个行业继续"爱恨交织"。

汽车行业通过技术迭代，减少客户用车风险和维修经济成本，通过场景、数据和渠道定义保险产品、直连车主生态；保险公司输出精算能力、专业服务，跳出保费和费用赔付零和博弈的死胡同，汽车保险作为奶油，嵌入到车主产品服务的生态蛋糕中。车主存量价值挖掘、汽车厂商经营改善型营销是汽车保险创新的新框架，也是汽车和保险两个行业资源换资源的新范式。

扩展13

苹果 AppleCare+，不是保险，胜似保险

汽车业的保险经营创新，有一个不是保险行业的优秀案例值得学习，那就是 AppleCare+。

何为 AppleCare+？

我国的"三包"规定，赋予了消费者自购买消费电子产品之日起一定期限内的主要部件质量问题保修服务，苹果产品也不例外。AppleCare+，全称为 AppleCare Protection Plan 全方位服务计划。2007 年，苹果公司推出了付费的售后服务计划产品：AppleCare。2013 年 9 月，苹果在中国正式上线了 AppleCare 的升级版：AppleCare+（图 6-9）。

由 Apple 认证的　　优先获得技术支持　　获得不限次数的　　电池维修服务
服务和支持　　　　　　　　　　　　　意外损坏保修服务

图 6-9　适用于 iPhone 的 AppleCare+ 权益构成

以 iPhone 为例，AppleCare+ 服务计划延长服务保障期限，还提供不限次数的意外损坏保修服务，维修范围限于 iPhone 及其原装配件及电池容量低于初始容量 80% 的电池。对于使用过程中发生的意外损坏提供不限次数的保修服务，每次收取相应的服务费：对于屏幕更换或玻璃背板损坏，收取 188 元的服务费；对于其他意外损坏，收取 628 元的服务费。若经苹果公司授权服务商测试后发现电池蓄电量低于初始容量的 80%，则可以免费更换电池。

AppleCare+ 不只是"延长保修"。例如，iPhone 的 AppleCare+ 有一项"年年焕新服务"，在购买后的第 3~13 个月末之间，原手机可以以 50% 的价格折抵。如果期间没有使用其权益维修过手机，基于原服务计划的剩余时间将获得至少 50% 比例的费用退还，并计算在折抵价格中。年年焕新的用户还有隐藏福利：在新手机发布之时，如果需预约，优先级更高。

国外某些特定国家和地区适用的 AppleCare+，还包含有丢失和被盗的保障权益（AppleCare+ with Theft and Loss），iPhone 丢失或被盗后，加付一笔费用可在苹果官方获得一台同型号的全新手机，每 12 个月内有 2 次机会。

作为鼻祖，苹果的 AppleCare+ 服务体系做得相当成熟。产品可卖可送、可长（一次性支付 24 个月）可短（按年度），可通过手机、电话购买，也可通过官网或零售店端购买。可以全款买，也支持分期计划。协议到期可以续订，不想要了可以取消和转移。AppleCare+ 像极了保险。

客户预付款项购买，根据约定时间享权维修，存在概率属性的保障权益，客户购买的服务计划和保险公司推出的手机延保、手机碎屏险非常相似，但 AppleCare+ 不是保险！经过拆解和求证，与保险产品如此类似的服务保障权益，虽然没有保险产品和保单直接出现，AppleCare+ 背后还是有着保险行业和保险元素的影子。

在中国，AppleCare+ 服务计划由上海亚美国际咨询有限公司（AICS）

负责。AICS 与计划的销售方并非同一家公司，并且为计划中履行义务的一方。苹果公司（直接或通过其关联公司或授权经销商）向客户销售，同时 AICS 委托苹果公司向客户提供硬件服务和技术支持保障。AICS 的唯一股东方是 AIG APAC（美亚保险集团亚太），终于找到了保险公司的影子。无独有偶，国外版本包含的"丢失 / 被盗保障"，索赔也是由 AIG 处理的。AppleCare+ 服务计划运营模式如图 6-10 所示。

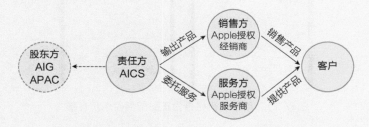

图 6-10　AppleCare+ 服务计划运营模式

苹果公司还有很多预付费生意。比如针对内容的软件、音乐的订阅付费，针对云存储空间的 iCloud 付费购买，针对产品置换的 Apple Give Back 和 Apple Trade In 等等。

为何购买 AppleCare+

苹果公司因其颠覆性的划时代明星产品，坐享高溢价带来的利润。对于客户来说，最大的成本有两个：购买和维修。苹果公司的产品科技含量高，这也反映在了维修价格上，水涨船高。产品通常采用封闭式结构（例如电池无法自行更换），渠道和配件有壁垒。产品结构精密且硬件组件定制，维修时间成本和人工费用相对较高。正品与非原厂的部件相比，差异明显，如图 6-11 所示。

苹果公司的科技能力非常强，核心部件，比如显示屏、电池和相机，可以实现正品与否的在线云端验证，并直观地展示是"正品 Apple 部件"还是

"未知部件"。苹果重视体验，非正品部件在性能和体验上的差异性，也容易被感知和识别，对很多忠诚的"果粉"来说是无法接受的。旧手机处置交易时，维修记录和是否采用正品部件，对于评估价格也会有直接的影响。

图 6-11　苹果手机是否为正品部件显示示意图

正品维修好但"相当贵"，更为经济性的原厂维修方案，就成为一种消费需求和潜在产品契机。AppleCare+ 为客户意外损坏提供了低成本维修的确定性保障价值，如图 6-12 所示。苹果的产品维修费用很高，使得一些客户对于返回官方授权渠道更换正品部件存在顾虑，影响客户持续使用苹果品牌产品的忠诚度。

		无 AppleCare+ 服务计划	有 AppleCare+ 服务计划	
	屏幕损坏	￥2,698	￥188	省￥2,510
	其他损坏	￥5,299	￥628	省￥4,671
	电池维修	￥809	免费	省￥809

图 6-12　有无 AppleCare+ 服务计划维修价格差异

更换维修是概率事件。维修产生成本，无维修则无成本。客户返厂维修，苹果收获了客户黏性和忠诚度；客户不返厂维修，苹果则收获经营利润分成。AppleCare+ 服务计划，可以理解为"类保险"，或者说是服务保险化的权益保障产品。

分析师 Neil Cybart 对苹果服务业务进行分析后，大致估算出 2017 年 AppleCare 业务大概有 40 亿美元的收入，占服务总收入的 13%，远超 iCloud 和 Apple Pay。利润方面，AppleCare 拥有近 60% 的毛利率（利润额为 24 亿美元，约合 157 亿人民币）。什么概念？小米在 2019 年的全年营收的利润为 115.32 亿元。

AppleCare+ 的商业策略

盈利性太好也是很多保险产品的风险。客户只缴费，没有体验到服务计划的价值，最终势必会感觉产品"钱白花了"。与保险公司博弈享权概率控制赔付成本不同，AppleCare+ 作为服务产品用户的保障计划，最大的风险不是产品盈利少甚至"亏损"，而是存量客户的售后端流失和潜在新客户的成交战败。Apple Care+ 近 60% 的利润率却只排倒数第二（最高的为授权的 95%），苹果的服务保险化，很成功也很清醒。

保险公司有延保、碎屏险产品，却在手机保险业务上难有建树。与保险公司不同，苹果公司有实体产品，更有服务生态。保险公司擅长的是精算定价和产品开发，脱离了生态的保险条款和费率极易被模仿甚至复制。与保险公司相比，苹果公司所具备的享权数据、维修成本、销售场景和服务能力更为关键。

还要看到，苹果公司不需要与客户博弈履约概率获利，虽然毛利率已经很高。AppleCare+ 服务计划的底层逻辑，是基于自身场景、数据和服务能力的"保险化"变现。苹果不遗余力地推销 AppleCare+，在官网下单时，就必须选择是否需要加入 AppleCare+ 服务；在线下店购买时，店员也会以各种方式鼓励购买，因为这与他们的业绩相挂钩。

实体行业经营预付费的客户权益，都会面临客户不享权盈利和享权黏性提高哪个更优先的问题。苹果公司的选择是，扩大客户享权黏性，但同步完善规则，规避客户"薅羊毛"。例如，扩大享权黏性的典型服务是适用于iPhone 的 AppleCare+ 服务计划可为使用过程中发生的意外损坏提供不限次数的保修服务，每次收取相应的服务费，而在 2020 年之前，保修服务的次数为"最多两次"。再例如，2021 年起，AppleCare+ 由原来自设备激活日起60 天内，不论线上线下均能购买，变成线上购买日期缩短至 7 天以内。与海外市场服务体验不同，国内 iPhone 后期保修从直接更换整机，变为优先更换零部件，且增加了工厂检测的流程。丢失和盗抢保障，出于理赔风险考虑，Apple Care+ 一直没有在国内的服务计划中引入。在国外，服务由 AIG 提供保障，消费者必须先将遭窃或遗失的 iPhone 通过"Find My"一项标记为遗失，同时在理赔正式批准之前，不能将遗失的 iPhone 从"Find My"项目中移除。

希望客户多用，但限制客户滥用，是 Apple Care+ 定义的业务导向。有风险或者不具备专业能力怎么办？苹果公司的解决方案是，保险的专业能力交给专业的人做，比如案例中提到的"AICS"。

汽车人的"服务保险化"经营创新，别学保险公司，学 Apple Care+ ！

第7章　汽车企业"涉险"：
牌照、运营与监管

7.1　保险牌照与保险中介牌照

7.1.1　保险牌照与保险中介牌照的角色差异

《保险法》第六条规定：保险业务由依照本法设立的保险公司以及法律、行政法规规定的其他保险组织经营，其他单位和个人不得经营保险业务。在我国，经营保险业务，比如取得保险"牌照"，牌照是"保险许可证"的通俗说法。

"牌照"因保险业务中的角色不同而有所差异。保险合同中的交易主体，通常由投保人、保险人、被保险人、受益人、保险中介五类组成。依据《银行保险机构许可证管理办法》第四条，许可证包括下列几种类型：金融许可证、保险许可证和保险中介许可证。其中，保险许可证适用于保险集团（控股）公司、保险公司、保险资产管理公司等保险机构及其分支机构。保险中介许可证适用于保险代理集团（控股）公司、保险经纪集团（控股）公司、保险专业代理公司、保险经纪公司、保险兼业代理机构等保险中介机构。

保险人，是指与投保人订立保险合同，并按照合同约定承担赔偿或者给付保险金责任的保险公司。《保险法》第六十九条规定：设立保险公司，其注册资本的最低限额为人民币2亿元。保险公司的注册资本必须为实缴货币资本。例如，比亚迪收购易安保险后获批的"深圳比亚迪财产保险有限公司"，获得的是保险公司的"保险许可证"，注册资本 40 亿元。

保险中介，是指保险代理人、保险经纪人和保险公估人，包括法人机构和分支机构。保险代理人包括专业代理机构、兼业代理机构和个人代理人。《保险代理人监管规定》《保险经纪人监管规定》各自第十条规定：经营区域不限于注册登记地所在省、自治区、直辖市、计划单列市的保险专业代理公司或保险经纪公司的注册资本最低限额为 5000 万元；经营区域为注册登记地所在省、自治区、直辖市、计划单列市的保险专业代理公司的注册资本最低限额为 2000 万元、保险经纪公司最低限额为 1000 万元。以上注册资本必须为实缴货币资本。例如，宝马（中国）保险经纪有限公司获批的为保险中介中的"保险中介许可证"，注册资本 5000 万元。

关于保险合同中的其他三个角色，即投保人、被保险人和受益人，《保险法》也有明确的规定：投保人是指与保险人订立保险合同，并按照合同约定负有支付保险费义务的人。被保险人是指其财产或者人身受保险合同保障，享有保险金请求权的人。投保人可以为被保险人。受益人是指人身保险合同中由被保险人或者投保人指定的享有保险金请求权的人。投保人、被保险人可以为受益人。

7.1.2 保险公司和保险中介的业务范围

获批了保险许可证的保险公司，可以从事哪些业务？《保险法》第九十五条、第九十六条给出了最大公约数。保险公司的业务范围：

人身保险业务，包括人寿保险、健康保险、意外伤害保险等保险业务

财产保险业务，包括财产损失保险、责任保险、信用保险、保证保险等保险业务

保险人不得兼营人身保险业务和财产保险业务。但是，经营财产保险业务的保险公司经国务院保险监督管理机构批准，可以经营短期健康保险业务和意外伤害保险业务

经批准，保险公司可以经营上述保险业务的下列再保险业务：分出保险和分入保险

保险公司应当在国务院保险监督管理机构依法批准的业务范围内从事保险经营活动

仍以"比亚迪财险"为例，其营业范围为：与互联网交易直接相关的企业／家庭财产保险、货运保险、责任保险、信用保证保险、短期健康／意外伤害保险；机动车保险，包括机动车交通事故责任强制保险和机动车商业保险；上述业务的再保险分出和再保险分入业务（仅限临时分保分入）；国家法律法规允许的保险资金运用业务；经国务院保险监督管理机构批准的与保险有关的其他业务。

获批了保险中介许可证的保险专业代理机构，依据《保险代理人监管办法》第四十一条，可以经营下列全部或者部分业务：代理销售保险产品；代理收取保险费；代理相关保险业务的损失勘查和理赔；国家监管机构规定的其他相关业务。

获批了保险中介许可证的保险经纪机构，依据《保险经纪人监管办法》第三十六条，可以经营下列全部或者部分业务：为投保人拟订投保方案、选择保险公司以及办理投保手续；协助被保险人或者受益人进行索赔；再保险经纪业务；为委托人提供防灾、防损或者风险评估、风险管理咨询服务；国家监管机构规定的与保险经纪有关的其他业务。

从法律和监管视角来看，保险经纪和保险代理是有所区别的，《保险法》第一百一十七条和一百一十八条规定：保险经纪人是基于投保人的利益，为投保人与保险人订立保险合同提供中介服务，并依法收取佣金的机构。保险代理人是根据保险人的委托，向保险人收取佣金，并在保险人授权的范围内代为办理保险业务的机构或者个人。

经纪人可以理解为投保人的委托，而代理人则是保险人的代理。

在车险业务实际结算手续费的过程中，两者已经基本等同了。对于客户购

买车险来讲，往往只知道买了某家保险公司的车险，至于经纪人、代理人是谁，极少关注。在汽车企业申请注册或收购的保险中介牌照中，保险经纪牌照成为首选。

如何获得保险中介牌照呢？主要有发起设立和收购变更两种。前者是指注册一家新的工商法人主体并向监管部门申请。以《保险中介行政许可及备案实施办法》中规定的"经营保险经纪业务许可"为例。申请人申请经营保险经纪业务，应当符合以下条件：

依法取得工商营业执照，名称中应当包含"保险经纪"字样，且字号不得与现有的保险专业中介机构相同，与其他保险专业中介机构具有同一实际控制人的保险专业经纪机构除外

股东符合本规定要求

注册资本为实缴货币资本并按监管有关规定实施托管，全国性保险经纪机构的注册资本最低限额为5000万元，区域性保险经纪机构的注册资本最低限额为2000万元

营业执照记载的经营范围符合监管有关规定

有符合《中华人民共和国公司法》和《中华人民共和国保险法》规定的章程

高级管理人员符合规定的任职资格条件

有符合监管规定的治理结构和内控制度，商业模式科学、合理、可行

有与业务规模相适应的固定住所

有符合监管规定的业务、财务等计算机软硬件设施

风险测试符合要求

法律、行政法规和监管规定的其他条件

保险中介许可证的主要申请流程如图7-1所示。

提交申请材料 → 注册地监管初审 → 风险测试 → 行政许可 → 核发许可证

图7-1 保险中介许可证申请流程示意图

继续以宝马（中国）保险经纪有限公司申请设立为例，核心节点信息如下：

2022 年 9 月 9 日，国家市场监管总局登记注册局发布了"宝马（中国）保险经纪有限公司"的企业名称申报登记公告

2022 年 10 月 13 日，宝马（中国）保险经纪有限公司获得营业执照。注册资本金 5000 万元，其中，宝马在德国注册的保险经纪公司 Bavaria Wirtschaftsagentur GmbH 持股 58%，宝马在华合资企业华晨宝马持股 42%。营业范围当时注册了保险经纪业务和信息咨询服务

2023 年 10 月 25 日，宝马（中国）保险经纪有限公司进行了营业范围变更。原本为保险经纪业务和信息咨询服务两项，变更后仅保留了保险经纪业务

2023 年 11 月 7 日，国家金融监督管理总局网站发布《关于宝马（中国）保险经纪有限公司经营保险经纪业务的批复》

2023 年 11 月 14 日，宝马集团在官方微信宣布，宝马（中国）保险经纪有限公司正式获得由国家金融监督管理总局颁发的保险经纪业务许可证

除了发起注册申请，另外一种获得保险中介牌照的方式是收购。收购分为两种，一种是收购标的为保险中介牌照主体，另外一种是收购保险中介牌照主体的母公司。后一种较前一种在行政程序上相对更为简单，保险中介公司的母公司股权变更，按照现行监管制度，不需进行监管的行政许可和许可证信息的变更。

截至目前，汽车行业主体持有全国性保险中介牌照情况主要见表 7-1。

表 7-1　汽车行业背景保险中介机构一览表

名称	主要股东背景	性质	获批或收购变更时间
北京中兵保险经纪有限公司	长安	保险经纪	2023 年 12 月
宝马（中国）保险经纪有限公司	宝马	保险经纪	2023 年 11 月
蔚来保险经纪有限公司	蔚来	保险经纪	2023 年 9 月
广东小圆保险经纪有限公司	货拉拉	保险经纪	2023 年 2 月
广东智选保险代理有限公司	小鹏	保险代理	2022 年 11 月
北京理想保险经纪有限公司	理想	保险经纪	2022 年 9 月
老友保险经纪有限公司	长城	保险经纪	2021 年 4 月

（续）

名称	主要股东背景	性质	获批或收购变更时间
北京盛唐保险经纪有限公司	途虎	保险经纪	2020 年 6 月
利星行宝汇保险经纪（北京）有限公司	利星行	保险经纪	2017 年 2 月
北京安鹏保险经纪有限责任公司	北汽	保险经纪	2017 年 1 月
易保保险代理有限公司	吉利	保险代理	2016 年 11 月
东风南方保险代理有限公司	东风	保险代理	2016 年 3 月
上海汽车集团保险销售有限公司	上汽	保险代理	2015 年 1 月
中升（天津）保险销售有限公司	中升集团	保险代理	2013 年 4 月
上海广汇德太保险代理有限公司	广汇集团	保险代理	2012 年 9 月
盛世大联在线保险代理股份有限公司	盛大汽车	保险代理	2007 年 11 月
广爱保险经纪有限公司	广汽	保险经纪	2006 年 6 月

注：本表按时间倒序排列。

获批"牌照"，是汽车行业主体"涉险"，合法从事保险业务的前提。如果要开展业务，还需要在住所、人员、系统等方面符合监管的具体要求。具体到汽车保险业务，还有一个特别的规则：属地承保或限制跨区域承保。

先看保险公司，依据《保险公司管理规定》，保险公司的分支机构不得跨省、自治区、直辖市经营保险业务；保险机构参与共保、经营大型商业保险或者统括保单业务，以及通过互联网、电话营销等方式跨省、自治区、直辖市承保业务，应当符合监督管理部门的有关规定。具体到车险，机动车辆保险的保单上往往会有"限在×××销售"的字眼。

依据《保险代理人监管规定》《保险经纪人监管规定》规定，经营区域不限于注册登记地所在省、自治区、直辖市、计划单列市的保险专业代理公司、保险经纪公司可以在中华人民共和国境内开展保险代理（或经纪）业务。在注册登记地以外开展保险代理业务（或派出保险经纪从业人员，为投保人或者被保险人是自然人的保险业务提供服务）的，应当在当地设立分支机构。设立分支机构时应当首先设立省级分公司，指定其负责办理行政许可申请、监管报告和报表提交等相关事宜，并负责管理其他分支机构。分支机构包括分公司、营业部。

在监督管理部门公开发布的处罚决定书中，有这样一个案例：

2018 年，某财险中心支公司与某保险经纪公司合作开展的保险销售业务中有 18 笔投保人或者被保险人为自然人的车辆保险业务（车辆均为湖北省牌照，其行驶区域均为湖北省内），涉及保费 4.44 万元。经查，该保险经纪公司未在湖北省设立分支机构，未取得合法地在湖北省内向投保人或者被保险人是自然人的客户销售保险产品的资格。

上述"委托未取得合法资格的机构从事保险销售活动"的行为，违反了《保险法》第一百一十六条"保险公司及其工作人员在保险业务活动中不得有下列行为：（八）委托未取得合法资格的机构从事保险销售活动"的规定，根据《保险法》第一百六十一条规定，我局决定对某财险中心支公司予以罚款 5 万元的行政处罚。

仍以"宝马保险经纪"举例，其虽然拥有了全国行政辖区（港、澳、台除外）经营保险经纪业务的许可，但如果直接从事被保险人为自然人的车辆保险业务，仍然要符合关于开设分支机构或取得销售保险产品资格的相关规定。

7.1.3　保险（中介）牌照与汽车业的业务价值

除深圳比亚迪财产保险有限公司以外，国内有汽车行业股东方的保险公司主要有鑫安汽车保险股份有限公司、众诚汽车保险股份有限公司、合众财产保险股份有限公司。

从保险公司保险经营和监管角度，它们与其他非汽车行业股东方背景的保险公司并没有本质区别。汽车行业的股东方背景给他们带来潜在业务契机的同时，在业务定位、发展战略、资源协同上，也面临特有的压力与挑战。

作为保险公司，经营模式的本质还是通过保险产品承保以及保险资产管理获取经营收益。

即便持有保险牌照，面对存量的汽车保险消费市场，汽车企业的股东方背景并不能给保险公司带来业务上的竞争优势，保险公司仍然需要和其他市场主体一样，接受来自客户和渠道的双重选择。或者说，股东方背景出资的保险牌照只是开展保险业务经营的前提，并不是保险业务全权授权的必然。

汽车行业，更多地选择以保险中介的角色"涉险"。比如最为常见的保险经纪牌照，营业范围可以做哪些业务呢？一是作为投保人的代表，定制产品、与保险公司展开合作，并且进行投保。二是协助向保险公司索赔。

保险中介的业务如何获取收益呢？可以接受投保人、被保险人的委托，比如车主、经销商、整车厂或者旗下的金融、租赁公司，更重要的一个来源是保险公司。对于大多数获得保险中介牌照的厂商、经销商或者其他主体来说，拥有"保险中介许可证"的最大合法业务应用是作为保险代理人或者经纪人，收取保险佣金。

《保险销售行为管理办法》规定，除保险公司和保险中介机构、保险销售人员外，其他机构和个人不得从事保险销售行为。《保险法》第一百三十条规定，保险佣金只限于向保险代理人、保险经纪人支付，不得向其他人支付。

中介牌照的第一个价值，是汽车行业主体可以合规地收取保险公司的"保险经纪费"或"保险代理费"。

互联网特别是移动互联时代，通过网络特别是手机端、车机端从事保险产品销售的方式应运而生，这涉及互联网保险业务和产品。互联网保险业务，是指保险机构依托互联网订立保险合同、提供保险服务的保险经营活动。《互联网保险业务监管办法》有如下规定：

第三条 互联网保险业务应由依法设立的保险机构开展，其他机构和个人不得开展互联网保险业务。保险机构开展互联网保险业务，不得超出该机构许可证（备案表）上载明的业务范围。

第十六条 保险机构应通过其自营网络平台或其他保险机构的自营网络平台销售互联网保险产品或提供保险经纪、保险公估服务，投保页面须属于保险机构自营网络平台。

第二十三条 非保险机构不得开展互联网保险业务，包括但不限于以下商业行为：提供保险产品咨询服务；比较保险产品、保费试算、报价比价；为投保人设计投保方案；代办投保手续；代收保费。

汽车品牌企业通过在线的方式销售保险场景，客户通过手机端或者车机端实现保险产品的报价、投保和购买流程，这就是互联网保险业务。互联网保险业务，是指保险机构依托互联网订立保险合同、提供保险服务的保险经营活动。

保险经纪牌照对于汽车企业的第二个业务价值，是可以在自身的相关网站或移动平台上开展互联网保险业务，从而为其宣传保险产品、进行保费试算和比价，以及完成投保销售流程的 to C 保险业务提供合规通道。

2021 年，《保险中介机构信息化工作监管办法》出台，要求保险中介机构将计算机、通信、网络等现代信息技术，应用于业务处理、经营管理和内部控制等方面，以持续提高运营效率、优化内部资源配置和提升风险防范水平。监管部门要求保险中介机构通过中介监管相关信息系统，及时报告监管事项、报送监管数据。保险中介信息化在完成监管要求的同时，也使得汽车行业与保险公司进行保险业务的系统对接、数据交互有了合法、合规的依据和标准。保险中介牌照的加持和信息化监管的要求，助力了汽车行业保险数据的规范化和合规化。

当然，保险产品的需求设计、保险方案的组合包装、风险管理咨询和防灾减损工作这些工作需要专业的保险人员、经验和能力支撑。专业保险团队的搭建和运营，相对容易成为汽车企业或者其他主体所属的集团体系内保险业务的归口和对外沟通、互动的窗口。例如，吉利集团旗下的易保保险代理有限公司及其关联方杭州易保科技有限公司成为吉利集团旗下涉及保险业务需求的"招标组织方"。

汽车保险涉及的主要法律法规如下：

《中华人民共和国保险法》

《机动车交通事故责任强制保险条例》

《银行保险机构操作风险管理办法》（国家金融监督管理总局令 2023 年第 5 号）

《保险销售行为管理办法》（国家金融监督管理总局令 2023 年第 2 号）

《银行保险监管统计管理办法》（中国银行保险监督管理委员会令 2022 年第 10 号）

《银行保险机构消费者权益保护管理办法》（中国银行保险监督管理委员会令 2022 年第 9 号）

《保险中介行政许可及备案实施办法》（中国银行保险监督管理委员会令 2021 年第 12 号）

《银行保险机构许可证管理办法》（中国银行保险监督管理委员会令 2021 年第 3 号）

《互联网保险业务监管办法》（中国银行保险监督管理委员会令 2020 年第 13 号）

《保险代理人监管规定》（中国银行保险监督管理委员会令 2020 年第 11 号）

《保险经纪人监管规定》（中国保险监督管理委员会令 2018 年第 3 号）

《银行保险机构信息科技外包风险监管办法》（银保监办发〔2021〕141 号）

《中国银保监会办公厅关于明确保险中介市场对外开放有关措施的通知》（银保监办发〔2021〕128 号）

《中国银行保险监督管理委员会关于放开外资保险经纪公司经营范围的通知》（银保监发〔2018〕19 号）

《保监会关于深化保险中介市场改革的意见》（保监发〔2015〕91 号）

《关于支持汽车企业代理保险业务专业化经营有关事项的通知》（保监发〔2012〕82 号）

7.2 保险监管、合规与自律

7.2.1 保险监管

汽车行业从业者，很难理解保险等金融行业的"监管"特色。与汽车行业涉及多个部门，但没有统一的行业主管部门不同，保险行业，和其他金融行业一样，由于其风险属性，国家需要对其进行监督和管理。

保险业的监督管理部门先后历经了中国人民银行保险司（1998 年之前）、中国保险监督管理委员会（1998 年成立）、中国银行保险监督管理委员会（2018 年成立）和国家金融监督管理总局（2023 年成立）。

国家金融监督管理总局负责对证券以外的金融业实行统一监督管理。在国家金融监督管理总局的相关职责中，可能涉及汽车行业从事保险业务的职责如下：

拟订保险业有关法律法规草案，提出制定和修改建议。制定保险业机构有关监管制度

统筹金融消费者权益保护工作

机构监管：依法对保险业机构实行准入管理，对其公司治理、风险管理、内部控制、资本充足状况、偿付能力、经营行为、信息披露等实施监管

行为监管：依法对银行业机构、保险业机构、金融控股公司等实行现场检查与非现场监管，开展风险与合规评估，查处违法违规行为

功能监管：主要涉及数据监管、科技监管、对信息科技外包等合作行为进行监管

穿透式监管：对保险业机构实行穿透式监管，制定股权监管制度，依法审查批准股东、实际控制人及股权变更，依法对股东、实际控制人以及一致行动人、最终受益人等开展调查，对违法违规行为采取相关措施或进行处罚

国家的金融监管分为中央金融管理部门及其派出机构的地方金融监管部门两级体系。依据责任和分工的不同，汽车企业持有的保险（中介）牌照，可能分别会涉及与国家金融监督管理总局及其归属地的监管局相关的业务许可、审批、报备等不同工作。

对于汽车行业主体来说，获取保险牌照之后，保险监管涉及的具体事项如下：

业务许可事项：比如申请保险业务、保险代理（或经纪）业务的许可，经营保险公估业务的备案等

许可证事项：根据行政许可决定或备案、报告信息，向监督管理部门申请颁发、换发、收缴许可证

高级管理人员任职资格许可：保险行业经营主体的高级管理人员需经任职资格许可，包括公司总经理、公司副总经理、省级分公司主要负责人以及对公司经营管理行使重要职权的其他人员。高级管理人员，应当品行良好，熟悉保险法律、行政法规，具有履行职责所需的经营管理能力，并在任职前取得保险监督管理机构核准的任职资格。具体来说，拟任人应通过监管部门认可的保险法规及相关知识测试。并且，监督管理机构可以对拟任高级管理人员进行考察或者谈话，综合考察其合规意识、风险偏好、业务能力等综合素质

专项监管：比如信息披露监管、保险销售行为监管、保险信息化监管、互联网保险业务的监管等

汇报反馈：根据监督管理部门要求，定期或不定期提供保险行为、业务相关的数据、报告，接受现场检查或非现场检查等

事件处置：对于消费者投诉、违规行为、检查反馈等事件，配合监督管理部门工作

7.2.2 合规与风控

商业保险作为金融市场的重要参与者，其行业监管和合规要求一直是确保市场稳定和保护消费者权益的关键。保险业务作为金融属性的服务产品，汇聚风险、经营风险，因此也特别强调风险控制。

合规指的是企业为了实现依法经营、依规经营所建立的一种治理机制。合规的目的是有效防控风险，重点在于"防"和"控"。《保险销售行为管理办法》明确，保险公司应当加强对与其具有保险销售业务合作关系的保险中介机构保险销售行为的合规性监督。合规性的要求，通常包含如下几个方面。

1）**资质合规**：必须符合国家关于市场主体、保险许可合法有效的资格资质。

2）业务合规：必须严格遵守《保险法》等相关法律法规，确保业务开展合法合规。具体包括但不限于保险条款和费率符合规定、销售和理赔程序合规等。

3）财务合规：必须按照相关规定，对财务报表进行合规性审核，确保财务报告真实、准确、完整。

4）风险管理合规：必须建立完善的风险管理体系，遵守相关规定，对风险进行全面识别、评估和控制。

5）信息披露合规：必须按照相关规定，及时、准确、完整地披露公司信息，以便于投资者和消费者了解公司的经营状况和风险状况。

6）内控合规：必须按照相关规定，对于人员、数据、档案等进行合规化管理。

7.2.3　保险自律

自律，也称为行业自律，是保险行业常见的一个术语。自律在汽车行业几乎很少被提及。

涉及保险的行业自律，《保险法》明确，保险行业协会是保险业的自律性组织，是社会团体法人。在中国保险行业协会的基本职责定义："保险业协会基本职责：自律、维权、服务、交流、宣传。"具体到自律的内容，在中国保险行业协会官网的表述中有如下核心要点：

督促依法合规经营。组织会员签订自律公约，制定自律规则，约束不正当竞争行为，维护公平有序的市场环境。

开展会员自律管理。对于违反本协会章程、自律公约、自律规则和管理制度，损害投保人和被保险人合法权益，参与不正当竞争等致使行业利益和行业形象受损的会员，可按章程、自律公约和自律规则的有关规定进行处理，涉嫌违法的可提请监管部门或其他执法部门予以处理；其他与行业自律有关的事项。

简单理解，行业自律是为了规范行业行为，协调同行利益关系，维护行业间的公平竞争和正当利益，促进行业发展。自律就是自我约束。

汽车行业与保险行业打交道的过程中，自律是经常被提及的词汇。比如中国保险行业协会发布的《关于扎实做好车险行业自律工作的通知》，对于"车险行业自律"，涉及如下要点：

掌握车险市场最新情况……依法依规研究制定车险行业自律规则。

紧盯违规行为，依法依规，提出自律惩戒措施。对拒绝、阻碍、逃避检查，隐瞒提供有关数据和资料的，对数据弄虚作假的，对恶意引导客户的，对反复出现违规情节的各保险公司，要如实向监管部门提出监管检查建议和处罚建议。

各经营车险的保险公司要切实履行依法合规经营主体责任……自觉遵守监管规定、自律规范，维护良好的市场竞争环境。

各保险主体要进一步加强车险费用管理，科学设定商业车险手续费比例上限，强化手续费核算管控，及时做好费用入账，据实做好费用分摊，加强中介业务管控……不断降低对盲目拼费用、比价格等粗放式竞争模式的依赖。

在另外一份行业头部保险公司签署的名为《车险合规经营自律公约》中提及的内容中，充分显示了保险行业视角对于汽车保险业务的"自律"导向：

在严格执行报批报备车险条款费率的前提下充分开展市场竞争，维护市场良好竞争氛围。

转变保费规模、市场份额导向。

充分开展市场竞争，给予消费者更多的自主选择权。

严禁对条款费率报行不一，不得以各种理由随意扩大或缩小保险责任，不得随意变更报批报备的条款费率。

不得偏离精算定价基础，以低于成本的价格销售车险产品，开展不正当竞争。

车险手续费比例不得超过报批报备上限。

加强车险费用内部管理。

不得委托未取得合法资格的机构从事保险销售活动，不得向不具备合法资格的机构支付或变相支付车险手续费，不得委托或放任合作中介机构将车险代理权转授给其他机构。

不得拒保、变相拒保交强险或捆绑搭售商业险，确保实现应保尽保，积极承保摩托车、营运车等高风险车辆商业保险，促进商业险愿保尽保。

不得通过返还或赠送现金、预付卡、有价证券、保险产品、购物券、实物或采取积分折抵保费、积分兑换商品等方式，给予或者承诺给予投保人、被保险人保险合同约定以外的利益。

行业自律，是保险行业的自我约束，但同时，保险行业自律对于汽车行业保险业务存在着潜在影响。比如：汽车行业的持牌保险主体，需要受到行业自律的约束。保险公司在行业自律的影响，在业务承保政策、手续费用结算、营销活动开展等方面会通过业务合作策略，将压力传递给汽车保险业务的从业者。

对于汽车行业来说，保险是门外汉，行业自律更是具有保险行业特色的策略。如何全面认知、适应，并在保险行业自律的情况下，获取保险业务收益并减少合规风险，也是汽车业从事保险业务经营创新需要考虑和践行的课题。

7.2.4　保险强调监管和风控的原因

有两个问题，或许来自汽车行业的人士很难理解：

为什么汽车可以打折卖（经销商可以低于 MSRP 销售），黄金时期可以加价卖，但保险不行，必须执行精算核定价格？

为什么汽车可以低于成本价卖（很多厂家或经销商总说，卖一辆亏一辆），而保险不行，必须有盈利？

这两个问题是对本章提及保险的监管和风控内容的对比思考。

监管和风控对于汽车行业，无论是整车企业还是经销商，都是相对陌生的字眼。汽车行业或者其他实体行业，会与很多相关部门打交道，比如国家发展和改革委员会的车辆生产资质、工业和信息化部的新车产品备案、国家市场监督管理总局的产品召回和三包、交通运输部的车辆维修资质等，但没有一个部门是汽车行业专属的行政监督管理部门。

汽车行业也强调风控，但更多是自身的经营风险和财务风险。本书中我们也从经营业务的视角，提出了一个新的观点：汽车销售和服务业务最大的两个风险是库存风险和客户流失风险。汽车行业的风控与保险作为金融行业的风控，无法等量齐观。

保险行业为什么会强调监管和风控？比如汽车配件可以降价打折销售，也可以自主决定给经销商多少返利或者给代理商多少佣金。而保险产品的定价范围受到监督和管控，保险产品必须以保单价格收费并且见费出单，不仅只能给予具有中介资质的业务方结算佣金，销售费用率更是受到严格监管。

汽车行业视角，如果面临竞争和库存压力，低于成本价销售或者是清仓大甩卖也是无可厚非的。但对于保险行业来说，"阈值监管""三率监管""报行合一"等专有名词背后都在强调一件事，即保险产品的收入和成本费用不能倒挂，也就是综合成本率超过100%视为经营风险。

保险强调监管和风控，与其金融杠杆属性有关。

保险产品，在保险公司收取的保费和承诺给客户的保额之间存在杠杆，在客户支付的保费和获得的损失赔偿金额之间也存在杠杆。正因为如此，客户才愿意购买保险。

前文提及，保险合同是射幸合同，出险频次和赔付成本均存概率属性。一旦出险，特别是在台风、暴雨、地震等"巨灾"情况下，保险公司和保险产品就成为抵御风险、缓解损失的缓冲和屏障。保险的保障属性，是其最根本的特征。

汽车行业，汽车产品或者配件被销售后，就意味着交易的完成，即便需要承担产品质量的三包责任、维修责任或其他连带责任，也不影响企业对收入和利润的确认。保险行业，因为是被保险人的风险转嫁方，所以保险公司本身的偿付能力就至关重要。对于保险公司来说，收取客户的保险费，即使开具了发票，也不能将其视同财务上的收入利润，而是要提取保险责任准备金。保险责任准备金不是保险公司的营业收入，而是保险公司的负债。一旦被保险人遇到保险合同约定的保险事故，报案申请赔付，保险公司必须有足够的能力进行赔款支付。

保险业是经营风险的特殊行业，是社会经济补偿制度的重要组成部分。保险经营与风险密不可分，保险事故的随机性、损失程度的不可知性、理赔的差异性使得保险经营本身存在着不确定性，加上激烈的同业竞争和保险道德风险及欺诈的存在，使得保险成了高风险行业。

保险公司经营亏损或倒闭不仅会损害公司自身的利益，还会严重损害被保险人的利益，危及生活生产和社会稳定。

故此，保险强调监管和风控。

对于保险产品的定价和销售，不能像汽车产品一样预先确认其成本和费用的构成和比例，也无法在产品销售时确认最终的赔付可能，因此，随意制定价格或销售费用的行为，会对潜在的偿付能力构成风险和隐患。保险产品的精算机制和费率监管，成为与实体行业价格和费用竞争不同的业务逻辑。

保险产品本身，不能有偿付风险。

扩展14 我国的汽车保险发展、改革与监管

我国车险的发展，可以追溯到 20 世纪 50 年代，但真正的起步是从 20 世纪 80 年代全面恢复国内保险业务开始的。1979 年 11 月 19 日至 27 日，全国保险会议在北京举行，"四化"建设需要保险，保险要发挥经济补偿、防灾防损、积累资金的作用。经国务院批准，中国人民保险公司从 1980 年开始逐步恢复停办了二十年的国内保险业务，以适应现代化建设需要。

1983 年，汽车保险被改称为机动车辆保险，名称的变化使其具有更广泛的适应性。1988 年，机动车辆保险的保费占到财产保险份额的 37.6%，首

次超过了企业财产险，成为财产保险的第一大险种。1986年，我国组建第二家具有独立法人资格的国有独资保险公司——新疆生产建设兵团农牧业生产保险公司，这是中华联合财产保险股份有限公司的前身。1988年，我国第一家股份制保险公司——平安保险公司成立。1991年5月13日，交通银行组建成立中国太平洋保险公司。至此，中国人民保险公司、太平洋保险公司和平安保险公司三足鼎立的局面基本形成。

1994年7月，改革开放后迎来首家外资独资财产保险公司。中国人民银行批准日本东京海上火灾保险株式会社在上海设立分公司，成为改革开放后首家外资独资财产保险公司。

1995年，《保险法》颁布实施，规定保险公司必须将财产保险和人身保险进行分业经营。车险的费率制订，收归监管部门（中国人民银行），彻底改变了之前由保险公司自行制定的局面。1998年11月18日，中国保险监督管理委员会成立，保险朝着专业化方向发展。2000年以前的机动车辆保险处于统颁条款阶段。彼时车险条款和费率由中国人民保险公司制定并经由人民银行审批，后续监管针对市场情况进行过系列微调，但整体仍处于严格管制阶段。

1999年，《关于机动车辆保险监制单证的公告（保监公告第4号）》提及了两件事：一是由中国保险监督管理委员会监制的机动车辆保险监制单证自1999年4月1日启用，原由各保险公司印制的同类空白单证停止使用。监制单证的左上角印有"中国保险监督管理委员会监制"字样，右上角印有"限在××省（市、自治区）销售"字样。二是机动车辆保险及附加保险条款和费率由中国保险监督管理委员会制订并颁布，自1999年4月1日执行，原由中国人民银行及其分支行制订或备案的机动车辆保险及附加保险条款和费率同时废止。2001年2月23日，中国保险行业协会成立，该协会后来在车险的发展中扮演了重要角色。

2000 年 8 月 4 日，保监会发布的《保险兼业代理管理暂行办法》规定：有同经营主业直接相关的一定规模的保险代理业务来源、有固定营业场所且具有在其营业场所直接代理保险业务的便利条件，可申请保险兼业代理的资格。汽车销售或维修机构作为兼业保险代理，从事汽车保险业务有了合法性。

2001 年，中国加入 WTO 后，车险费率市场化的呼声逐渐增强。汽车保险特别是商业保险进入波澜壮阔的 20 年发展、改革之路。很多后来的解读文章，将车险改革划分为了 3 个阶段。

第一个阶段是 2001—2006 年，市场化改革初探阶段。中国保险监督管理委员会（简称保监会）召开了全国整顿和规范保险市场秩序工作会议，并2001 年 4 月 9 日下发了《中国保险监督管理委员会关于贯彻落实全国整顿和规范市场经济秩序工作会议精神的通知》，整顿重点就包括整顿和规范保险经营机构、继续整顿机动车辆保险市场、整顿和规范保险代理市场。同年 9 月 6 日，保监会发布《关于在广东省进行机动车辆保险费率改革试点的通知》并于 10 月 1 日实施。具体做法是，各有关保险机构可依据市场因素和本机构具体情况，自主制订公平合理的车险费率，报当地保险监管部门备案后使用。2002 年 3 月，保监会下发《关于改革机动车辆保险条款费率管理办法有关问题的通知》，在总结广东地区车险费率改革试点经验的基础上，拟从条款、费率、监制单证、精算和监管五个方面改革现行的车险条款费率管理办法，并适时在全国范围内实施。"保监会不再制订统一的车险条款费率，各保险公司自主制订、修改和调整车险条款费率，经保险监管部门备案后，向社会公布使用。" 2002 年 12 月 18 日，保监会发布《关于消费者购买机动车辆保险注意事项的公告（保监会公告 41 号）》，决定从 2003 年 1 月 1 日起，在全国范围内实施新的机动车辆保险条款费率管理制度。新制度要求各保险公司自行制订机动车辆保险条款费率，报经中国保监会审批后公布实施。

这一阶段的最大特征是"放"。保险费率不再统一制订。由于行业处于发展初期，自定条款费率的弊端快速显现，行业主体大幅降价导致车险赔付率快速提升，行业陷入亏损。车险信息化程度低、数据失真进一步加大了管理难度。

这一阶段的汽车保险行业进入了快速发展期。2006 年 7 月 1 日，《机动车交通事故责任强制保险条例》实施，规定所有上道路行驶的机动车辆都应在 3 个月内投保交强险。交强险的推出，更进一步强化了车险的社会公共属性特征，推动了车险的蓬勃发展。就在同一天，中国保险行业协会也顺势推出了包括车辆损失险和商业三者险的 A、B、C 三套行业商业车险产品。

2001 年，中国车险保费为 421.70 亿元，到 2006 年，达到了 1107.87 亿元。2000 年，中国只有 9 家财产保险公司经营车险，2003 年底，增长为 14 家，2006 年底，仅内资经营车险的保险公司已达到 25 家。

第二阶段是 2007—2014 年。这一阶段的主要特征是前期初探问题的整改、回归统颁条款和信息化监管。2006 年 6 月，《中国保险监督管理委员会关于中国保险行业协会机动车商业保险行业基本条款和费率的批复》，同意了中国保险行业协会制定的机动车商业保险行业基本条款 A 款、B 款和 C 款。2007 年 2 月，保监产险〔2007〕186 号批复，在前一版的基础上进行了修订后，于年 4 月 1 日起正式启用。各经营商业车险业务的保险公司可选择使用车险行业条款或自主开发车险条款，并可以在车险行业条款基础上开发补充性车险产品和其他特色车险产品。新版车险行业条款制定过程中充分考虑了消费者的风险水平与保险保障需求，进一步扩大了覆盖范围，涵盖了车辆损失险、商业三者险、车上人员责任险、盗抢险、不计免赔率特约险、玻璃单独破碎险、车身划痕损失险和可选免赔额特约险 8 个险种。

汽车保险的交强险＋商业险，商业险三大主险＋附加险的产品框架，至此成型并沿用至今。

随着统颁条款落地的还有针对前一阶段改革问题的整改，核心的问题是费用问题。监管部门要求自 2006 年 6 月 1 日起，各公司通过无赔款优待、随人因素、随车因素等方式给予投保人的所有优惠总和不得超过车险产品基准费率的 30%。

2007 年 4 月 1 日，标志着中国车险市场化改革第一阶段结束，改革派和市场派认为中国车险市场再次进入统颁条款、统颁费率时代。

就在 ABC 条款实施不久后的 2007 年 7 月 31 日，中国平安财产保险公司开发的国内首个专用于电话销售的车险产品，经报备批准后正式在全国范围上市销售，车险"电销"正式走上历史舞台。随后，各家公司也陆续推出了专用电销产品。电销产品的特点是比常规车险保费低 15%，在当时，市场透明度偏低，很多用户并不清楚车险的佣金有多高，电销产品得到了很多用户的青睐。而在电销产品发展早期，确实有效降低了专用产品的费用率，续保率也明显提升。

2010 年 3 月 1 日起，交强险逐步与酒后驾驶违法行为实行费率联系浮动制度。2011 年 3 月，央视曝光车险"高保低赔"，当月，保监会发布《关于开展完善机动车辆商业保险制度调研工作的通知》和《关于加强机动车辆商业保险条款费率管理的通知》，深化车险改革箭在弦上。2013 年 1 月，保监会下发《关于进一步深化商业车险条款费率管理制度改革有关问题的通知（征求意见稿）》，重点提及参考折旧系数和车型数据库，以及测算商业车险行业参考纯损失率拟定商业车险示范条款。

2014 年 8 月，国务院发布保险业《关于加快发展现代保险服务业的若干意见》，其中第七条"推进保险业改革开放，全面提升行业发展水平"中明确"稳步开展商业车险费率市场化改革"。同年 9 月，因浙江省保险行业协会组织 23 家省级财产保险公司签署《浙江省机动车辆保险行业自律公约》，国家发展和改革委员会以违反 2008 年 8 月 1 日开始实施的《中华人民共和国反垄断法》，对浙江省保险行业协会处以 50 万元罚款，对涉案财产保险公司处以共计 1.1 亿元罚款。此案对保险行业触动较大，车险恶性竞争在加剧，同时，采取自律的习惯做法并不是自律自己所宣称的"依法合规"。调整统颁费率，进行车险费改的时机已基本成熟。

2015 年 2 月 3 日，保监会发布《保监会关于深化商业车险条款费率管理制度改革的意见》(保监发〔2015〕18 号)，明确提出坚持市场化、保护消费者权益和积极稳妥推进改革。改革目的是以行业示范条款为主体，创新型条款为补充，建立标准化、个性化并存的商业车险条款体系。以大数法则为基础，市场化为导向，逐步扩大财产保险公司商业车险费率厘定自主权。以动态监管为重点，偿付能力监管为核心，加强和改善商业车险条款费率监管。

业界认为，车险市场化改革第二阶段告一段落。

期间还发生了一个汽车行业从事保险业务的里程碑事件——汽车兼业保险代理的停发。截至 2011 年年底，全国有持证汽车企业及运输类保险兼业代理 32474 家，2012 年 3 月，保监会下发通知，决定暂停区域性保险代理公司及其分支机构设立许可；暂停金融机构、邮政以外的所有保险兼业代理机构资格核准。自此，再无汽车企业、金融公司和汽车经销商获批新的"保险兼业代理"(已有的可延期)。

第二阶段的汽车保险市场还有一个重要的发展节点：汽车保险的信息化。交强险实施加速了各保险公司的信息化进程，为车险信息化平台建设和未来的联网联控创造了绝佳机遇。《机动车交通事故责任强制保险条例》第九条明确规定：国务院保险监督管理机构、国务院公安部门、国务院农业主管部门以及其他有关部门应当逐步建立有关机动车交通事故责任强制保险、道路交通安全违法行为和道路交通事故的信息共享机制。2006 年，中国保险行业协会下发《关于下发车险信息共享平台建设相关文件的函》(中保协函

〔2006〕99-1 号），确定了"四统一分"原则，即统一标准、统一软件、统一接口、统一业务流程，分省建设。

信息化的核心节点有两个。一个是**"见费出单"**。为提高财务业务数据真实性，有效解决目前市场上存在的"虚挂应收保费""违规支付手续费"等违法违规问题，降低保险公司经营风险，中国保险监督管理委员会北京监管局于 2008 年 1 月 1 日正式出台并实施机动车辆保险"见费出单"管理制度。另外一个是车险信息化平台上线。2009 年 4 月，保监会发布《机动车保险数据交换规范》的行业标准，汽车保险数据有了规范性标准。2009 年 7 月 25 日，上海商业车险平台上线，次年 1 月 1 日，北京商业车险平台上线。随后全国商业车险平台启动建设，2010—2011 年两年按两个版本分批次陆续上线。2013 年 7 月，经国务院批准，中国保险信息技术管理有限责任公司（简称中国保信）成立，首先完善了全国车险信息平台建设。自此，根据车辆过去的理赔记录，由车险信息平台统一计算费率浮动系数，真正实现费率高低与风险状况匹配，无赔款优待系数（NCD）成为全行业车险信息平台的最重要应用之一。

经过十余年的探索和发展完善，全国车险服务平台已经成为嵌入行业车险业务生产，集车险承保、理赔全流程管理于一体，同时与公安、交管、运输、税务等相关政府部门和汽车产业链及车联网等相关信息机构对接，提供跨公司、跨行业全面信息共享服务的综合性服务平台。

第二阶段的最大特征是"管"。从市场化的"放"，回到条款和费率的"统"，事物的发展总是难免迂回和曲折。伴随着中国汽车市场的蓬勃发展，汽车保险不断刷新纪录，也不断产生新的发展问题。

2007 年，中国车险保费为 1484.28 亿元，到 2014 年，达到了 5515.93 亿元。迅猛的发展增速自然吸引了更多的新玩家，2014 年财产保险市场参与主体增加至 66 家。

第三阶段是 2015 年至今，又可以 2020 年 9 月为界，分为商业车险改革和车险综合改革两个时期。2015 年 3 月 20 日，保监会印发《深化商业车险条款费率管理制度改革试点工作方案》，方案提出由中国保险行业协会拟定商业车险行业示范条款，按照保险费率与标的风险、经营成本相匹配的原则，制定商业车险费率厘定标准公式：保费 = 基准保费 × 费率调整系数。其中，基准保费 = 基准纯风险保费 /（1- 附加费用率）。

财产保险公司可以选择使用商业车险行业示范条款或自主开发商业车险创新型条款。根据非寿险精算原理，依据基准纯风险保费和附加费用率测算本公司商业车险基准保费。同时，制定科学合理的费率调整系数表，通过费率调整系数对基准保费进行调整，合理厘定被保险机动车的实际费率。

商业车险费率市场化改革，自 2015 年 6 月开始历经三轮渐进式的改革。首轮核心内容是各公司车险条款统一使用保险行业协会商业车险综合示范条款；基准纯风险保费和无赔款优待系数费率调整方案参照中国保险行业协会拟定的费率基准执行，无赔款优待系数费率调整区间为 [0.6，2.0]，通过中国保信平台，全国 NCD 联网；自主核保系数费率和自主渠道系数在 [0.85，1.15] 范围内使用。至 2016 年 7 月，首轮商业车险改革分三个批次在全国陆续实施。

2017 年 6 月 8 日，保监会下发通知，继续尝试小步放开自主核保系数和自主渠道系数。

2018 年 3 月底，新成立的中国银行保险监督管理委员会（简称银保监会）发布《中国银行保险监督管理委员会关于开展商业车险自主定价改革试点的通知》，在广西、陕西、青海开展商业车险自主定价改革试点，试点期为一年。在商业车险费率厘定结果合理、公平、充足的条件下，自行确定自主系数调整范围。三地基础费率和浮动折扣均有较大幅度调整。2018 年，中国保险行业协会开始在宁波、深圳、江西、湖北推出"全面型"机动车损失保险新产品试点（中国保险行业协会机动车损失保险示范条款），采取列明除外责任方式 "做减法"，同时其保险责任已包含发动机的涉水损失。

二轮、三轮费改根据一轮费改整体情况落实更多配套监管政策：对综合成本率、综合费用率、未决赔款准备金提转差率等进行更严格的 "**阈值监管**"；2017 年 7 月，保监会发布《保监会关于整治机动车辆保险市场乱象的通知》，也就是著名的 174 号文。要求：财产保险公司可以委托第三方网络平台提供网页链接服务，但不得委托或允许不具备保险中介合法资格的第三方网络平台在其网页上开展保费试算、报价比价、业务推介、资金支付等保险销售活动。财产保险公司、保险中介机构及个人不得通过返还或赠送现金、预付卡、有价证券、保险产品、购物券、实物或采取积分折抵保费、积分兑换商品等方式，给予或者承诺给予投保人、被保险人保险合同约定以外的利益。不得以参与其他机构或个人组织的促销活动等方式变相违法支付保险合同约定以外的利益。2018 年 6 月，银保监会制定《中国银保监会办公厅关于商业车险费率监管有关要求的通知》，要求各财险公司重新报备车险条款费率，报送的手续费应与实际执行费用一致。8 月 1 日，车险产品、费率 "**报行合一**" 正式实施。

期间，针对汽车行业的保险业务也有个插曲。2019 年 8 月，银保监会保险中介监管部在下发《4S 店兼业代理机构捆绑销售保险专项整治工作方案》。整治对象针对持有《保险兼业代理业务许可证》的 4S 店，全面整治辖内持证 4S 店存在的捆绑销售车险等损害消费者权益的突出问题，同时提出加大对与无证 4S 店合作保险公司的处罚力度。严肃查处与不具备代理资质的 4S 店合作的保险公司，严厉打击保险公司通过其他渠道套取费用向 4S 店账外支付的行为，彼时，拥有并且使用兼业代理业务许可证的 4S 店已经是凤毛麟角了。

改革、监管持续推进的同时，也伴随着一些汽车保险发展划时代的标志事件。其一是**电子保单**，2018年，公安部、银保监会联合印发的《关于加强警保合作进一步深化公安交通管理"放管服"改革工作的意见》，推动信息技术在交通管理与服务领域的深度应用，建立完善电子保单制度，全面推行保险凭证电子化，实现"无纸化证明"。从此，纸质保单、交强险凭证陆续退出历史舞台。其二是**实名制缴费**。车险实名制缴费的"缴费实名认证"是指车险业务在收取保险费时，应核对付款账户信息的真实性，确保付款账户信息与投保人一致。严禁保险公司、保险中介机构、其他第三方机构或个人以各种形式为保险消费者垫付保费。实名制缴费自2018年10月从海南开始，至2021年9月，实名制缴费在全国范围落地。

2020年7月，银保监会发布《关于实施车险综合改革的指导意见（征求意见稿）》并公开征求意见，提出我国车险市场的高定价、高手续费、经营粗放、竞争失序、数据失真等问题相互交织、由来已久，单个或局部的改革措施难以奏效，只有通过综合性的改革，才有可能真正解决问题。将"保护消费者权益"作为主要目标，短期内将"降价、增保、提质"作为阶段性目标。车险市场进入综合改革时期。

2020年9月2日，《关于实施车险综合改革的指导意见》正式发布。意见提出贯彻以人民为中心的发展思想和高质量发展要求，深化供给侧结构性改革，更好维护消费者权益，实现车险高质量发展。综合改革致力于市场化条款费率形成机制建立、保障责任优化、产品服务丰富、附加费用合理、市场体系健全、市场竞争有序、经营效益提升、车险高质量发展等。在提升交强险保障水平、拓展和优化商车险保障服务、健全商车险条款费率市场化形成机制、改革车险产品准入和管理方式、推进配套基础建设改革（全面推行车险实名缴费制度、积极推广电子保单制度）、全面加强和改进车险监管等方面提出了具体的改革方案和措施。《指导意见》于2020年9月19日正式实施，预计改革实施后，短期内对于消费者可以做到"三个基本"，即"价格基本上只降不升，保障基本上只增不减，服务基本上只优不差"。

产品条款上，中国保险行业协会在 2014 版商车示范条款基础上，减少多条车险责任免除，扩大保障范围，进一步推出 2020 版商车示范条款。2021 年 12 月，推出了《新能源汽车商业保险专属条款（试行）》。

费率定价上，综合改革提出逐步放开自主定价系数浮动范围。引导行业将"自主渠道系数"和"自主核保系数"整合为"自主定价系数"。第一步将自主定价系数范围确定为 [0.65，1.35]，第二步适时完全放开自主定价系数的范围。为更好地保护消费者权益，在综合改革实施初期，对新车的"自主定价系数"上限暂时实行更加严格的约束。2023 年 1 月 12 日，银保监会发布《关于扩大商业车险自主定价系数浮动范围等有关事项的通知》，明确商业车险自主定价系数的浮动范围由 [0.65，1.35] 扩大到 [0.5，1.5]。

2022 年，我国汽车保险规模达到 8210.18 亿元，车险保单件数 59199 万件；车险件均保费 1391 元。披露数据的 84 家财险公司中开展车险业务的为 63 家，车险保费占比为 57.1％。

综合改革告一段落，但保险与汽车的故事，一直在继续。银保监会于 2022 年 3 月发布《中国银保监会办公厅关于财产保险业积极开展风险减量服务的意见》，鼓励保险公司不断创新风险减量服务内容，深耕细分市场，挖掘新技术、新经济发展产生的风险减量需求，实现风险减量服务专业化、精细化发展。在责任保险以及车险等各类财产保险业务中，要积极提供风险减量服务。鼓励各公司以风险减量服务为切入点，延伸至投保企业所在行业上下游产业，为客户提供一站式服务方案或解决方案。鼓励各公司利用大数据、云计算、区块链、人工智能、物联网等科技手段，降低服务成本，提升财产保险业风险减量服务整体效能。2022 年 8 月 29 日，银保监会发布《中国银保监会办公厅关于鼓励非银机构支持新能源汽车发展的通知》，提出全力支持新能源汽车销售，提升新能源汽车金融服务可得性，鼓励非银机构开发设计符合新能源汽车特点的专属金融产品和服务，降低新能源汽车消费者在购置、使用和保有环节的成本，进一步释放新能源汽车消费潜力。推进差异化风控管理措施，完善适应新能源汽车行业特点的业务管理机制。强化与新能源汽车厂商业务合作方和外包风险管理，建立健全消费者权益保护工作机制。

2023 年，中央金融工作会议召开，金融要为经济社会发展提供高质量服务。国家金融监督管理总局财产保险监管司在发表的深入学习贯彻中央金融工作会议精神的文章中提出"始终坚持把金融服务实体经济作为根本宗旨，引导财险业在支持实体经济做实做强做优中做好五篇大文章，走好中国特色金融发展之路。"关于汽车与保险，重点提到以下内容。

鼓励发展清洁能源、绿色交通等多领域绿色保险业务。

加强新能源汽车、智能网联汽车等新领域、新需求研究，助力国家新能源产业发展。

深化车险综合改革，丰富车险产品供给，开展车险费率回溯，优化市场化费率形成机制，巩固车险综合改革成果。

汽车保险的发展，是保险行业的业务诉求，也是汽车市场发展的持续需求。2023 年 11 月，工业和信息化部等四部门联合发布《关于开展智能网联汽车准入和上路通行试点工作的通知》，通知要求，试点使用主体应当按规定为车辆购买机动车交通事故责任强制保险以及每车不低于五百万元人民币的交通事故责任保险。车险不再局限于交强险＋商业险的固定框架。

汽车在进化，汽车的保险势必也要随之迭代和发展。

后 记

车主需要保险，是汽车企业做保险的唯一理由

《汽车业的保险经营创新》正文部分完成了，但有一个问题一直没有正式地回答：汽车业同仁不好好造车卖车修车，干吗要掺和保险？

新能源汽车投保难的话题越来越热，以至于监管部门发出《关于切实做好新能源车险承保工作的通知》（以下简称《通知》）要求"提高政治站位，强化责任担当，交强险不得拒保，商业险愿保尽保……不得在系统管控、核保政策等方面对特定新能源车型采取一刀切等不合理的限制承保措施"。

新能源汽车续保难，对于客户的需求，保险公司举手说"玩不起我不玩了"，对于汽车企业会不会是个新的机会？顺着这个思路，一个念头从脑子里蹦了出来：车主，为什么要买商业车险啊？

不买行不行？法律法规只要求没有交强险不行。商业险呢？《通知》里也说了"愿保……"新能源汽车时代，保险公司的"扭扭捏捏"，对于汽车企业，未尝不是一个拥有"泼天富贵"的契机。或许，讨论汽车业从事保险的出发点，要先回到车主为什么要买商业车险吧！

1. 车主不是必须购买商业险

说到车险，就想到交强险 + 商业险，商业险包含车损险、三者险、座位险……似乎一切都水到渠成、自然而然，似乎客户不买个"全险"车上路就天理

不容了。真的是这样吗？很多事情，说的人多了，似乎都被默认是完全正确而合理的。

交强险有其法律法规，不在讨论范畴。商业险，冠名商业，自然是商业行为。在合法前提下，有人愿意买，有人愿意卖，方成交易。

商业车险及其包含的子险，作为一个带有金融属性的服务产品，在很多"车辆得有保险"说法的时间沉淀中，似乎变成了用车的标配了！真的是这样吗？站在保险视角说，客户因为有风险，所以当然需要保险，但这只说对了一半。对的一半是保险可以帮助客户转嫁风险并在出险后给予损失补偿。不对的一半是，并不是有风险就需要买保险。

比如三者险，赔偿的是给第三者造成的人身或财产损失的责任事故。那些常年很少动或者长期不动的车呢？三者的责任不能说100%没有，但也几乎用不着花几千块买个保险吧？比如车损险，保障的是车辆因意外事故或交通事故造成的损失。对于车龄较长的车，很多"老司机"出于对自己驾驶技术和经验的把握，或者是能找到便宜的自费维修渠道，干脆不投保车损险。

这些案例难免有些极端，但至少说明一个道理：车主，真的并不是非买保险不可。新能源汽车保费贵、续保难、理赔高，保险公司视角总是会觉得自己很无辜啊。这也不合理，那也不合理。面对汽车企业的一体化压铸和电池定损标准无能为力，面对客户，那不好意思，我不玩总行了吧？很多时候，面对危机和挑战，把"皮球"踢给别人总是最安全和简单的。

卖是经营有方，不卖是风控有效。殊不知，在对最需要保险的高风险客户故意刁难，对不需要保险的低风险客户拼费用争夺的时候，往往有个关键的问题被忽视了：车主到底为什么需要花钱购买商业保险？产品到底因为提供了何种价值而存在？

如果说人伤和三者责任有些复杂，下面的讨论聚焦在新能源汽车保险公司最头疼的车损上。

2. 车损险不是目的，低成本维修才是

客户买了一台苹果 MacBook Pro，尽管非常爱惜，时间久了难免有个意外。一不小心摔了一下导致故障无法开机了，拿到官方的维修店，被告知说需要更换 ××× 部件，拿到报价单一看，6904 元，不由感叹："真黑！"修还是不修？想想买一台新的 MacBook Pro 要 13000 多元了，算了还是修吧！没有损失保险，没有办法讨价还价，在维修服务商面前，绝大多数消费者都只能被动地接受，唯一可以选择就是修还是不修！付了 6904 元之后，还得安慰自己，官方维修肯定配件、品质是有保证的，卖二手的时候也不会折价太狠！

这个案例在其他家电上也很常见，坏了先考虑修，除非价格高到可以换新了。谁要是能给个低成本又靠谱的维修方案就好了！讲到这里，关于车辆损伤的需求也就被带出来了。如果不是第三方责任造成的车辆损失，只能自己掏腰包，和计算机一样，在一时还换不了新的情况下，首先是要修得好，其次再考虑能不能降一降维修成本？

原本，并没有车损险什么事！

3. 怎么就成了修车必须靠车损险呢？

回顾汽车保险的历史，最早被发明出来的汽车保险并没有车损险。据资料信息，1895 年，最早签发机动车车辆保险的英国"法律意外保险公司"，签发了保险费为 10 英镑到 100 英镑的汽车第三者责任保险单。1898 年，美国的旅行者保险公司签发了美国历史上第一份汽车人身伤害责任保险。1899 年，英国将汽车保险范围扩大到与其他车辆碰撞所造成的损失。1901 年，英国将汽车保险范围又扩大到盗窃和火灾等引起的损失。1902 年，美国第一张汽车损失保险单问世。

车损险的原理，是告诉车主：你的车辆有损失需要自费维修，价格不便宜，你给我一笔保费，我可以在车损险保额范围内为你可能发生的维修成本买单。无论维修需要 20 万元，还是没有发生维修，你都得付我 4000 元保费。小支出，撬动大杠杆，客户在心里会想 20 万元保额和 4000 元保费的杠杆是 50∶1，如果

真的出现一次大的意外，20万元粗算够交50年的保费了，这买卖，值！于是客户付给了保险公司4000元车损险保费，获得了维修成本的降低。保险公司呢，收取了保费，利用分摊偿付，获得了可能的承保利润和资金收益的投资本金。

以上都无可厚非，直到后来出现了一个第三者——汽车企业及其授权的经销商。车辆损失维修的买单方，因为车损险的存在，实质上从车主转换为了保险公司。用户和客户的差异，使得客户对于维修项目、价格不再敏感。既然有保险买单不用自费，那当然零件用原厂的，可换可不换的都换了，最好把不在这次事故里的一些损伤给我一起"带掉"才好呢！

客户的心态，助长了维修商的贪念。既然车主也可以，那配件和工时价格涨一涨，损失范围通融通融，那岂不事故维修的产值和利润就更高了吗？

保险公司当然不傻，更不会眼睁睁看着赔付成本太高。于是乎人伤交给医院，只认医疗结算单和药品范围就可以了，但是车损不行，我得自己下场查勘定损或者交给公估公司，损失多少，不能让你维修商自己说了算。于是不再单纯执行整车企业的所谓"光盘价"，定损得有折扣。于是不再任由赔付成本多花钱，要事故车可以，你得给我贡献保费。如果没有，那对不起，我得想想办法把事故车交给更低赔付成本的修理商，如果有便宜的副厂件、同质件，甚至是翻新件更好。于是，保险公司跟车主说每个品牌车辆的零整比不同，维修经济性不同，基准风险保费也不同，同时告诉车主，出险保费会上浮、不出险保费会优惠，小碰小擦走保险不划算，自费吧！

无论是保险公司、客户还是维修商，在很长的一段时间里，车辆损伤维修约等于车损险，在各取所需的利益博弈中得到了均衡，似乎一切都约定俗成。燃油汽车时代，车损险、保费、事故车推送、定损赔付之间还算和谐的背后有一个关键因素：燃油汽车是纯机械制造产品，汽车企业仅仅提供产品和配件。汽车一旦出厂后，汽车企业除了三包责任以外，基本与客户不再有天然的联系，甚至很多情况下，汽车企业手里连客户的真实联系方式都未必有。

事故车维修和保险公司理赔的博弈，是经销商和保险公司两方线下的事情，车主只是保费换送修交易里的"筹码"。整车企业不过是为了让经销商多批售原厂配件，一边拿着PPT跟保险公司总对总要求"100%原件修原厂件"，一边挥舞着胡萝卜和大棒跟经销商说续保很重要，你们得提升能力！如果没有新能源汽车，一切似乎都可以照旧。问题是没有如果。

4. 新能源汽车，保险公司不敢玩意味着什么？

新能源汽车保费贵、续保难，已经有太多的解读和评论，诸如下面几种说法：

新能源汽车出险率比燃油汽车高

新能源汽车为了降低生产成本，配件一体化比例加大，零整比高

新能源汽车三电系统受制于授权、标准和质保，导致小损伤大赔付

新能源汽车技术壁垒高，配件、维修渠道垄断性强，赔付成本降不下来

新能源汽车从事网约车、营运的占比高，里程数高导致赔付率高

……

车主续保难，汽车行业说保险公司太精明，只能赚钱不能亏；保险行业说汽车行业售后垄断吃相太难看。都在看热闹、说现象，没有人想过大多数人自己是车主，也是其他产品的消费者。

为什么电脑、手机、空调、洗衣机坏了选择自费维修就费用合理且自然，到了汽车，就把矛盾都集中在电动汽车保费太贵续保太难上呢？车主在车险背后的真实需求是什么？是一纸保单吗？不是！车主要的是安全属性的提高和遭遇意外以后低成本的维修方案。好好地用着车多好，遇到意外时通过科技进步帮助车辆增强主动和被动安全性多好，好好地才好！假如遇到意外，更放心地修好车和维修成本低，哪个更优先？这时可能会因人因车而异，但有一点是相同的：即便不是原厂渠道、原厂配件，也要维修质量可靠、产品可以正常使用。

商业车险，特别是车损险，不过是维修成本预付费和后付费的一个杠杆罢了！作为车主，我们要的不是车险，而是遇到意外时的可靠的维修解决方案，成

本能再低自然更好。在燃油汽车时代，汽车企业、经销商、保险公司等各方某种程度上达成了分工和资源分配上的博弈平衡，倒也和谐过很长时间。

即便是汽车企业想"车损自保"或者统筹，但受制于规模和专业能力，远不如保险公司经营更有竞争力。到了新能源汽车时代，斗地主牌桌上的保险公司率先说：不好意思，我家里管得严，不玩了！车主一脸困惑：我明明没做错什么！车企两眼无奈：我的电池维修占比和零整比还不如"BBA"高呢！

风险高、赔付高，对保险公司来说，新能源汽车是"烫手山芋"，但是新能源汽车是战略方向，不会因为保险难而止步。《中国制造2025》提出"节能与新能源汽车"作为重点发展领域，明确了"继续支持电动汽车、燃料电池汽车发展，掌握汽车低碳化、信息化、智能化核心技术，提升动力电池、驱动电机、高效内燃机、先进变速器、轻量化材料、智能控制等核心技术的工程化和产业化能力，形成从关键零部件到整车的完整工业体系和创新体系，推动自主品牌节能与新能源汽车与国际先进水平接轨。"的发展战略，为我国节能与新能源汽车产业发展指明了方向。

新能源汽车发展中遇到了问题，保险公司觉得"烫手"，汽车企业觉得"无奈"，车主的需求并不会因此解决。相反，供需矛盾的扩大，往往都同时暗藏着创新的契机。

5. 车主的低成本维修需求，谁来解？

长期来看，保险行业会有解，但需要保险行业跟上汽车行业的迭代速度，需要两个行业在产业链分工和资源分配上的模式重构，需要保险找到服务新能源汽车这样一个战略性实体经济的途径。

问题是客户，现有的新能源汽车车主，等不及！

保险公司涨保费、挑客户、加条件，对于网约车、停产车可以一拒了之，但是车主仍然需要上路、需要行驶。笔者开一个"脑洞"，假如没有车损险，谁能为车主，特别是网约车主提供可靠、低成本维修解决方案？当然是汽车企业！

汽车企业不专业、需要精算……这些常见问题都是技术问题和成本问题，花钱自然可以解决，直保公司不行还有再保公司呢！关键的问题是作为汽车企业，有保险公司理赔买单时，可以提高零整比获取配件利润。保险公司说不好意思玩不起了，车主还会回到原渠道修车吗？甚至客户还会选择你这个品牌的车吗？

比如对于从事网约车行业的驾驶员来说，选择什么品牌的车考虑的因素有很多，如果保费贵，甚至被保险公司拒绝续保，那他一定会对某个品牌的车失望透顶。

续保难、维修成本贵是客户痛点，也是需求价值。如果有汽车企业说，跑网约车选我，保费贵我给你补、续保难我给你解决。除了车价，我给你提供低成本的原厂渠道维修方案。这不是纸上谈兵，已经有原厂渠道的落地实施案例。

比如前面提到的苹果 MacBook Pro 维修。6904 元的原厂维修成本，可以降低为 2299 元。

怎么做到呢？客户先付一笔钱，购买 AppleCare+，然后就可以低价维修了。

苹果为什么能做到？因为他有产品数据、有授权维修渠道、有配件供应链渠道。小米已经在手机上复制了 Mi Care，小米汽车上难道不可以吗？

唯一的差异就是，先收了钱跟客户赌出险概率和配件差价，还是基于供应链优势和完整的信息，通过多次付费，既获取收益黏住客户，又让客户感觉到原厂维修也没那么贵？对汽车企业来说，保险公司"不玩"哪是问题啊？这简直就是新能源汽车企业"泼天的富贵"啊！

有直连的客户、有完整的数据、有授权的渠道、有配件供应链，客户只要愿意来原厂渠道修车，哪里还需要有车损险呢？

AppleCare+ 给了一个现实版的"作业"啊！况且，汽车企业还可以在售后端跟苹果学习做一件事，就是可以让车主选择不来原厂渠道、不用原厂件维修，丰俭由人嘛！但是可以把关键的零部件信息显示在手机和车机上，即便是保险公司找的合作商维修的，也会告诉车主用的是"正品部件"还是"未知部件"。

都是智能网联时代了，技术不是问题。

有人说，承诺低成本维修解决方案对汽车企业售后盈利有损失，燃油汽车时代或许是，但电动汽车时代为配件进销差买单的人不玩了！还有一点，保险行业的车损险，收取保费既定，自然是希望理赔尽可能少一点，而 AppleCare+ 的苹果公司和汽车企业呢，诉求恰恰与客户一致：坏了别怕，尽管来修！

对于汽车企业来说，与卖车相比，其他的问题都是次要问题。

汽车企业不可能成为专业的保险公司。就连 AppleCare+ 的背后，都有 AIG 保险的影子。对于给车主的低成本维修解决方案，保险公司或许可以学学 AIG，输出专业能力和解决方案，或许也是一种"脑洞"！当然，涉及人伤保障，术业有专攻，仍然是交给专业的保险公司比较好！

客户需要的是车损险吗？不，客户真正需要的是安全可靠的车和低成本的维修解决方案。汽车业做保险，是因为车主需要保险。假如车主的低成本用车需求也有其他方式可以满足，那就不是一定要做保险，比如本书提及的"服务保险化"也是一种方式。

过去二十年形成的保费换送修模式是阶段性产物，不是自始出现的，也不会一直合理存在。车主的诉求和价值，终将是决定汽车保险业务何去何从的唯一关键。

是为后记！

参考文献

［1］中国保险行业协会. 保险基础知识［M］. 北京：中国金融出版社，2020.

［2］赵长利，李景芝. 汽车保险与理赔［M］. 北京：机械工业出版社，2021.

［3］林绪东. 车险有问我来答：车险投保、理赔的那些事［M］. 北京：机械工业出版社，2023.